LICHT STRAHLEN

BIBEL LESEN 2025

BORN-VERLAG

LICHTSTRAHLEN AUCH ZUM MITNEHMEN

Auch in diesem Jahr gibt es die Lichtstrahlen in den App-Stores wieder als App für unterwegs — für alle Buchbesitzer sogar **kostenfrei!**

Max-Eyth-Straße 41 · 71088 Holzgerlingen
Internet: www.bornverlag.de; E-Mail: info@scm-verlagsgruppe.de
Im Auftrag des Deutschen Jugendverbandes
„Entschieden für Christus" (EC) e.V.

Herausgeber:
Deutscher Jugendverband
„Entschieden für Christus" (EC) e. V.

Schriftleitung und Lektorat: Steffi Pfalzer
Redaktion: Kerstin Kamhem
Gestaltung und Satz: be · Dieter Betz Design-Kommunikation, Friolzheim
Bildnachweis Umschlag: Firina / iStockphoto
Druck und Verarbeitung: GGP Media GmbH, Pößneck

MIX
Papier | Fördert gute Waldnutzung
FSC® C014496

Verwendung von Jahreslosung, Monatssprüchen und Bibelleseplan mit freundlicher Genehmigung von Ökumenische Arbeitsgemeinschaft für Bibellesen, Caroline-Michaelis-Straße 1, 10115 Berlin, www.oeab.de

Bibeltexte (Verwendung mit freundlicher Genehmigung des Herausgebes):
Lutherbibel, revidierter Text 2017, © 2016 Deutsche Bibelgesellschaft, Stuttgart
Einheitsübersetzung der Heiligen Schrift, revidierter Text 2017,
© 2016 Katholische Bibelanstalt Gmbh, Stuttgart, Alle Rechte vorbehalten
BasisBibel, © 2021 Deutsche Bibelgesellschaft, Stuttgart

ISBN 978-3-87092-650-2
Bestellnummer 182.650.000

IHR LIEBEN,

„Prüft alles und behaltet das Gute!“, das ist die Jahreslosung, die uns durch das Jahr 2025 begleiten will. – Ich muss schmunzeln bei diesem Satz, verbunden mit der Tatsache, dass ich gerade alle Texte dieses Buches noch einmal ausführlich gelesen habe. Dabei habe auch ich GEPRÜFT: auf Rechtschreibung und Grammatik, ob der Text zur Bibelstelle passt, und ob sich sonst irgendwo ein Fehler eingeschlichen hat. Doch eigentlich hat die „PRÜFUNG“ dieses Buches schon viel früher begonnen: Die Autoren haben GEPRÜFT, ob sie (nochmal) mitschreiben wollen. Sie haben außerdem GEPRÜFT, ob sie die zugeteilten Texte bearbeiten wollen. Sie haben ihre eigenen Texte GEPRÜFT, anhand von Kommentaren, Auslegungen, Gebet und anderen Menschen. – Und sie haben dabei das GUTE behalten!
Was ist das doch für ein Schatz, dieses Buch hier! GEPRÜFT und errungen, durchdacht und erbeten. Das GUTE steckt noch drin und liegt nun vor Euch! Was für ein Projekt, jedes Jahr aufs Neue!
Ich danke allen Autoren und Autorinnen von Herzen – für alles Ringen mit den Texten; für jede Minute, die hier drinsteckt; für alles PRÜFEN und Recherchieren; für jedes Gebet und für alle Ausdauer; für all das GUTE, was hier auf 256 Seiten festgehalten ist!!
Und ich danke Euch, liebe Leserinnen und Leser, dass Ihr Euch (wieder neu) darauf einlasst, Euch von den „Lichtstrahlen“ begleiten zu lassen, das GUTE zu suchen und zu entdecken und die Texte in Euer Leben sprechen zu lassen. – Möget Ihr das GUTE behalten und mögen die Texte Euch zum Segen werden!
In diesem Sinne: ein GUTES neues Jahr Euch!
Herzlichst, Eure

Steffi Pfalzer
Schriftleitung Lichtstrahlen

Kerstin Kamhem
Redaktion Lichtstrahlen

INHALTSVERZEICHNIS

Wie das mit den Lichtstrahlen gelingen kann ...
Bei der Auslegung der einzelnen Bibeltexte beziehen sich die Autoren überwiegend auf die Bibelübersetzung BasisBibel. Täglich ist etwas Platz unter der Auslegung für eigene Gedanken, um sie festzuhalten und die Lichtstrahlen zu einem persönlichen Jahrbuch zu machen. Am Sonntag ist zudem ein Lied für die Woche aus „Feiert Jesus! 6" (FJ! 6) vorgeschlagen.

Gedanken zur Jahreslosung

„Prüft alles und behaltet das Gute!“
1. Thessalonicher 5,21

Wenn das Stichwort „Prüfung“ fällt, gehen bei manchen Menschen sofort die Rollladen runter. Für die einen werden Schulerinnerungen wach. Die anderen stehen unmittelbar vor einer Prüfung. Und manche haben regelrecht Prüfungsangst. Und nun beginnt die Jahreslosung mit der Aufforderung „Prüft!“
Wozu sind Prüfungen gut? Natürlich ist es sinnvoll, wenn ein Arzt in theoretischen und praktischen Prüfungen nachgewiesen hat, dass er fachkundig ist, bevor er auf die Menschheit losgelassen wird. Selbstverständlich ist es gut, die Statik eines Hauses zu prüfen, bevor Menschen darin wohnen. Prüfungen sind ein Leistungsnachweis. Sie bescheinigen die Tauglichkeit. Deshalb gibt es Fahrprüfer, TÜV-Prüfungen und auch Abiturprüfungen, so anstrengend sie manchmal auch sein mögen.

Nun haben Paulus und seine Mitstreiter Silvanus und Timotheus keine dieser Prüfungen vor Augen. Allerdings sind auch in anderen Lebensbereichen Prüfungen mitunter lebenswichtig. Das gilt auch für Ideologien, Lehren, Lebensweisheiten und Religionen. Nicht alles, was angeboten wird, ist lebenstauglich. All diese Dinge können uns in Abgründe führen, wenn wir auf die falschen Stimmen hören. Wenn Paulus die Gemeinde in Thessalonich auffordert, alles zu prüfen, so meint er genau das: Lehren müssen einen Leistungsnachweis für die Lebenstauglichkeit abgeben. Sind sie uns eine Hilfe zum Leben? Oder nehmen sie uns die Freiheit und verhindern sie unser Leben?
Die Christinnen und Christen in Thessalonich hatten ihre Erfahrungen gesammelt. Es war nicht einfach, das Leben so zu gestalten, wie es Jesus entspricht. Sie hatten noch wenig Strukturen in ihrer Gemeinde. Sie hatten auch keine fertige Bibel vorliegen, die ihnen als „Prüfbuch“ half. Der 1.-Timotheus-Brief gilt als der älteste Brief im Neuen Testament. Die Gemeinde konnte kaum auf die Erfahrungen anderer Christen zurückgreifen. Deshalb haben Paulus, Silvanus und Timotheus alle Hände voll zu tun, damit das

Projekt „Christus-Gemeinde“ in Thessalonich nicht vor die Wand fährt. Timotheus wird von Paulus nach Thessalonich gesandt, als er erfährt, dass manches im Argen liegt. Und die beiden Briefe, die Paulus an Timotheus sendet, lassen erahnen, dass es nicht leicht war, die Gemeinde in Thessalonich zu begleiten.

Auch heute sind wir mit Herausforderungen konfrontiert, die es nötig machen, dass wir alles prüfen. Im Zeitalter der „fake news“ müssen wir genau hinschauen, welches die richtigen Informationen sind, und wo wir „alternativen Fakten“ auf den Leim gehen. Menschen sind nicht automatisch dadurch im Recht, dass sie besonders laut sind. Wo „Künstliche Intelligenz“ enorme Möglichkeiten bietet, aber gleichzeitig nicht den Unterschied zwischen Gut und Böse kennt, ist es wichtig, dass wir alles prüfen und das Gute behalten.

Manchmal helfen uns dabei klare Regeln und Tipps, die wir praktisch anwenden können. Genau diese Tipps finden wir am Ende des ersten Thessalonicherbriefes komprimiert vor. Sie können uns helfen, unser Leben als Christen zu gestalten. Und einer dieser Tipps hat es in die „Jahreslosungen“ geschafft und ist geradezu eine „Jahreslösung“: Prüft alles und behaltet das Gute! Diese paulinische Faustregel hilft uns in vielerlei Hinsicht: Sie hilft uns, das Gute vom Bösen zu unterscheiden. Sie hilft uns, das Wesentliche vom Unwesentlichen zu trennen. Sie dient uns dazu, unnötigen Ballast zu erkennen und abzuwerfen. Sie legt den Fokus auf das, was gut und erhaltenswert ist. Das ist umso wichtiger in einer Welt der unzähligen Möglichkeiten. Wir müssen entscheiden und auswählen. Wir müssen herausfinden, was lebenstauglich ist und was schädlich oder belanglos ist.

Unser früherer Leiter des Seelsorgezentrums und späterer Geschäftsführer, Rolf Trauernicht, hat immer wieder zwei Fragen gestellt, die mir an dieser Stelle wichtig geworden sind und mich im Leben begleiten: Fördert es das Leben oder hindert es das Leben? →

Fördert es das Leben? Gibt es Kraft? Setzt es frei? Fördert es die Lust am Leben? Dient es der Gemeinschaft mit anderen Menschen oder zerstört es das Miteinander? Erweitert es meinen Lebensspielraum und den der anderen? Dabei geht es nicht darum, dass ich alle meine Wünsche erfülle. Manchmal fördert es das Leben, wenn ich etwas lasse.
Hindert es das Leben? Macht es mich abhängig? Führt es mich in die Irre? Werde ich oder werden andere im Leben eingeengt und behindert? Gerät mein Leben dadurch in eine Sackgasse? Wiederum geht es nicht darum, sämtlichen unangenehmen und schwierigen Situationen aus dem Weg zu gehen. Manchmal sind schmerzhafte Entscheidungen am Ende befreiend und eröffnen neue Möglichkeiten im Leben.

Jesus sagt: „Ich bin das Leben." Das bedeutet, dass Jesus ein unbedingter Freund und Förderer des Lebens ist. Was Leben verhindert und einschränkt, passt nicht zu Jesus.

Prüft alles und behaltet das Gute! Mit dieser Faustregel im Kopf können wir ins neue Jahr starten. Es ist eine gute und hilfreiche „Jahreslösung", die Paulus uns mit auf den Weg gibt. Und wenn uns die Prüfungsangst überfällt, ist es gut, dass wir uns daran erinnern, dass wir nicht allein sind. Der Heilige Geist ist an unserer Seite und leitet uns (Joh 16,13). Und dieser Heilige Geist ist keine abstrakte Größe. „Denn Gott hat uns nicht gegeben den Geist der Furcht, sondern der Kraft und der Liebe und der Besonnenheit" (2. Tim. 1,7). Der Heilige Geist gibt uns eine ruhige Hand, ein brennendes Herz und einen kühlen Kopf. Das ist die richtige Mischung, um zu prüfen und das Gute zu behalten.
„Gebraucht vielmehr euren Verstand in einer neuen Weise und lasst euch dadurch verwandeln. Dann könnt ihr beurteilen, was dem Willen Gottes entspricht: Was gut ist, was Gott gefällt und was vollkommen ist" (Röm 12,2). Insofern können wir entspannt und gelassen unterwegs sein im Vertrauen, dass Gott nicht nur unser Herz bewegt, sondern auch unseren Grips gebraucht, um zu guten Entscheidungen zu kommen.

Klaus Göttler, Generalsekretär beim Deutschen EC-Verband, Kassel

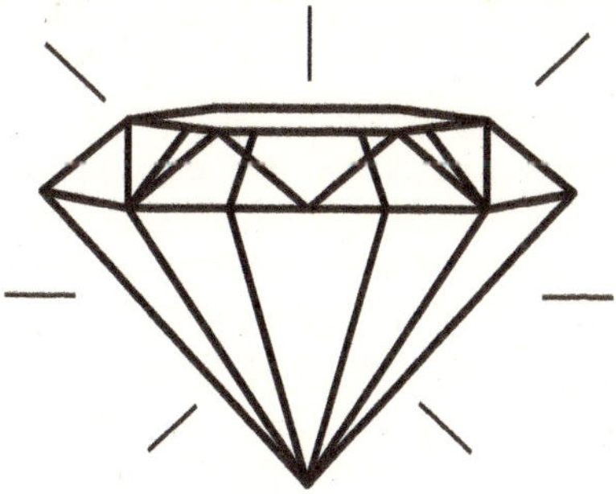

10 Werte in der EC-Zentrale

Im Zusammenhang mit einem Zukunftsprozess haben wir im EC Deutschland für unsere Arbeit zehn Werte formuliert, die uns helfen, unsere Arbeit – auch im Sinne der Jahreslosung – zu über**PRÜFEN** und zu be**WERT**en. Anhand dieser Werte wollen wir unsere Zusammenarbeit verbessern und nicht nur Dinge richtig tun, sondern die richtigen Dinge tun. Wir wollen unsere Arbeit fokussieren und anhand dieser Werte ausrichten.

In dieser Ausgabe der Lichtstrahlen werden diese Werte von unseren Referentinnen und Referenten vorgestellt und beschrieben. Wir freuen uns, wenn die zehn Werte auch für andere ein hilfreicher Prüf-Maßstab werden, um im eigenen Leben oder in der Jugend- und Gemeindearbeit vorwärtszukommen.

Fokus auf Christus

ICH GREIFE ZUR KAMERA. Nicht die am Handy, sondern eine schöne Spiegelreflexkamera. Unglaublich, was sich hier einstellen lässt: die Blende, der Blitz, der Zoom, die Schärfe und vieles mehr. Doch das Entscheidende sind nicht die vielen Einstellungen, sondern es ist das Motiv, das ich festhalten möchte. Es gibt zahlreiche Dinge, die ich in den Blick nehmen könnte und manchmal fällt es schwer, mich zu entscheiden. Worauf richte ich meinen Fokus?

Doch in dem Moment, in dem ich mich entschieden habe und durch das Suchfeld der Kamera blicke, passiert etwas Besonderes. Alles um mich herum verschwimmt und ich nehme nur noch dieses eine Motiv wahr. Ich richte den Fokus meiner Kamera aus und damit entscheide ich mich für diese eine Sache und gegen alles andere.

Als EC haben wir entschieden, worauf wir unseren Fokus richten wollen. Wir tragen diese Entscheidung in unserem Namen. Es gibt viele gute Projekte, in die wir uns investieren könnten, doch das, was wir schlussendlich tun oder bleiben lassen, entscheidet sich an diesem Fokus auf Christus. Er ist der Maßstab, an dem wir prüfen, was wir tun.

Etwas in den Fokus zu nehmen bedeutet, meine ganze Aufmerksamkeit auf diese eine Sache zu lenken, mich ganz darauf zu konzentrieren und alles auszublenden, was mich davon ablenkt. Doch das ist gar nicht so einfach. Die Menge an Gedanken, Nachrichten, Sorgen oder Aufgaben, die jeden Tag auf uns einprasseln, scheint manchmal nicht aufzuhören. Doch schon der Schreiber des Hebräerbriefes sagt: „(...) Darum lasst uns alle Last abwerfen, besonders die der Sünde, in die wir uns so leicht verstricken. Dann können wir mit Ausdauer in den Kampf ziehen, der vor uns liegt. Dabei wollen wir den Blick auf Jesus richten." (Hebr 12,1-2)

Den Blick auf Jesus richten. Man könnte auch sagen: über etwas, das uns den Blick versperrt, hinwegsehen und zu Jesus aufblicken. Für mich ist eine der Geschichten von Petrus sehr eindrücklich. Den Blick fest auf Jesus gerichtet steigt er mitten im Sturm aus dem Boot. Er erlebt das Unglaubliche und geht über das Wasser. Doch dann verändert sich sein Fokus. Er sieht den tobenden Sturm, seine Angst bekommt mehr Raum als die Macht, die Jesus hat, und im gleichen Moment geht er unter. Das, worauf wir unseren Fokus richten, bestimmt uns!

Worauf liegt dein Fokus?

Annkatrin Edler, Referentin für Kinder- und Jungschararbeit beim Deutschen EC-Verband, Kassel

Besser zusammen

„Und wir wollen uns umeinander kümmern und uns gegenseitig zur Liebe und zu guten Taten anspornen." (Hebr 10,24)

BESSER ZUSAMMEN ist nicht nur einer der Werte, die wir als EC leben, sondern auch unser Claim. Wir sind davon überzeugt, dass es gut ist, nicht allein durchs (Glaubens-)Leben zu gehen. Gemeinsames Korrigieren und Unterstützen, füreinander und miteinander das teilen, was uns begeistert, aber auch das, was entmutigt. „Besser zusammen" gilt aber auch für unsere Beziehung zu Jesus. Gemeinsam mit ihm unterwegs sein, fordert heraus und unterstützt.

Es braucht andere, die mit durchs Leben gehen. Warum?

1. Es ist von Anfang an auch die Überzeugung Gottes.

Bei der Schöpfung macht Gott schon die Feststellung, dass es nicht gut ist, wenn der Mensch allein ist. Vielleicht spricht Gott aus eigener Erfahrung. Er hat uns Menschen als sein Ebenbild geschaffen und hat uns mit Gefühlen und Bedürfnissen ausgestattet. Das, was so manche Forscher viel später erst mit teilweise krassen Experimenten herausgefunden haben, war für Gott schon klar. Der Mensch geht ohne ein Gegenüber kaputt. Er braucht Mitgefühl, Liebe, Annahme und Korrektur.

2. Es ist unterstützend.

Ein altes sambisches Sprichwort besagt: „Wenn du allein läufst, läufst du schnell. Aber wenn man gemeinsam läuft, läuft man weit." Das Leben ist kein 50-Meter-Lauf; es ist ein Marathon! Die einzige Möglichkeit, das Rennen gut zu beenden und nicht auszubrennen, besteht darin, andere Menschen in das eigene Leben einzubeziehen. In einer Gruppe haben Menschen die Möglichkeit, sich gegenseitig zu inspirieren und zu motivieren, Positives zu tun. Die gemeinsame Anstrengung kann dazu beitragen, einen positiven Einfluss auf das Verhalten und die Handlungen jedes Einzelnen zu nehmen.

3. Es stärkt unseren Glauben

Der Vers aus dem Hebräerbrief ermutigt auch dazu, gemeinsam im Glauben zu stehen. In der Jugendarbeit und in der Gemeinde kommen wir zusammen, um Glauben zu teilen, uns gegenseitig zu stärken und im Glauben zu wachsen.

Gibt es eine Person oder eine Gruppe, in der du ehrlich sein kannst, Korrektur und Ermutigung erfährst und in der gegenseitige Hilfe im Hinblick auf die Herausforderungen des Lebens spürbar ist?

Andreas Müller, Referent für Jugendevangelisation beim Deutschen EC-Verband, Kassel

Potenzial entfalten

„Denn wir sind sein Werk, geschaffen in Christus Jesus zu guten Werken, die Gott zuvor bereitet hat, dass wir darin wandeln sollen."
(Eph 2,10)

Die Bibel erinnert uns daran, dass jeder Mensch von Gott mit einzigartigen Talenten, Fähigkeiten und Potenzialen geschaffen wurde. Oft ist es eine Herausforderung, dieses Potenzial zu erkennen und zu fördern.
Die älteste Kreativtest-Frage lautet: Was kann man alles aus einem Ziegelstein machen? Eine Mauer. Ja, aber das ist nur wenig kreativ, oder? Wäre noch mehr möglich? Ein Briefbeschwerer! Diese Idee wäre besonders einfallsreich, wenn sie zuvor noch nicht gesehen wurde. Ein Ziegelstein als Drainage im Blumentopf! Ja, aber dieses Schwammprinzip ist in der Hydrokultur schon weit verbreitet.
Dieses Beispiel verdeutlicht, dass das Entfalten kreativen Potenzials und das Erreichen neuer Erkenntnisse keine einfache Aufgabe ist. Diese Herausforderung wird auch von Pablo Picasso angesprochen, der einst sagte: „Jedes Kind ist ein Künstler – die Schwierigkeit besteht darin, Künstler zu bleiben, wenn man erwachsen wird." Damit hat er das Ergebnis einer NASA-Studie vorweggenommen, die ergeben hat, dass 98 % der 5-Jährigen „hochgradig kreativ" seien, aber nur 2 % der über 25-Jährigen
(Quelle: SPIEGEL Coaching; 2/2021; S.87ff).

Wie aber schafft man es, dieses Potenzial zu retten, anstatt Kindern ihre Schöpfungskraft auszutreiben? Die psychologische Forschung hat gezeigt, dass aus Kindern kreative Erwachsene werden können, wenn Neugier und Erforschungen gefördert werden, wenn die Meinung der Kinder geschätzt wird und die Kinder eigene Entscheidungen treffen können.

Wie oft wird – und da rede ich selbst als Vater – mit Sätzen wie „Da musst du vorsichtig sein!", „Das kann nach hinten losgehen!" die Entwicklungsmöglichkeit dieses Explorierens eingeschränkt, anstatt mit Ermutigung und Wertschätzung die individuellen Potenziale zu erkennen.

ZUM WEITERDENKEN:
• Wo helfe ich mit, dass Neugier und Erforschungen gefördert werden, dass die Meinung der Kinder und Jugendlichen geschätzt wird, und dass Kinder und Jugendliche auch eigene Entscheidungen treffen können?
• Wo gelingt uns das in der (EC) Jugendarbeit/Gemeinde?

Armin Hassler, Leiter für Landesverbandsentwicklung beim Deutschen EC-Verband, Kassel

Harmonie & Reibung

Apostelgeschichte 15,1-35

Der Text in der Apostelgeschichte behandelt das sogenannte „Apostelkonzil". Dort entstand ein hitziger Konflikt über die Frage, ob Nichtjuden vor ihrer Konversion zum Christentum die jüdische Beschneidung und damit das mosaische Gesetz befolgen sollten. Einige Jünger argumentierten für die Notwendigkeit der Beschneidung, was zu Spannungen und Uneinigkeiten in der Gemeinde führte. Zur Klärung dieser Kontroverse wurde ein Treffen in Jerusalem einberufen, bei dem die Apostel und führende Gemeindemitglieder zusammenkamen.

Nach intensiven Diskussionen wurde entschieden, dass Nichtjuden nicht zur Beschneidung verpflichtet sind, um Christen zu werden. Dieses Ereignis verdeutlicht, dass die scheinbaren Gegensätze unserer Werte „Harmonie und Reibung" nur oberflächlich sind. Harmonie, wenn übertrieben, kann zu Harmoniesucht führen, die Kompromisse um des Friedens willen eingeht und dabei an Kontur verliert. Andererseits kann der Wille zur Reibung als hart und verständnislos wahrgenommen werden, was zu Spaltung und Abgrenzung führen kann. Beide Werte müssen zusammen betrachtet werden, um ihr volles Potenzial zu entfalten. Harmonie ist erforderlich, um effektiv zusammenzuarbeiten, während Reibung notwendig ist, um Veränderungen wahrzunehmen und anzugehen.

Der Konflikt in der frühen Kirche führte zu ernsthaften Differenzen. Die Lösung in Apostelgeschichte 15 stellte Einheit und Harmonie in der Gemeinde wieder her und ermöglichte eine ungehinderte Verbreitung des Evangeliums. Der Text betont die Wichtigkeit, Konflikte und Auseinandersetzungen offen auszutragen. Trotz des intensiven Streits zwischen den Aposteln und Gemeindemitgliedern führte dies zur Klärung einer bedeutenden Frage und zur Stärkung der Gemeinschaft. Unausgetragene Konflikte können hingegen zu größeren Problemen und Spaltungen führen.

ZUM WEITERDENKEN:

- An welchen Stellen bist du zu sehr auf Harmonie bedacht und gehst dabei falsche Kompromisse ein?
- An welchen Stellen möchtest du zu sehr Recht haben und gefährdest dabei eine gute Zusammenarbeit?
- Bete darum, beides zusammenzubringen und in schwierigen Situationen weise zu sein.

Christian Holfeld, Referent für Pfadfinderarbeit beim Deutschen EC-Verband, Kassel

Kreativlabor

Gott hat jeden einmalig geschaffen. Jede Person hat Gaben. Das Problem an der ganzen Sache ist nur zu oft meine Sicht der Dinge.

Kreativität braucht den richtigen Rahmen für Entfaltung
Schauen wir in die Bibel, entdecken wir einen ziemlich kreativen Gott. Schon ganz am Anfang bei der Schöpfung zeigt Gott, was er so alles draufhat. Es entfaltet sich alles nach und nach und als Krönung des Ganzen kommt der Mensch dazu. Dann, am siebten Tag, ruht Gott und genießt, was er geschaffen hat. Kreatives Schaffen braucht Pausen. Als Menschen sind wir als sein Gegenüber geschaffen. Gott hat kreative Wesenszüge in uns hineingelegt. Das kommt bei jedem sehr unterschiedlich zur Geltung. Die einen sind wahre Künstler, erschaffen Bilder, komponieren Balladen oder musizieren, was das Zeug hält. Die anderen entwickeln technischen Schnickschnack oder zaubern genialste Genusserlebnisse in der Küche. Wenn der Rahmen stimmt, entstehen geniale Dinge.
Welchen Rahmen benötigst du, um etwas total Verrücktes zu schaffen?

Kreativität braucht Handwerkszeug,
Um-die-Ecke-Denken und Langeweile!
Im Jahr 2023 wurde eine Metastudie zu Kreativität veröffentlicht. Für mich verblüffend waren die Erkenntnisse, dass Kreativität zuerst etwas mit Skill-Training zu tun hat. Wenn ich in einem Bereich kreativ sein will, muss ich zuerst lernen und mir möglichst viel Wissen und Praxis aneignen. Ein weiterer Punkt ist, das eigene Denken und Verhalten mit neuen Erfahrungen zu erweitern. Der Auslandsaufenthalt, der Besuch einer anderen Gemeinde, der gemeinsame Abend mit meinem Nachbarn mit Migrationshintergrund. Um-die-Ecke-Denken und Fühlen sind eine gute Basis für Kreativität. Damit jedoch diese Grundlagen wirksam werden können, benötigt es schlichtweg Langeweile. Psychologen sprechen davon, dass unser Unterbewusstsein Ruhe, Bewegung und Nichtstun braucht, um so richtig produktiv in Fahrt zu kommen. Die Kopfhörer beim Waldspaziergang killen meine Kreativität. Das Nichtstun an einem schönen Ort regt meine Kreativität an.

In welchen Bereich willst du Kreatives erschaffen?
Dann trainiere deine Skills, denke um die Ecke und suche dir einen Ort der Langeweile. Du wirst sehen, es lohnt sich!

Simon Schuh, Bundesgeschäftsführer beim Deutschen EC-Verband, Kassel

Freiraum

„Er führte mich hinaus in die Weite, befreite mich aus ihrer Umklammerung. Denn er hatte mich lieb!" (Ps 18,20)

In der Bibel wird das Thema Freiraum oder noch besser Freiheit häufig angesprochen. Schon am Anfang schafft Gott einen großen Freiraum, eine freie Welt für die Menschen (1. Mose 2). Frei von Schmerz, Leid, Tod und Einsamkeit und mit der Möglichkeit, mit Gott durch den Garten Eden zu spazieren. Doch den Menschen reicht diese geschöpfliche Freiheit nicht, sie wollen schöpferische Freiheit. Angestachelt von einer Schlange wollen sie wie Gott sein und selbst bestimmen und entscheiden, was gut oder böse ist. Und Gott „gewährt" ihnen diese Freiheit – mit allen Konsequenzen (1. Mose 3,16ff.). Eine Freiheit, die die unmittelbare Verbindung zu Gott löst, aber die Menschen abhängig macht von ihrem (Zu-)Tun (vgl. 1. Mose 3,19).

Doch Gott lässt die Menschen mit ihrem Streben nach Freiheit nicht allein. Durch die gesamte Geschichte des Volkes Israel im AT zieht sich der Kampf zwischen Gefangenschaft und befreiendem Handeln Gottes: angefangen bei der Befreiung aus Ägypten und der Eroberung des gelobten Landes, über die ständigen Kämpfe mit den umliegenden Völkern, um die Freiheit aufrechtzuerhalten, bis hin zum babylonischen Exil mit der Zerstörung des Tempels und der späteren Rückkehr mit dem Wiederaufbau des Tempels. Immer wieder ist es Gott, der sein Volk aus Gefangenschaft befreit.

Im NT mit dem Auftreten Jesu bekommt das Thema Freiheit eine noch größere Bedeutung. Hier geht es nicht mehr darum, von anderen Völkern befreit zu werden. Jesus ist nicht gekommen, um die Israeliten von der Besatzungsmacht Rom zu befreien, sein Auftrag geht weiter. Nicht nur die Israeliten, alle Völker sollen und müssen aus der Verstrickung der Sünde befreit werden (Lk 4,18). Das Kreuz wird zum Ort der Freiheit und Freisetzung. Hier darf jeder sein, ohne Scham und unverschämt geliebt.
Schlussendlich erfolgt die endgültige Befreiung aller Gläubigen, wenn Jesus wiederkehrt und alle lebenszerstörenden Verhältnisse ein für alle Mal beendet und sein Reich vollendet (Offb 21,4).

ZUM WEITERDENKEN:
- Was blockiert dich oder hält dich gefangen?
- Wovon soll Gott dich frei machen?

Bernd Pfalzer, Referent für Beratung und Begleitung beim Deutschen EC-Verband, Kassel

Ballast abwerfen!

Jesaja 43,18-19

Vor einigen Monaten konnte ich mir einen langgehegten Wunsch erfüllen: eine Ballonfahrt mit einer Gruppe anderer Leute. Es ging für uns hinauf in die nepalesischen Berge. Das Aufstehen hatte sich gelohnt: was für ein Blick und diese Weite!
Doch in diesem Zusammenhang habe ich mir auch die folgenden Fragen gestellt: Wo schleppe ich eigentlich Ballast in meinem Alltag mit mir rum? Wo ist es dran, Dinge sein zu lassen, die den Korb des Ballons nach unten ziehen?
„Denkt nicht mehr an das, was früher geschah. Beschäftigt euch nicht mit der Vergangenheit. Schaut her, ich schaffe etwas Neues! Es beginnt schon zu sprießen – merkt ihr es denn nicht?" (Jes 43,18-19)

Der Abschnitt aus dem Jesajabuch richtet sich an das Volk Israel in Babylonischer Gefangenschaft, stellt zunächst die Befreiung des Volkes aus der ägyptischen Sklaverei vor Augen und zeigt die Verbundenheit zwischen Gottesvolk und Gott. Und dann geht es weiter mit den oben zitierten Worten: „[...] denkt nicht mehr an das, was früher geschah" (V.18). – Hier wird der Blick nach vorn gerichtet, es geht um eine Neuschöpfung Israels, das durch die Wüste hindurch nach Jerusalem geführt wird.

Aber mal ehrlich, was wären wir ohne unsere Vergangenheit, ohne Erinnerungen? Wie ist es möglich, auf der einen Seite Ballast abzuwerfen und gleichzeitig nach vorn zu blicken?
Möglicherweise ist ein Rückblick hilfreich, auch wenn es dem Propheten Jesaja widerspricht! Ich wünsche uns, dass wir ein dankbares Herz haben für die Dinge, die zurückliegend wichtig waren, die den Ballon stabilisiert haben, die kein Ballast waren. – Und zugleich wünsche ich uns, dass wir um ein Herz der Gnade und Barmherzigkeit bitten, an den Stellen, wo Ballast abgeworfen werden muss – auch wenn es schmerzlich ist!
Und: den Blick nach vorne richten! Ich wünsche uns einen zuversichtlichen, nach vorne gerichteten Blick, der darauf vertraut, was das Volk Israel erleben durfte: einen Gott, der sehr gut führt!

ZUM WEITERDENKEN:
- Wo darfst du in deinem Leben Ballast abwerfen?
- Und wo kannst du mit Gott zuversichtlich nach vorne blicken?

Ulrich Mang, Referent für Sozial-Missionarische Arbeit beim Deutschen EC-Verband, Kassel

Nah dran

„Die von Gott bestimmte Zeit ist da. Sein Reich kommt jetzt den Menschen nahe." (Mk 1,15a)

Einer unserer zehn Werte im EC Deutschland lautet „Nah dran". Das ist für einen Bundesverband ein ungewöhnliches Ziel. Ein Bundesverband ist eigentlich weit weg. Das liegt in der Natur der Sache. Diese Distanz lässt sich nicht einfach abschaffen. Und trotzdem ist es unser Wunsch und unser Ziel: Wir wollen nah dran sein an den Kinder- und Jugendarbeiten unseres Verbandes. Wir wollen wissen, was sie bewegt und unsere Arbeit danach ausrichten. Wir wollen nah dran sein an den Menschen. Deshalb sind unsere Referentinnen und Referenten viel im Land unterwegs. Es läge viel näher, am Schreibtisch sitzen zu bleiben und sich Konzepte für die Orte ausdenken. Natürlich gehört das auch dazu. Aber entscheidend ist, dass wir nah dran sind an jungen Menschen.

„Nah dran!" Das ist ein Wert, den Jesus mit jeder Faser seines Lebens gelebt hat. Gott kommt uns nahe! Er ist der heruntergekommene Gott. Er verbringt Zeit mit Menschen. Gottes Reich ist in Jesus Christus nahegekommen. Das ist die Ur-Botschaft des Markus-Evangeliums. In Jesus begegnet uns eine völlig neue Welt: das Himmelreich! Jesus stellt uns eine neue Welt vor, eine neue Nationalität, eine neue „Staatsangehörigkeit", die Mauern überwindet. Wir sind Bürger seines Himmelsreichs. Der Himmel ist nicht mehr weit weg, sondern äußerst nah dran. Diese Nähe Gottes verändert unser Leben. Jesus weiß, was uns bewegt. Er macht unsere Herausforderungen und unsere Leiden durch. Er sitzt als Gott nicht weit weg im Himmel, sondern ist nah dran an den Menschen, die er liebt. Gott ist nah dran an uns.

Dieses Prinzip wollen wir in unserer Arbeit aufnehmen und leben. Distanz passt nicht zum Evangelium. Man kann das Evangelium nicht aus der Ferne teilen. Es ist eine Botschaft der Liebe und Nähe.

Deshalb buchstabieren wir das immer wieder neu für unseren Verband durch. Wir suchen die Nähe zu den Jugendlichen vor Ort, gestalten Freizeiten, Jugendkreise, Kindergruppen, Seminare und vieles mehr. Wir sind ansprechbar und nahbar und gemeinsam auf Augenhöhe mit den Menschen unterwegs. Das ist unser Anspruch.

ZUM WEITERDENKEN:

- Wo bin ich gefordert mehr Nähe zu leben und zuzulassen, um mit Menschen gemeinsam unterwegs zu sein und Evangelium zu teilen?

Klaus Göttler, Generalsekretär beim Deutschen EC-Verband, Kassel

Am richtigen Platz

#placetobe #pinguinimwasser #wirkung #amrichtigenPlatz #inmeinemelement

Hast du schon mal einen Pinguin gesehen? An Land sieht der tatsächlich komisch aus. Dazu gilt der Pinguin als Seevogel. Aber fliegen kann er noch weniger als laufen. Trotzdem oder gerade deswegen ist er mein Lieblingstier. Unfassbar, wie die Pinguine unter Wasser loslegen können. So ist es, wenn jemand am richtigen Platz ist!

Schauen wir uns dieses Geschöpf Gottes mal genauer an:
Seine Flügel sind zu Flossen umgebildet, die für Antrieb und Auftrieb beim Schwimmen und Tauchen sorgen. Mit seinem torpedoförmigen Körper erreicht er Geschwindigkeiten von rund 25 bis 40 Stundenkilometern. Dazu ist er wendig und man sieht, wie sehr der Pinguin in seinem Element ist, wenn er sich im Wasser befindet. Dank einer 2 bis 3 cm dicken Fettschicht ist er gut an die Kälte angepasst.
Darüber hinaus hat er wasserabweisende Federn und hält bis zu 70 Grad minus aus. Wo wir bibbern, fühlt er sich noch pudelwohl. Der Pinguin friert nicht auf dem Eis fest, weil seine Venen und Arterien parallel verlaufen. Dadurch hat er immer kalte Füße, für manche von uns eine Horrorvorstellung, aber der Pinguin zeigt im Wasser und Eis, dass er am richtigen Platz ist!

So ist es unser aller Aufgabe herauszufinden, wer wir sind, was in uns steckt, uns selbst kennenzulernen und einen Ort zu finden, der zu uns passt. Meiner Erfahrung nach geht es dabei nicht um die oberflächlichen Begabungen, wie z. B., ob ich ein guter Fußballer bin, sondern eher um eine Ebene dahinter. Wenn ich sportlich, beweglich, reaktionsschnell und leistungsorientiert bin, dann kann ich auch ein guter Fußballer sein.
Wenn es aber nicht zum Profi reicht, dann fällt mein Leben nicht in einem Scherbenhaufen zusammen, sondern ich kann mit den gleichen Begabungen auch Sportreferent werden oder führe in einem Reha-Zentrum Menschen zurück in ihre Beweglichkeit. Es gibt dann nicht nur das eine Wasserbecken. Aber es ist klar, dass ich ins Wasser gehöre.

ZUM WEITERDENKEN:
- Bist du am richtigen Platz?
- Wo kannst du mit dem, was du hast, bist und kannst, Gott und anderen Menschen dienen?

Ingo Müller, Referent für Teenager und Team-EC beim Deutschen EC-Verband, Kassel

4 Dimensionen, 6 Prinzipien

Matthäus 7,24-27

Was sind die Eckpfeiler deines Lebens? Was sind deine persönlichen Handlungsmaxime?
Was tust du? Was lässt du? Und warum?

Menschen brauchen Orientierung. Halt. Eine Richtung. Wir existieren nicht im luftleeren Raum, einfach so. Wir brauchen Fixpunkte. Für unsere Identität, unsere Ethik, unsere Moral, unsere Werte. Für einfach alles. Auch wenn Objektivität an vielen Stellen immer wieder beschworen wird, ist sie doch, so glaube ich zumindest, nicht vorhanden. Wir wurden geprägt, wir werden geprägt. Und das ist gut so!

Die Frage ist nur: Wovon lassen wir uns prägen? Welchen Einflüssen setzen wir uns aus? Was lassen wir zu einer Maxime für unser Leben werden?
Ich persönlich bin sehr begeistert davon, dass der EC sich vor einigen Jahren dazu entschieden hat, dass unser konkretes Handeln in dieser Welt durch die vier Dimensionen und die sechs Prinzipien geprägt werden soll. Denn diese Dimensionen, diese Prinzipien spannen einen Bogen, unter dem ich sein darf. Der mir Halt und Orientierung gibt. Der aber gleichzeitig auch so weit ist, dass ich mich frei entfalten kann. Dass ich eigene Schwerpunkte entwickeln und eigene Entscheidungen treffen kann. Dass ich meine eigene Identität in Christus finden kann.

Und so können wir alle die gleichen Eckpfeiler haben, können aber innerhalb dieser Eckpfeiler eigenständig und mit Gottes Hilfe unterwegs sein.
Was für ein Privileg! Was für eine Freiheit.

ZUM WEITERDENKEN:
- Wie nimmst du wahr?
- Wie präsent sind dir die vier Dimensionen, die sechs Prinzipien?

Ruben Ullrich, Referent für Jugend- und Junge-Erwachsenen-Arbeit beim Deutschen EC-Verband

GEBETSANLIEGEN *Sonntag*

für Jugendevangelisation

HEUTE BETE ICH ...

... dass unsere missionarischen Projekte (go-out, go-on und ICH GLAUB´S) dazu beitragen, dass Jugendliche Jesus kennenlernen.
... dass wir die Möglichkeiten haben, in Schulen und Vereinen zu den verschiedensten Veranstaltungen einladen zu können.
... dass unser neuer Evangelisationskurs get-up Jugendarbeiten und jeden einzelnen ermutigt, evangelistisch aktiv zu werden.
... für unsere Teens und Jugendlichen, dass sie ihre Freunde einladen zu den verschiedenen evangelistischen Angeboten.
... für unsere Referentinnen und Referenten, dass sie immer wieder von Gott motiviert und gestärkt werden, von ihm zu erzählen.

GEBETSANLIEGEN *Montag*

für die persönliche und geistliche Stärkung von Christen durch Schulung, Ausbildung und Weiterbildung

HEUTE BETE ICH ...

... für Menschen, die andere beraten oder seelsorgerlich begleiten.
... für unsere Seminarangebote aus dem Bereich Beratung & Begleitung: Mentoring Grund- und Aufbaukurse, Trainerseminar „Explore!", Persönlichkeitsentwicklung, Leiten in 4D.
... für Jugendarbeiten und Gemeinden, die eine Perspektiventwicklung (upgrade_EC oder Lernende Gemeinschaft) durchführen, um ihre Arbeit neu auszurichten und Menschen mit Jesus bekanntzumachen.
... für die Menschen, die unter den psychosozialen Herausforderungen des Lebens und unter den Spaltungen in Gesellschaft und Familien leiden.

GEBETSANLIEGEN *Dienstag*

für die Arbeit mit Kindern

HEUTE BETE ICH ...

... für die wöchentlichen Kinder- und Jungschargruppen, Kinderwochen, Freizeiten und Familiengottesdienste.
... für die Kinder und ihre Familien.
... für die Mitarbeitenden in Kinder- und Jungschargruppen.
... für die Kinder, die noch keinen Kontakt zu einer christlichen Gruppe haben.

GEBETSANLIEGEN *Mittwoch*

für die Pfadfinderarbeit

HEUTE BETE ICH ...

... für Bewahrung bei den Abenteueraktionen.
... für viele neue Kinder und Jugendliche, die Jesus noch nicht kennen.
... für reichlich Anmeldungen auf den Stufenschulungen für Nachwuchsleiter.
... für reichlich Anmeldungen für die Ü18-Schulungen.
... für ganz viel Spaß auf den Sommerlagern.

GEBETSANLIEGEN *Donnerstag*

für junge Erwachsene

HEUTE BETE ICH ...

... dass junge Erwachsene Heimat an neuen Orten finden können.
... dass junge Erwachsene im Glauben wachsen und reifen können.
... dass junge Erwachsene ihre Verantwortung für und in der Welt erkennen und leben können.
... dass junge Erwachsene Wurzeln schlagen können, wenn sie es brauchen oder Freiheit leben, wenn sie es wollen.

GEBETSANLIEGEN *Freitag*

für weltweite Anliegen
Sozialmissionarische Arbeit

HEUTE BETE ICH ...

... für benachteiligte Menschen weltweit.
... für die vier Arbeitsbereiche der Sozial-Missionarischen Arbeit: Indien, Nepal, Peru und Litauen.
... für alle Botschafterinnen und Botschafter, die sich im EC für mehr Globale Nächstenliebe engagieren.
... für über 60 Jahre „Hoffnung schenken" im internationalen Bereich.
... für Frieden in den Konfliktregionen dieser Welt, besonders in Israel und der Ukraine.

GEBETSANLIEGEN *Samstag*

für Teenager und Team-EC

HEUTE BETE ICH ...

... dass Teenager zum Glauben kommen oder in ihrer Beziehung zu Jesus wachsen.
... dass wir junge Menschen finden, die bei uns in der EC-Zentrale oder bei Team-EC ihr FSJ machen wollen!
... dass Materialien und Bücher die Arbeit vor Ort unterstützen und genutzt werden.
... dass junge Menschen die Bibel wieder ganz neu entdecken!
... dass Team-EC viele Kinder erreicht und die Teamer von Jesus und ihrem Glauben erzählen können.

UND ICH BETE FÜR

BIBLISCHES BUCH

LUKAS

Lukas war ein Arzt mit heidenchristlichem Hintergrund, dessen Name an drei Stellen des NT erwähnt wird (Kol 4,14; Phlm 24; 2.Tim 4,11). Jedes Mal ist Lukas in der Nähe des Apostels Paulus. Nach der Apostelgeschichte, hinter dessen „Wir" Lukas sich wohl verbirgt, muss er in Troas zu Paulus gekommen sein, als dieser auf der zweiten Missionsreise durch die klein-asiatische Stadt kam (Apg 16,10). Von dort aus begleitete er den Apostel nach Philippi, wo er zurückblieb, um auf der dritten Missionsreise wieder zu ihm zu stoßen (Apg 20,6). Von da an scheint Lukas den Apostel durch verschiedene Städte Kleinasiens bis nach Jerusalem begleitet zu haben. Von Jerusalem aus wurde Paulus nach Cäsarea überführt, wo er rund zwei Jahre lang in Haft blieb (Apg 24,27). Während dieser Zeit könnte Lukas im Haus des Philippus gewohnt haben, wo er mit dem Apostel zusammen schon früher einmal Station gemacht hatte (Apg 21,8). Philippus, der zum „Urgestein" der Jerusalemer Gemeinde gehörte, könnte Lukas mit wichtigen Informationen über Jesus und die erste Gemeinde versorgt haben. Von Cäsarea aus begleitete Lukas Paulus nach Rom, wo er mit Johannes Markus zusammengetroffen sein muss. Die beiden werden nebeneinander erwähnt (Kol 4,14; Phlm 24) und auch 2. Timotheus 4,11 setzt voraus, dass sie sich gut kennen. Insofern ist es nicht verwunderlich, dass Lukas das Evangelium des Markus als Hauptquelle für sein eigenes Werk benutzt hat, wie die meisten Ausleger vermuten. Was Lukas wichtig ist, wird gleich zu Anfang seines Evangeliums deutlich, wenn der Engel den Hirten von Bethlehem sagt: „Euch ist heute der Heiland geboren, welcher ist Christus, der Herr" (2,11). Mit Jesus ist der Retter der Menschheit gekommen. Und es sind Außenseiter, Benachteiligte, Arme und Unterdrückte, auf die Lukas sein Augenmerk in besonderer Weise richtet. Nur dieser Evangelist überliefert das Gleichnis vom barmherzigen Samariter, in dem Jesus einen von frommen Juden als „unrein" Angesehenen ausdrücklich hervorhebt (10,25-37). Lukas erwähnt zudem, dass Jesus nach der Berufung des Levi von diesem zu einem großen Festmahl eingeladen wurde, wozu auch viele seiner „Zöllner und Sünder"-Kollegen gekommen waren – was keinen geringen Aufruhr unter den Frommen auslöste (5,29 f.). Andererseits finden sich in keinem anderen Evangelium so harte Worte gegen die Reichen wie in diesem (6,24-26). Das macht den Ernst dessen deutlich, was Lukas in seinem Evangelium beschreibt: Es geht um das ewige Heil, um die Rettung der Welt, eine Rettung, die nur durch Jesus möglich ist.

Dr. theol. Thomas Weißenborn, Dozent am Marburger Bibelseminar, Marburg
E-Mail: thomas.weissenborn@m-b-s.org

GEBET
ZUM NEUEN JAHR

Ein neues Jahr liegt vor mir.
Was es wohl mit sich bringen wird?
Glücksmomente, Herausforderungen,
Begegnungen, Höhepunkte, Tiefpunkte.
Noch liegt alles im Nebel.
Ich bin ein bisschen unsicher und ängstlich und
gleichzeitig gespannt und erwartungsvoll.
Lass es ein gutes Jahr werden,
mein Gott!
Lass es ein gesegnetes Jahr werden!
Ein Jahr, auf dem dein Segen liegt
und das für mich und für die Meinen
zum Segen wird.

Steffi Pfalzer

KW 1 bearbeitet von Annalena Kühne,
Landesjugendpastorin, 91282 Betzenstein
E-Mail: annalena.kuehne@ec-bayern.de

MONATSSPRUCH JANUAR

JESUS CHRISTUS SPRICHT: LIEBT EURE FEINDE; TUT DENEN GUTES, DIE EUCH HASSEN! SEGNET DIE, DIE EUCH VERFLUCHEN; BETET FÜR DIE, DIE EUCH BESCHIMPFEN!

Lukas 6,27-28

Geprüft ist es einfach besser. Wenn wir die Dinge in unserem Leben geprüft haben an den Maßstäben Gottes, werden wir das Gute entdecken und genießen können.

Annalena Kühne

WOCHENSPRUCH

Alles, was ihr tut mit Worten oder mit Werken, das tut alles im Namen des Herrn Jesus und dankt Gott, dem Vater, durch ihn.
Kolosser 3,17

LIEBLICHER ALS HONIG

Psalm 19

1 Neujahr | Mittwoch

Lied: FJ6! Nr. 38

Gottes Schöpfung spricht zu uns. Jeder Baum, jeder Sonnenaufgang, jeder Sternenhimmel, den wir betrachten. Der Kontrast von Tag und Nacht. All das spricht etwas aus, was niemand verstehen kann, und was dennoch so öffentlich bekannt ist. Gott ist groß, größer als wir es in Worte fassen können. Dadurch kann das von Gott Geschaffene gar nicht anders, als ihn zu preisen. Dazu kommen noch seine Weisungen, sein Wort spricht von Gottes Größe und seiner Liebe. Vielleicht wirkt das paradox? Wie kann das Gesetz von Gottes Liebe sprechen? Wie kann eine Weisung uns zeigen, dass wir geliebte Kinder Gottes sind? Gottes Wort macht unseren Blick auf die Dinge klar. Gottes Gesetze sind gerecht und sie sind verlässlich. Das beruhigt mein Herz. Das Gesetz zeigt mir, wie ich leben kann und nimmt mir den Druck, alles schaffen zu müssen. Der Autor spricht voller Gewissheit von der Lieblichkeit des Wortes Gottes. Das wünsche ich mir für mein Leben auch. Dass mir sein Wort so wichtig und kostbar ist, dass ich nicht anders kann, als darin zu lesen und es zu kennen. Es gibt neue Kraft, Hoffnung und Zuversicht. Wie viel süßer und lieblicher wäre unser Leben, wenn wir aus der Bibel heraus unsere Kraft nehmen würden?

Das merke ich mir: ______________________________

____

WEGBEREITEND

Lukas 3,1-6

2 Donnerstag

Johannes, ein komischer Kauz. Er ruft in einem dreckigen Gewand aus, dass Mann und Frau sich taufen lassen sollen. Taufen heißt, sich ganz auf Gott auszurichten und sein Leben nach seinem Willen zu leben. Ganz schön heftige Aussage, die er da tätigt. Wenn man sich etwas oder jemandem ganz und gar hingibt, dann hat das Auswirkungen auf das ganze Leben. Er ruft nicht nur dazu auf, sich mal unter Wasser tauchen zu lassen. Er ruft dazu auf, sein ganzes Leben auf den Kopf zu stellen. Sich persönlich bereit zu machen für das, was Gott noch vorbereitet hat. Johannes macht das nicht nur aus Jux und Tollerei, sondern er ist von Gott berufen. Damit erfüllt sich eine Vorhersage, die schon vor langer Zeit getätigt wurde. Dass es jemanden geben wird, der unserem Erretter den Weg bereit macht. Johannes Aufgabe ist es, die Menschen auf Jesus vorzubereiten. Unsre Aufgabe als Jesus-Nachfolger ist es ebenso, die Menschen darauf vorzubereiten, Jesus in ihr Leben einzuladen. Das tun wir nicht dadurch, dass wir in der Wüste rumschreien. Wir können das in unserem Alltag tun. Anderen helfen, sie ermutigen, Gutes zusprechen, da sein, wenn andere wegschauen, Ungerechtigkeit ansprechen und für andere einstehen. Wo kannst du heute Wegbereiter sein?

Das merke ich mir: ______________________________

____

3 Freitag

UMKEHR UND IHRE FOLGEN

Lukas 3,7-14

Johannes mischt hier richtig auf. Er steigt nicht seicht ein, wie wir uns das manchmal wünschen würden. Sondern er fordert uns hier auf, unser Leben wirklich und wahrlich zu verändern. Das klingt so riesig und manchmal vielleicht auch unmöglich. Johannes ermutigt uns aber auch. Er zeigt uns auf, dass es eben nicht nur um die großen Veränderungen geht. Es geht darum, dass wir im kleinen Alltäglichen aufrichtig sind. Dass wir das teilen, was wir haben. Dass wir zufrieden sind mit dem, was wir besitzen. Deshalb können wir von dem, was wir haben, auch ohne lange nachzudenken, geben. Es geht darum, Frucht zu bringen, weil wahre Umkehr immer eine direkte Auswirkung hat. In den meisten Fällen ist das erst einmal Liebe. Liebe zu meinen Mitmenschen und auch zu Personen, die mir nicht nur Gutes wollen. Merken die Menschen in deinem Umfeld, dass etwas an dir anders ist? Wirkt sich dein Versprechen zu Jesus im Alltag aus? Dreht sich in deinem Leben alles nur um dich?

Umkehr bringt immer Frucht, sei es die Liebe zu deinen Mitmenschen, die durch Taten sichtbar wird, oder auch durch ermutigende Worte an Fremde. Umkehr hat immer Folgen.

Das merke ich mir: ______________________________

____

4 Samstag

WAS WÜRDEST DU FÜR JESUS TUN?

Lukas 3,15-20

Vers 16 – könnten wir das genauso sagen wie Johannes hier an dieser Stelle? In Demut bekennen, dass wir es noch nicht mal Wert sind, Jesus die Schuhe zuzubinden. Ebenso lenkt er unseren Blick von dem Jetzigen hin zu dem, was noch kommen wird. Johannes ist sich sicher, dass Jesus bald kommen wird. Dabei verspricht er, dass Jesus nicht nur mit reinem Wasser tauft, sondern sie auch mit dem Heiligen Geist ausrüstet. Das ist eine Zusage, dass sie mit der Kraft Gottes ausgestattet werden. Johannes weist uns darauf hin, dass Jesus die Spreu vom Weizen trennen wird. Nur die Frucht wird am Ende übrigbleiben. Alles, was „Abfall“ ist, wird verbrannt. Aber die Frucht wird gelagert und später ausgesät, um noch mehr Frucht zu bringen. Johannes will uns hier deutlich machen, dass es höchste Zeit ist, umzukehren. Umzukehren und ein Leben zu führen, dass Gott wohlgefällig ist. Dafür nimmt er sogar in Kauf, dass er im Gefängnis landet. Ohne die Aussicht auf einen fairen und geregelten Prozess. Es ist für ihn klar, wenn er dort landet, wird er auch dort sterben. Die Botschaft hinaus in die Welt zu tragen, ist ihm so wichtig, dass er dafür sogar in den Tod geht. Was geben wir auf, um die Gute Nachricht weiterzugeben?

Das merke ich mir: ______________________________

____

KW 2 bearbeitet von Thomas Bast
Gemeinschaftspastor, 17192 Waren (Müritz)
E-Mail: t.bast@mgvonline.de

GANZ KÖNIGLICH

Psalm 72

Toll, wie Salomo sich sein Königtum vorstellt, oder was ihm für seine Regierung gewünscht wird: Den Armen wird es gut gehen, Friede und Gerechtigkeit werden sich ausbreiten, das Böse wird erfolgreich bekämpft. Dieser wundervolle Zustand betrifft sogar die Natur, die sich darin überschlägt, Überfluss für die Menschen zu produzieren. Alle Machthaber dienen dem einen König und beschenken ihn. Seine Herrschaft wird sich unvorstellbar ausdehnen, räumlich (V.8) und zeitlich (V.7).

Wir wissen, dass Salomos Regierungszeit eine Zeit des Friedens war, dass der Handel blühte und der Wohlstand wuchs. Aber klar ist: Der Psalm geht weit über König Salomo hinaus. Prophetisch zeigt er auf den König, der wirklich König aller Könige und Herr aller Herren ist: der Messias Jesus. Immer wieder spricht die Bibel von seinem zukünftigen Friedensreich.

Dieses Hoffnungsbild ist keine fromme Illusion, sondern biblische Zukunftsrealität. Wir können uns vielleicht aktuell nicht vorstellen, wann und wie das alles Wirklichkeit wird, aber wir dürfen uns an dieser Verheißung ausrichten und aufrichten, dürfen diese Zeit erwarten und sollen uns jetzt schon darauf freuen. Und dort, wo Jesus heute bei uns König ist, da zeigt sich schon etwas von diesem Frieden.

Das merke ich mir: ______________________

____

____

WOCHENSPRUCH

Wir sahen seine Herrlichkeit, eine Herrlichkeit als des eingeborenen Sohnes vom Vater, voller Gnade und Wahrheit.
Johannes 1,14b

Mir gefällt, dass dieser Prüfungsauftrag eine nüchterne Freiheit atmet und nicht gleich mit Verboten und Schranken daherkommt.

Thomas Bast

Ganz göttlich und menschlich

Lukas 3,21-38

Jesus ließ sich taufen. Schön. Aber warum? Die Taufe des Johannes war doch eine Taufe zur Vergebung der Sünden. Und Jesus war sündlos. Alle anderen hatten es nötig, ihren angesammelten Sündendreck abzuwaschen. Doch wieso steigt der Einzige, der eine weiße Weste hat, in diese „Sündenbrühe"? Ich stelle mir vor: Jesus taucht unter und saugt damit die ganze Schuld der Menschen in sich auf. Und die trägt er dann ans Kreuz. So wird Jesus beauftragt. Hier zeigt sich, wer Jesus ist: Gottes eingeborener Sohn, der Messias, die Schlüsselperson, die Gott uns als Retter schickt. Seine Bestimmung zeigt sich dann immer deutlicher im Laufe des Lukasevangeliums: sein Sühnetod am Kreuz. Er ist der Erlöser, der Zurechtbringer, der Heilmacher, der König und Priester. Er gehört als Sohn Gottes ganz auf Gottes Seite und ist selbst Gott. Und gleichzeitig ist Jesus ganz in der Menschheit verwurzelt. Das zeigt der Stammbaum. Es ist nicht nur ein jüdischer Stammbaum (wie in Mt 1), sondern einer, der auf den Ur-Vater Adam zurückgeht. Das zeigt: Es geht hier um alle, um die ganze Menschheit und die ganze Menschheitsgeschichte und um dich! Jesus ist Adam-Sohn und damit ganz Mensch. Jesus ist Gottes-Sohn und damit ganz Gott. Wenn das nicht zum Staunen ist!

Das merke ich mir: ______________________________

____

Ganz umkämpft!

Lukas 4,1-13

Stell dir vor, in drei Schritten wären die Probleme dieser Welt zu lösen. Zuerst die Brotfrage, die Abschaffung des Hungers und des Mangels. Wer das Grundbedürfnis nach Versorgung befriedigt, der hat schon etwas Gigantisches erreicht. Das wollen wir doch. Oder? Zweitens die Machtfrage. Wer das Grundbedürfnis nach einer starken und klaren Führung befriedigt, der könnte auf der ganzen Welt Frieden schaffen. Das wollen wir doch. Oder? Schließlich die Sicherheitsfrage. Wer das Grundbedürfnis nach Gesundheit und Schutz vor Unfall und Gefahr befriedigt, der wäre der absolute Held. Das wollen wir doch. Oder? Wieso sagt Jesus dreimal „Nein"? Was soll denn so verführerisch und teuflisch sein an diesen vernünftigen Zielen? Die sind doch wirklich alle gut und bitter nötig! Jesus weiß, dass es um mehr geht. Ihm reicht es nicht, wenn in dieser Welt der äußere Hunger gestillt ist, alles wie am Schnürchen läuft und alle Versicherungen abgeschafft werden können. Er will dem Übel an die Wurzel, und das ist die Überwindung der Gottesferne. Das geschieht nur durch seinen Tod am Kreuz. Dafür gibt es keine Abkürzung. Wo stehst du in der Gefahr, dich auf wichtige Nebenziele zu konzentrieren, statt das große Ziel im Auge zu haben?

Das merke ich mir: ______________________________

____

GANZ ERWARTET

Lukas 4,14-21 **8** Mittwoch

Es beginnt harmlos. Jesus ist in Galiläa unterwegs und predigt. Dabei sammelt er Pluspunkte. Alle finden ihn toll. Auch in seinem Heimatdorf Nazareth schaut er vorbei. Alles ist ganz normal. Der Besuch in der Synagoge ist Gewohnheit. Jesus übernimmt die Lesung. Wie zufällig den Abschnitt aus Jesaja 61,1.2. Viele haben diese Verheißung schon zigmal gehört. Etliche können sie auswendig mitsprechen. Manche haben sich schon gefragt: Wann wird der kommen, von dem hier die Rede ist? Andere warten voller Sehnsucht auf den Gesalbten, weil sie dringend eine gute Nachricht brauchen, weil sie Befreiung und Heilung so nötig haben. Jesus ist fertig und gibt die Schriftrolle zurück. Wie für einen Rabbi üblich, setzt er sich zum Lehren hin. Stille. Immer noch Stille. Alle gucken. Wenn du Vers 20 langsam liest und dir die Situation vorstellst, kannst du die Spannung regelrecht knistern hören. Und dann: „Heute! Ist! Diese! Stelle! Erfüllt!" Ob die Zuhörer überhaupt verstehen, was Jesus hier sagt? Ob sie die Bedeutung und Tragweite ermessen, was dieser Satz von Jesus aussagt? Ob wir das verstehen? Ob du das verstehst? Das ist die spannende Frage, damals und heute: Was mache ich mit Jesus, der mir heute mit seinem Wort gegenübersteht?

Das merke ich mir: ______________________________

____

GANZ ABGELEHNT

Lukas 4,22-30 **9** Donnerstag

Langsam sickert es vom Ohr ins Hirn: Gottes Verheißung ist erfüllt. In Jesus. Er soll also der Messias sein. Super. Nun ist Jesus in Nazareth kein Unbekannter. Hier ist er aufgewachsen. Hier leben seine Verwandten und seine Jugendfreunde. „Jesus, den kennen wir doch. Das ist doch unser Jesus!" Von einem alten Bekannten oder sogar Kumpel kann man schon ein bisschen etwas erwarten. Auch, nein gerade erst recht, wenn der jetzt Messias ist. Mindestens muss Jesus mal ein ordentliches Wunder vollbringen. Ein Zeichen dafür, dass er es wirklich ist. Sie haben doch das erste Recht darauf, wo sie ihm von Kindesbeinen an nahestehen. Das Staunen über die Botschaft von Jesus führt hier nicht zum Vertrauen und zum Gehorsam, sondern wird zur Erwartungshaltung und zu einem Anspruchsdenken. „Wir haben ein Privileg darauf, dass Jesus tut, was wir wünschen!" Jesus unterwirft sich dieser Erwartungshaltung nicht, weder damals in Nazareth noch heute bei uns. Wir sehen, zu was enttäuschte Erwartung führen kann. In Nazareth wird sie zu einem Mordmotiv und beinahe zu einem Lynchmord. Vielleicht kennst du Jesus schon viele Jahre lang. Doch Vorsicht, Jesus ist nicht „dein" Jesus und nicht dein persönlicher Wunscherfüller.

Das merke ich mir: ______________________________

____

Freitag **10**

Ganz vollmächtig

Lukas 4,31-37

Auch in Kapernaum kommen die Menschen über Jesus zum Staunen. Aber nicht, weil er tolle Methoden und Tricks verwendet, nicht weil er innovative Formen und eine brillante Rhetorik gebraucht, auch nicht, weil er philosophisch besonders tiefgründig arbeitet. Das Geheimnis ist seine nüchterne und froh machende Lehre von Gottes Reich. Und die geschieht in Vollmacht. Die bringt Menschen in Bewegung. Durch dieses Wort geschieht etwas, denn Wort und Tat sind bei Jesus eins. Dieses Wort weckt die Geister. Allerdings auch die bösen, die bisher ungestört ihr Unwesen treiben konnten. Wo Gottes Reich verkündet wird und seine Herrschaft sich ausbreitet, da meldet sich der Widerstand. Das erleben wir auch heute. Interessant ist, dass der böse Geist über Jesus besser Bescheid weiß als die Menschen. Aber das beeindruckt Jesus nicht. Ein Satz von ihm genügt für das Befreiungswunder. Ja, auch das Wunder, das hier geschieht, ist eine direkte Wirkung des Wortes Jesu. Sein kraftvolles Wort ist, was Menschen brauchen. Damals und heute. Kannst du staunen über die Botschaft Jesu? Wo merkst du die Kraft, die in der biblischen Lehre steckt? Wie kannst du mehr seinem Wort vertrauen als eigenen Anstrengungen?

Das merke ich mir: ______________________________

____

Samstag **11**

Ganz gehorsam

Lukas 4,38-44

Jesus ist ordentlich beschäftigt. Nicht nur im Synagogengottesdienst, auch im privaten Umfeld. Als der Sabbat vorbei ist, kommt das Elend aus allen Ecken gekrochen. Unzähligen Menschen wird geholfen. Die Kundschaft steht Schlange. Die Nachfrage nach dem Heilungsangebot ist riesig. Und für jeden hat Jesus die passende Hilfe und das richtige Wort. Wie schön: Menschen wird geholfen, Jesus erweist sich als der Messias, Gott bekommt die Ehre. So könnte das immer weitergehen. Zumindest stellen sich die Leute aus Kapernaum das so vor. Daraus könnte eine große Erfolgsgeschichte werden. Doch der entscheidende Punkt in diesem Abschnitt sind nicht die Heilungen, sondern ist das, was Jesus weiter unten sagt: „Dazu hat Gott mich gesandt." Jesus gehorcht nicht den Wünschen der Menschen, auch wenn sie noch so berechtigt sind; er gehorcht seinem himmlischen Vater. Jesus gehorcht nicht der „Nachfrage des Marktes", sondern dem Auftrag Gottes. Und um den zu hören, braucht Jesus erstmal Abstand. Immer wieder sucht er einen einsamen Ort. Immer wieder braucht er die Stille. Zeit zum Hören auf Gott. Hast du einen „einsamen Ort" für die Stille? Nimmst du dir Zeit, um auf das zu hören, was Gott von dir will?

Das merke ich mir: ______________________________

____

KW 3 bearbeitet von Annkatrin Edler,
Referentin für Kinder- und Jungschararbeit
beim Deutschen EC-Verband, Kassel
E-Mail: annkatrin.edler@ec.de

Lied: FJ6! Nr. 218

WOCHENSPRUCH
Welche der Geist Gottes treibt, die sind Gottes Kinder.
Römer 8,14

GEDANKENKREISE

Psalm 4

Wohin mit Gedanken, die immer weiter kreisen? Mit Sorgen, die den Schlaf rauben? Mit Angst, die sich nicht abschütteln lässt? David steckt mitten in einer der großen Krisen seines Lebens. Sein Gebet gleicht einem Schrei zu Gott und ist ein Wechselspiel der Gefühle. Da ist die Bitte um Gerechtigkeit. Da ist die Anklage gegenüber seinen Feinden, zu denen vermutlich auch Absalom, sein eigener Sohn gehört, der ihm mit dem Thron auch das Leben nehmen will. Gleichzeitig wird aber auch Fürbitte laut. Die Bitte um Einsicht und Umkehr für Absalom und seine Leute. Und neben seiner eigenen Verzweiflung steht David auch die Mutlosigkeit seiner Begleiter vor Augen. Trotz all dem geht David mit seinem Gebet einen Weg. Sein verzweifeltes Schreien verwandelt sich mehr und mehr in die Gewissheit, dass Gott diejenigen, die zu ihm gehören, nicht fallen lässt. Und obwohl die Situation unverändert ist, bezeugt er schließlich eine tiefe Freude, die sein Herz erfüllt. Vor Gott ist dieser innere Aufruhr zu Ruhe gekommen und Frieden und Sicherheit gewichen.
Dieser Psalm lädt uns ein, inmitten von Not und Sorge bei Gott Frieden zu finden. Und vielleicht kann er in den Momenten, in denen Gedankenkreise dich nicht schlafen lassen, auch zu deinem Gebet werden.

Das merke ich mir: ______________________

____

____

Manchmal finde ich es gar nicht so leicht, das Gute vom Schlechten zu trennen und nicht gleich beides miteinander über Bord zu werfen.
Annkatrin Edler

Montag **13**

DER FANG SEINES LEBENS!

Lukas 5,1-11

Simon hat ein kleines Fischerunternehmen aufgebaut. Er ist nicht nur ein Lohnarbeiter, sondern besitzt ein eigenes Boot. Das Fischen ist sein Element. Mit dieser Arbeit und mit diesem See kennt er sich aus. Und doch steht er nach einer langen Nacht voller harter Arbeit mit leeren Händen da. Es ist kein Zufall, dass Jesus sich an diesem Morgen gerade das Boot von Simon aussucht. Denn nur kurz zuvor lesen wir, dass Jesus sich im Haus von Simon aufhält und seine Schwiegermutter heilt. Jesus spielt bereits eine Rolle im Leben von Simon. Und so ist es auch kein Zufall, dass Jesus gerade Simon auffordert, entgegen jeder Vernunft, mitten am Tag hinauszufahren und die Netze auszuwerfen. Und vielleicht ist es gerade dieses Wissen, dass er mit seinen Methoden, seinem Plan und seinen Herangehensweisen gescheitert ist, der ihn dazu bringt, alle Erfahrung zur Seite zu legen und sich ganz auf Jesus einzulassen. Jesus fordert von Simon Vertrauen, als er mit leeren Händen dasteht. Er lässt ihn erleben, dass er ihm mehr geben kann, als er sich jemals hätte vorstellen können, aber auch, dass er noch einen ganz anderen Plan für sein Leben hat. Bist du bereit, dich heute ganz auf Jesus einzulassen und ihm zu vertrauen?

Das merke ich mir: ______________________________

____

Dienstag **14**

MUTIGER GLAUBE

Lukas 5,12-16

Aussatz ist nicht nur eine Diagnose, sondern ein Urteil. Aussatz bedeutet, ein Leben in Quarantäne zu verbringen. Abgekapselt von der eigenen Familie und ausgestoßen von der Gesellschaft. Keine Gemeinschaft, keine körperliche Nähe, nicht einmal eine Berührung. Mehr überleben als wirklich leben. Der Körper dieses Mannes ist von Aussatz übersät. Sein Anblick ist ein Schock. Seine Krankheit hat das Endstadium erreicht. Er ist dem Tod nahe und eine Heilung kommt einem Wunder gleich. Doch dann steht dieser Mann plötzlich vor Jesus und die Möglichkeit auf genau dieses Wunder, auf echtes Leben wird real. Für diesen Moment hat er das Gesetz gebrochen und sich unerlaubt genähert. Er fällt anbetend (vgl. Mt 8,2) vor Jesus nieder und bekennt damit, dass er mehr in ihm sieht. Was mich beeindruckt, sind die Worte, die er an Jesus richtet. Denn er fragt nicht, ob Jesus heilen kann, sondern ob Jesus heilen möchte. Er zweifelt keinen Moment an der Macht Jesu, doch er tut, was Jesus uns im „Vater Unser" lehrt. Er fragt nach Gottes Willen für sein Leben und stellt ihn über seinen eigenen Wunsch. Was für ein mutiger Glaube! Wie bete ich? Und bin ich bereit zu einem Glauben, der wirklich Gottes Willen vor meinen eigenen stellt?

Das merke ich mir: ______________________________

____

EIN GLAUBE, DER TRÄGT!

Lukas 5,17-26

Mittwoch 15

Hier sind vier Männer, ob sie eine Verbindung zueinander oder zu diesem Gelähmten haben, wissen wir nicht. Vielleicht haben sie ihn auf ihrem Weg ganz zufällig aufgegabelt, vielleicht kennen sie sich aber auch schon jahrelang. Ermutigend finde ich auf jeden Fall, dass sich hier nicht einer allein abrackert und den Gelähmten mit letzter Kraft zu Jesus zerrt, sondern dass sich hier vier Männer (vgl. Mk 2,3) die Last teilen und sie diesen Mann gemeinsam zu Jesus bringen. Manche Menschen gabeln wir auf und begleiten sie auf ihrem Weg hin zu Jesus. Manche begleiten wir auch nur ein Stück. Und andere kennen wir vielleicht schon lange und wir sind einer oder eine aus einer Reihe von Personen, die wichtig waren für den Weg dieser Menschen zu Jesus. Egal, an welcher Stelle wir Teil dieses Weges sind, die Geschichte macht deutlich, dass unser Glaube Auswirkungen im Leben von anderen hat. Wir können in der Beziehung zu Jesus zwar keine Entscheidung für einen anderen Menschen treffen, aber unser Glaube hat trotzdem Gewicht. Denn den Ausschlag für das Handeln Jesu gibt hier der feste Glaube der vier Männer für den Gelähmten, den Jesus erkennen kann. Wen möchtest du ganz praktisch, aber auch durch deinen Glauben mittragen?

Das merke ich mir: ______________________________

____

UNTER SÜNDERN

Lukas 5,27-32

Donnerstag 16

Schon zum zweiten Mal an diesem Tag lehnt sich Jesus weit aus dem Fenster. Vor den Ohren der Pharisäer hat er nicht nur Sünden vergeben (V.17-26), vor ihren Augen begibt er sich nun mitten unter die Sünde. Die Pharisäer setzten Zöllner und Sünder gleich. Zwischen diesen Worten bestand für sie kein Unterschied. Und das mit Recht, denn sogar vom religiösen Leben in der Synagoge und dem Tempel waren sie völlig ausgeschlossen. In ihren Augen wurde derjenige, der sich unter die Sünde begibt, selbst zum Sünder. Doch was sie nicht verstanden haben: Jesus hat sich schon lange mitten unter die Sünde dieser Welt begeben. Mir macht diese Geschichte deutlich, dass für Jesus die Sünde nicht das Problem ist. Sünde ist nur da ein Problem, wo wir sie nicht bekennen. Jesus ist es lieber, die volle Hässlichkeit der Sünde vor die Füße gelegt zu bekommen – denn dann kann er etwas dagegen tun – als Menschen zu erleben, die sich selbst für gerecht erklären. Von Levi lesen wir, dass er alles verlässt: seine Existenz, sein Leben, seine Sünde. Er steht auf und folgt Jesus nach. Und aus Levi, dem Zöllner, wird Matthäus, der Schreiber eines Evangeliums, dessen Name „Geschenk Gottes“ bedeutet. Was möchtest du heute bei Jesus zurücklassen?

Das merke ich mir: ______________________________

____

Freitag **17**

DA GÄRT ETWAS!

Lukas 5,33-39

Jesus, der Messias, der Bräutigam, auf den alles wartet, ist endlich da. Und mit seinem Kommen verändert sich etwas Grundlegendes. Eine Zeit der Freude bricht an. Für Trauern und Fasten ist das der falsche Zeitpunkt! Es ist kein Zufall, dass Jesus hier die Bilder von „Gewand" und „Wein", den zentralen Elementen einer Hochzeit, verwendet. Denn das, was mit seinem Kommen anbricht, ist etwas völlig Neues. Für dieses neue Leben, das er bringt, reicht es nicht, das alte Leben äußerlich ein bisschen aufzupolieren, es reicht auch nicht, ein bisschen frischen Wind in alte Gewohnheiten zu bringen. Das, was Jesus bringt, braucht eine völlig neue Form und muss ganz vom Geist Gottes gefüllt werden. Nur dann können wir Teil seiner Hochzeitsgesellschaft sein. Doch Jesus warnt uns vor. Wer es sich in seinen Vorstellungen von Jesus, Denkweisen und lieb gewonnen Gewohnheiten bequem gemacht hat, dem stößt dieses Neue auf. Denn was Jesus mitbringt, ist wie junger Wein, noch mitten im Gärungsprozess. Er arbeitet und schäumt, bringt Druck auf den Schlauch und ist herb im Geschmack. Darauf muss man sich erstmal einlassen! Wo hast du es dir bequem gemacht? Und bist du bereit, dich auf dieses neue und sprudelnde Leben einzulassen, das Jesus mitbringt?

Das merke ich mir: ______________________________

____

Samstag **18**

RUHE FINDEN

Lukas 6,1-11

Mit dem Sabbat lädt Gott den Menschen ein, zur Ruhe zu kommen. Mitten in einem unvollkommenen Alltag ist der Sabbat ein Tag, an dem die Ruhe, der Frieden und die Vollkommenheit der zukünftigen Welt Gottes schon jetzt durchblitzen soll. Was an diesem Tag erlaubt war, wurde viel diskutiert und unterschiedlich ausgelegt. Jesus ist nicht gegen den Sabbat und bricht auch dessen Gebote nicht. Die Diskussion über die strenge Auslegung der Sabbatgebote durch die Pharisäer ist nur ein Vorwand. Im Vordergrund steht die Frage nach der Person Jesu. Jesus hält ihnen vor Augen, dass Gutes tun und Heil werden, Grundgedanken des Sabbats sind. Doch sein Anspruch ist noch größer. „Herr" ist im AT ein Titel für Gott, den Schöpfer und als „Menschensohn" beansprucht Jesus derjenige zu sein, dem Gott alle Macht übergeben hat. Doch letztendlich ist Jesus nicht nur der Schöpfer des Sabbats und der, der Macht über ihn hat, sondern auch derjenige, in dem sich der Sabbat erfüllt. Denn, wenn Jesus in Matthäus 11,28 die Mühseligen und Beladenen einlädt, zu ihm zu kommen und Ruhe zu finden, dann spricht er von dieser Ruhe des Sabbats, in der Heilung und Frieden zu finden ist. Jesus lädt dich ein, diese Ruhe, diesen Frieden und diese Heilung bei ihm zu finden!

Das merke ich mir: ______________________________

____

KW 4 bearbeitet von Matthias Engelhardt,
Perspektiventwickler, 34119 Kassel
E-Mail: matthias.engelhardt@ec.de

WOCHENSPRUCH
Von seiner Fülle haben wir alle genommen Gnade um Gnade.
Johannes 1,16

ACHTERBAHN
Psalm 3

Sein Sohn wendet sich gegen ihn. Große Teile des Volkes wenden sich gegen ihn. Er ist gezwungen zu fliehen und zu kämpfen.
Filmreife Szenen, die sich da in Israel abspielen. David muss vor seinem Sohn Abschalom fliehen, der es geschafft hat, das Volk größtenteils auf seine Seite zu ziehen, um sich dann als König ausrufen zu lassen.
In diesem Psalm begleiten wir David auf seiner Achterbahn der Gefühle. Wir beginnen mit der Klage über die Situation (V.2+3) und erleben Davids unerschütterliches Vertrauen in Gott (V.4+5). Wir erfahren, dass David im tiefen Vertrauen auf Gott wortwörtlich ruhte (V.6+7) und erleben dann wie einen Doppelpunkt, wie David sich auf den anstehenden Kampf vorbereitet (V.8+9). Auch wir stehen im Leben immer wieder Kämpfen und Herausforderungen gegenüber.
Wenn du deine Situation mit dem Weg, den uns der Psalm heute beschreibt, vergleichst: Wo stehst du im Blick auf deine Herausforderungen? Bei der Klage? Brauchst du vielleicht ganz praktisch Zeit, um auszuruhen? Erlebst du gerade tiefes Vertrauen in Gott? Oder bist du bereit, deine Herausforderung heute anzupacken? Wo du auch stehst, gilt: Der Herr hält seine Hand über dir!

Das merke ich mir: ____________________

____

____

In unserer Zeit sind wir vielen verschiedenen Eindrücken, Informationen und Werten gegenübergestellt. Was davon darf dein Leben prägen?
Matthias Engelhardt

Montag **20**

ICH WÄHLE DICH!

Lukas 6,12-16

Jesus wählt sich ein Team. Sein Team, mit dem er die Welt verändern wird. Und nicht zufällig 12. Diese Zahl kommt nicht daher, dass einfach diese 12 Männer da waren. Die Zahl 12 erinnert an das Alte Testament und an die Gründung und Einsetzung Israels durch 12 Stämme. 10 Söhne und 2 Enkel Jakobs, beziehungsweise Israels. Indem Jesus hier 12 Männer als Apostel, als seine von ihm gesandten Stellvertreter beruft, macht er deutlich: Es passiert etwas Neues mit und in Israel. Und das geschieht nicht aus einer Laune heraus, sondern aus einer Nacht des Gebets. Umso erstaunlicher, dass wir in der Liste der 12 auch Judas finden. Die Betonung liegt nicht darauf, dass er als Werkzeug Gottes handeln wird, sondern als Verräter. Das zeigt uns, dass, wenn Gott beruft, er auch die dunklen Stellen in unserem Leben sieht. Und er beruft uns trotzdem. Oder vielleicht genau deswegen? Wenn ich an Teamwahlen denke, muss ich unwillkürlich an den Sportunterricht denken. Da wurden einem, zumindest in meiner Schullaufbahn, Fehler von den letzten Spielen angerechnet. Man wurde, wenn nicht zuletzt, doch deutlich später gewählt als die guten Sportler. Nicht so bei Jesus: Er beruft dich. Auch mit dem, was du Fehler nennen würdest.

Das merke ich mir: ____

____

Dienstag **21**

DANN IN FÜLLE

Lukas 6,17-26

Kurz nach ihrer Berufung ins „Team Jesus" erleben die 12 Männer, was sie als Apostel erwartet: Menschen, die eine große Sehnsucht danach haben, seelisch und körperlich heil zu werden. Menschen, die sich zutiefst nach einer heilenden Berührung von Jesus sehnen. Vermutlich umgeben von diesen sehnsüchtigen Menschen spricht Jesus seine Schüler an und zeigt ihnen mit vier Verheißungen und vier Warnungen, wie sich die Verheißungen Gottes erfüllen werden. Ganz konkret an den Armen, den Hungernden, den Trauernden und den Verstoßenen. Die nennt er selig, schreibt ihnen einen Zustand der vollkommenen Zufriedenheit zu. Aber passt das zu Armut, Hunger, Trauer und Verstoßung? Jetzt noch nicht! Aber darin liegt die Verheißung, Gottes Wirken zu erleben. Ganz im Sinne von: „Jetzt erlebt ihr es noch nicht. Aber wenn Gottes Verheißungen sich erfüllen, werdet ihr Gottes Wirken und seinen Segen in seiner ganzen Weite erleben." Dieser Gedanke „noch nicht, aber dann" fühlt sich an wie ein schwacher Trost. Es ist aber eine neue Perspektive auf den Alltag der Menschen und es gibt Kraft und Hoffnung. Wo brauchst du gerade diesen Perspektivwechsel raus aus dem „noch nicht" hinein in das „aber dann"?

Das merke ich mir: ____

____

SPIELREGELN

Lukas 6,27-35

Mittwoch 22

Ich stolpere immer wieder über diese Stelle. Die andere Wange hinhalten? Jemandem, der mir die Jacke wegnimmt, auch noch das T-Shirt mitgeben? Diese neuen Spielregeln Jesu fühlen sich nicht wirklich gut an. Und das hat einen ganz einfachen Grund: Es sind keine Regeln. In diesem Abschnitt verdeutlicht Jesus, dass die Spielregeln im Team Jesus eine zunächst einfache Herzenshaltung sind: Liebe. Ok, klingt einfach! Aber wenn Liebe konkret wird, beginnt die revolutionäre Wirkung von Nachfolge. Dann, wenn ich mit Liebe und Respekt den Leuten gegenübertrete, die mich nicht mögen. Dann, wenn ich auf Wiedergutmachung und Rache verzichte. Dann, wenn ich großzügig gebe. Dann entfaltet Nachfolge seine mich und mein Umfeld verändernde Wirkung und das Reich Gottes wird ganz konkret erlebbar. Menschen werden stutzig und fragen nach. Sie werden in ihrem Bild von Gott herausgefordert. Sie begegnen mit dieser neuen Herzenshaltung dem Herzen Gottes. Und diese Herzenshaltung hat ihre Wurzeln nicht in Regeln, um etwas zu erfüllen oder zu erreichen, sondern in dem, was wir auch bei Gott erleben: bedingungslose und unendliche Liebe.

Das merke ich mir: ______________________________

____

EINE FRAGE DER SICHT

Lukas 6,36-42

Donnerstag 23

Wir sind alle Lernende. Daran erinnert uns Jesus in diesem Abschnitt. Nicht nur, dass er diese Worte an die μαθητής (= mathētēs), also Schüler richtet. Er stellt auch klar die Frage: „Siehst du weit genug, um anleiten zu können?“ Bist du dir bewusst, wo du auf deinem Weg mit Jesus gerade stehst? Es geht nicht darum, perfekt zu sein. Perfekte Nachfolger sind die, die wissen, dass sie immer unterwegs und Lernende bleiben werden. Besser als Jesus kann man es da nicht sagen: „Kein Jünger steht über seinem Lehrer. Auch wenn er fertig ausgebildet ist, ist er nur wie sein Lehrer.“ Wenn wir Jesus ähnlicher werden wollen, bleibt das ein Abenteuer für das ganze Leben. Und bei diesem Abenteuer geht es immer wieder darum, sich den eigenen Baustellen im Leben und Balken im Auge bewusst zu sein. Und vielleicht genau in diesen Bereichen nicht leitend, sondern zunächst lernend zu bleiben.

Stelle dir heute diese drei Fragen:

Wo sind gerade meine Baustellen? Was sind meine nächsten Schritte, um in diesen Bereichen weiterzukommen? Wo muss ich vielleicht Verantwortung abgeben oder mir zumindest weitere Hilfe dazu holen?

Das merke ich mir: ______________________________

____

24 Freitag

WORAUF UND WOMIT?

Lukas 6,43-49

Es geht weiter mit der Lebensschule Nachfolge. Und Jesus geht ans Eingemachte. Er stellt die klare Frage, wie es mit unserem Fundament aussieht. Und das in drei klaren Beispielen: ein Baum ohne gute Wurzeln trägt keine guten Früchte, wer nur Schlechtes im Herz hat, wird das nach außen tragen und das Gleichnis vom Mann, der sein Haus auf Felsen baut. Der rote Faden ist klar: Wie sieht es mit deinem Fundament aus? Das Fundament der Pflanze ist ihre Wurzel. Das Fundament der Worte ist das Herz. Und das Fundament eines guten Hauses ist Fels. Und ein gutes Fundament braucht Kraft und Arbeit.

Wenn man damals ein Haus gebaut hat, wurde der Untergrund vorbereitet. Es wurde so lange gegraben, bis man auf Stein gestoßen ist. Wer sich diese Arbeit am Fundament spart, baut auf kurz oder lang zweimal. Jesus fordert auch uns heraus: Arbeite an deinem Fundament. Arbeite an deinem Inneren.

Nimm dir heute bewusst Zeit, dich selbst zu hinterfragen:

Worin gräbst du deine Wurzeln? Womit füllst du dich? Worauf baust du dein Fundament?

Das merke ich mir: ______________________________

____

25 Samstag

GLAUBE, DER ÜBERRASCHT

Lukas 7,1-10

Normalerweise ist es Jesus, der die Menschen überrascht und staunen lässt. Diese Geschichte ist eine der wenigen, bei denen wir miterleben, wie Jesus überrascht wird (V.9). Er ist vom Glauben des Hauptmannes überrascht. Nicht nur, dass der Hauptmann, der mit einem vollkommen anderen Glauben in dieser Gegend lebt, sich für den Glauben Israels interessiert. Er zeigt auch ein starkes Vertrauen, das nicht zuletzt auf seine Erfahrungen als Hauptmann baut.

N.T. Wright schreibt dazu: „Es ist das unerschütterliche Vertrauen in die schlichte Tatsache, dass etwas geschieht, wenn Jesus befiehlt." Das begeistert Jesus. Wie sieht es da bei uns aus? Vertraust du, dass Jesus die Kraft hat, Wunder zu tun? Vertraust du darauf, dass das, was du betest, erhört werden kann? Welche Erlebnisse halten dich davon ab, wie der Hauptmann, auf das kraftvolle Wirken Jesu zu vertrauen?

Heute ist eine gute Chance, dich neu dafür zu entscheiden, auf Jesus zu vertrauen. Er ist derjenige, der alles in der Hand hat, der aus überfließender Liebe und Güte heraus handelt und dich im Blick behält.

Das merke ich mir: ______________________________

____

KW 5 bearbeitet von Daniel Kühn,
Studierender Ev. Religion und Mathematik,
91054 Erlangen
E-Mail: d7kuehn@outlook.de

MONATSSPRUCH FEBRUAR

DU TUST MIR KUND DEN WEG ZUM LEBEN.

Psalm 16,11

DANKE GOTT, ...

Psalm 9

Was hat diesen Psalm wohl veranlasst? Es scheint so, als hätte der Autor erfahren, wie Gott ihn vor seinen Feinden bewahrt hat. Da der Psalm in Verbindung mit David steht, könnte es ein Psalm sein, der nach einem der vielen Kämpfe Davids entstanden ist, und in dem er Gott im Anschluss dafür lobt. Es klingt danach, als würde es gar nicht so sehr um einen Kampf mit Armeen gehen, sondern vielmehr um den Kampf für Gerechtigkeit und gegen das Elend.

Der Psalmautor ruft alle Leser dazu auf, in dieses Lob mit einzustimmen und die Größe Gottes zu feiern. Im weiteren Text bittet er Gott darum, dass er ihm weiterhin hilft und er diese Erlebnisse weiterhin erzählen kann. Ich möchte dich einladen, diese Woche damit zu starten, dass du die vergangene Woche Revue passieren lässt und dir überlegst, wie und wo du Gottes Handeln erlebt hast. Daran anschließend kannst du dir Zeit nehmen, Gott dafür zu loben. Gerne kannst du diese Erlebnisse auch teilen und andere dazu einladen, mit dir gemeinsam Gott zu loben.

Anschließend kannst du an die kommende Woche denken und Gott darum bitten, dass er in dieser Woche präsent ist und Gerechtigkeit schafft.

Das merke ich mir: ____________________

____

____

Gerade in Zeiten von Fake News brandaktuell, sowohl für unser Hören als auch für unser Reden. Lasst uns Menschen sein, die Gutes hochhalten und verbreiten.

Daniel Kühn

WOCHENSPRUCH

Es werden kommen von Osten und von Westen, von Norden und von Süden, die zu Tisch sitzen werden im Reich Gottes.

Lukas 13,29

Montag 27

..., dass ich nicht alleine bin

Lukas 7,11-17

Was für eine Geschichte! Eine Mutter trauert um ihren einzigen Sohn. Dann begegnet Jesus dem Trauerzug. Er leidet mit. Und trotzdem spricht er die Frau mit der Aufforderung an, nicht zu weinen. Das ist doch dreist und unsensibel, oder? Als er dann auch noch den Sarg berührt und den jungen Mann zum Aufstehen auffordert, muss das für die Anwesenden ziemlich anstößig gewesen sein. Die Stimmung ändert sich aber schlagartig, als sich der junge Mann bewegt. Alle Umstehenden werden von Ehrfurcht ergriffen und fangen an Gott zu preisen. Gestern hast du für die Erlebnisse der vergangenen Woche gedankt. Heute möchte ich dir Mut machen, den Fokus auf kommende Ereignisse zu richten. Für die Mutter war dieser Tag einer der schlimmsten ihres Lebens und ich kann mir gar nicht vorstellen, wie tragisch es ist, das eigene Kind beerdigen zu müssen. In dieser dunklen Stunde darf sie Jesus begegnen und ein Wunder erleben. Ich wünsche mir, dass Jesus immer so handelt und die Ursache unseres Leides von uns nimmt. Leider tut er das nicht. Es gilt jedoch: Jesus ist dabei, er leidet mit. Manchmal darfst du erfahren, wie alles gut wird, manchmal bietet er auch nur an, das Leid mitzutragen. Egal, welche Wege du diese Woche beschreiten wirst: Du bist nicht allein.

Das merke ich mir: ______________________________

____

Dienstag 28

..., dass ich zweifeln darf!

Lukas 7,18-23

Das Wunder von gestern bahnt sich seinen Weg, Leute reden darüber, werden begeistert, auch Johannes erfährt davon. Und er hat Fragen: „Ist Jesus der, der erwartet wird, mit dem sich so viele Hoffnungen verknüpfen?“ Da er selbst im Gefängnis sitzt, schickt er seine Jünger zu Jesus, die ihm berichten sollen, ob Jesus wirklich der ist, auf den alle warten. Als sie bei Jesus ankommen, verweist er sie auf die Wunder, die passieren. Er nimmt damit Bezug auf Verheißungen (z. B. Jes 29,18; 35,5), die besagen, dass mit dem Kommen Gottes diese Zeichen einhergehen. Eigentlich ist Johannes ja der, der Jesus den Weg bahnen soll und der mit seinem Leben auf Jesus verweist. Das heißt, es ist davon auszugehen, dass Johannes über Jesus Bescheid weiß, und trotzdem kommen ihm an der Stelle Fragen. Ich finde es sympathisch, dass die Bibel auch diese Episoden erzählt, wo Menschen an Jesus zweifeln. Dinge zu hinterfragen, ist wertvoll, denn es hilft dabei, unserer Überzeugungen sicher zu werden oder aber, wenn sie nicht tragen, sie ablegen zu können. Und Jesus, er kritisiert das nicht, sondern er verweist auf das, was er tut. Ich möchte dir Mut machen, in allen Zweifeln Ausschau zu halten nach dem, was Jesus tut und vielleicht auch schon getan hat.

Das merke ich mir: ______________________________

____

JESUS UND DER BUNDESTRAINER

Lukas 7,24-35

Mittwoch 29

In Deutschland gibt es gefühlte 80 Millionen Bundestrainer und jede Entscheidung, die der echte Bundestrainer trifft, wird ausführlich kritisiert. Er kann es einfach nicht für alle richtig machen, immer wird es Hater geben, die mit seiner Entscheidung nicht nur nicht einverstanden sind, sondern auch versuchen, Stimmung dagegen zu machen. Die wenigsten Deutschen aber wissen, wie man ein Team gut trainieren kann oder eine sinnvolle Taktik entwirft. Jesus und Johannes der Täufer sind auch Menschen, die bewegen, die Glauben verändern, die die Taktik der Religion wechseln, und dafür werden sie von den Pharisäern kritisiert. Bei Johannes die Askese, bei Jesus der Genuss, man kann es den Pharisäern nicht recht machen. Aber von der Zuschauertribüne redet es sich immer leicht, nur wer auf dem Platz steht, Entscheidungen treffen muss, der tut etwas. Ich möchte dir Mut machen, deine Entscheidungen und dein Engagement nicht nach der öffentlichen Meinung oder dem, was andere denken könnten, auszurichten, sondern das zu tun, was du für richtig hältst, ungeachtet dessen, was Zuschauer sagen könnten. Hab Menschen um dich, deren Meinung du schätzt, die dich gut beraten, aber lass nicht jeden in dein Leben hineinsprechen.

Das merke ich mir: ____________________

____

SCHULD, VERSAGEN ... UND LIEBE

Lukas 7,36-50

Donnerstag 30

Was für ein Skandal, Jesus lässt sich von einer Sünderin berühren! Für gläubige Juden war das unvorstellbar, da sich Unreinheit mittels Berührung überträgt. Unrein zu sein, bedeutete, für eine bestimmte Zeit aus der Gesellschaft ausgeschlossen zu werden. Deshalb ist die Reaktion Simons verständlich. Aber Jesus agiert anders, er fängt nicht an, sich von der Frau zu distanzieren, sondern er erzählt die Geschichte von zwei Schuldnern. Jesus beendet diese Geschichte mit der Frage nach der größeren Liebe. Ich frage mich, warum an dieser Stelle nicht von Dankbarkeit die Rede ist, kann aber als Lösung nur finden, dass hier Erzähl- und Deutungsebene verschwimmen und Liebe die Konsequenz der Sündenvergebung ist. In jedem Fall zählt Jesus auf, wie die Sünderin Jesus ihre Liebe gezeigt hat. Damit führt er Simon vor Augen, dass ihn das Ansehen der Person nicht beeindruckt. Stattdessen sieht er tiefer, er sieht die Schuld, den Schmerz und spricht der Frau Vergebung und Frieden zu. Wahrscheinlich durfte sie den auch erleben. Ich will dich heute herausfordern, deine Liebe und deinen Zerbruch Jesus zu zeigen. Und ich bin überzeugt, dass du, wie die Frau, Vergebung und Frieden erfahren darfst (auch wenn es manchmal erst schwer ist).

Das merke ich mir: ____________________

____

Freitag **31**

JESUS UND DIE VORBILDLICHEN FRAUEN

Lukas 8,1-3

Nein, es geht jetzt hier nicht darum, Jesus irgendwelche Frauengeschichten anzudichten. Aber es ist doch bemerkenswert, dass hier Frauen mit Namen benannt werden, insbesondere da sie hier auch zum Teil losgelöst von ihren Männern genannt sind. Das ist für die damalige Zeit doch eher ungewöhnlich und eine besondere Wertschätzung. Insgesamt wissen wir leider nicht so viel über die einzelnen Frauen, aber die Bibel sagt hier, dass Jesus sie geheilt hat und sie ihm daraufhin nachfolgen und ihm mit ihrem Besitz dienen. Die Begegnung mit Jesus wirkt sich auf ihr Leben aus, und sie unterstützen die Ausbreitung des Reiches Gottes. Sie unterstützen Jesus mit dem, was sie zur Verfügung haben und werden darin gesehen. Ich möchte dich ermutigen, zu überlegen, wie du heute Jesus dienen kannst. Welche Gaben hast du, welche Möglichkeiten hast du, in welchen Situation kannst du ein Diener des Reiches Gottes sein? Ich bin fasziniert, wie Gott aus unseren kleinen Beiträgen manchmal viel macht, und oft sind es gerade auch die kleinen Beiträge, ohne die es gar nicht funktionieren würde. Gib, was du kannst, und Gott segnet! :)

Das merke ich mir: ____________________

____

Samstag **1**

JESUS UND DU?

Lukas 8,4-15

In den vergangenen Tagen haben wir Geschichten gelesen, wie unterschiedliche Menschen auf Gott, Jesus und sein Handeln reagiert haben. Das heutige Gleichnis bindet Reaktionen auf das Wort Gottes zusammen und nimmt sie in bildlicher Sprache auf. Die einen entwickeln einen oberflächlichen Glauben, finden aber keinen Halt, andere hören, aber die Sorgen des Alltags ersticken den kleinen Samen, wieder andere hören und es wird ihnen wieder genommen. Erfreulicherweise landet aber auch Samen auf dem Boden, auf dem er gute Frucht bringen kann. Menschen hören und werden im Herzen verändert. Sie bringen vielfach Frucht. Ich will dich fragen: Wie reagierst du auf Gottes Handeln? Welche Konsequenzen hat das Wort Gottes für dich? Mir geht es nicht ums Urteilen oder darum, dir eine bestimmte Variante vorzuschreiben, sondern ich will dir einen Anstoß geben, dass du für dich überlegst, welche Konsequenzen ein Leben mit Jesus für dich hat. Vielleicht machst du tolle Entdeckungen, vielleicht entdeckst du aber auch Verletzungen durch Menschen, die für sich beansprucht haben, im Namen Gottes zu handeln. Jedenfalls möchte ich dir Mut machen, andere Anteil haben zu lassen.

Das merke ich mir: ____________________

____

KW 6 bearbeitet von Christoph Höcht,
Hausvater der Evangelistenschule
Johanneum e.V., Wuppertal
E-Mail: hoecht@johanneum.net

GOTT ALLEIN IST MEIN GANZES GLÜCK!

Psalm 16

„Gott allein ist mein ganzes Glück!", heißt es in Vers 2 und damit ist die Zielrichtung dieses Psalms gesetzt. Das klingt wie in Psalm 73: „Wenn ich nur dich habe, so frage ich nicht nach Himmel und Erde!" Was treibt einen Menschen dazu, so etwas zu sagen? Stimmt das auch heute noch: Gott allein ist mein ganzes Glück?

Vier kurze Antwortspuren: Vers 11: „Große Freude finde ich in deiner Gegenwart", denn dort darf ich sein und bin angenommen, so wie ich bin. Ohne, dass ich mich verstellen oder besonders gerecht sein muss. Vers 8: Er ist Halt und Hilfe, wenn unser Leben schwierig wird. In den schweren Zeiten des Lebens kann ich mich an meinen Gott wenden und habe immer einen, der zu mir steht. Vers 10: „Du gibst mich nicht dem Totenreich preis." Das ist die Gewissheit, dass mein Leben einmal nicht in der dunklen Erde endet, sondern ich auferstehen und mit Jesus in Ewigkeit leben darf. Verse 3-6 deuten an, dass es Alternativen gibt zu Gott als höchstes Glück.

Es gibt immer andere höchste Werte, mächtige Ideen, religiöse Angebote. Doch sie tragen letztendlich nicht durchs Leben und schenken keine Erfüllung. Darum bekennen wir heute Morgen gemeinsam: „Gott allein ist mein ganzes Glück!"

Das merke ich mir: ______________________

____

____

WOCHENSPRUCH

Über dir geht auf der Herr,
und seine Herrlichkeit erscheint
über dir.
Jesaja 60,2

Lied: FJ6! Nr. 37

„Prüft alles und behaltet das Gute!" - Das habe ich getan und behalten habe ich Jesus und sein lebensveränderndes Evangelium.

Christoph Höcht

3 Montag

LASST EUER LICHT LEUCHTEN!

Lukas 8,16-21

Während einer Bauphase musste ich mir oft einen LED-Strahler in die noch im Rohbau befindlichen Räume stellen, um etwas zu sehen. Nie wäre ich auf die Idee gekommen, den LED-Strahler flach auf den Boden zu legen mit den Scheinwerfern nach unten gerichtet – ich brauchte ja LICHT! Jesus fordert uns auf: Lasst euer Licht leuchten – und damit meint er hier nicht nur unser vorbildliches Leben als Christinnen und Christen. Hier geht es ihm um Gottes Wort. Zuerst sollen wir selbst Gottes Wort hören, annehmen und verinnerlichen. Und dann muss Gottes Wort überall gehört und verstanden werden, wie auch Lichtstrahlen überall im Raum Licht hinbringen. Wir dürfen und sollen Botschafter dieser Botschaft sein und öffentlich, hörbar, wahrnehmbar Gottes Wort weitersagen: den Menschen, die im Dunkeln sitzen und jede Hoffnung verloren haben. Den Menschen, die sinnlos durchs Leben gehen oder die nicht wissen, wofür es sich zu leben lohnt. Den Menschen, die vergessen haben, dass sie einen Vater im Himmel haben, der sie bedingungslos liebt. Vers 21 hat mich beim Lesen erfreut und begeistert: „Ich bin ein Bruder Jesu! Denn ich habe Jesu Worte für mein Leben gehört, angenommen und handle danach!"

Das merke ich mir: ____________________

____

4 Dienstag

ALLEIN IN DEN STÜRMEN DES LEBENS?

Lukas 8,22-25

Eine sehr eindrückliche Geschichte – die Jünger zusammen mit Jesus in einem Sturm auf dem See Genezareth. Wenn wir tiefer blicken, dann könnte man verschiedene Fragen stellen: Warum erleben die Jünger, die mit Jesus unterwegs sind, trotzdem diesen Sturm? Hätten die Jünger in diesem Sturm wirklich umkommen können? Immerhin ist ja auch Jesus in ihrem Boot. Ich bin dankbar, dass die Bibel uns keine falschen Tatsachen vorgaukelt: Wer mit Jesus zusammen unterwegs ist, der wird trotzdem Stürme erleben. Es ist Wahrheit und Realität, dass wir als Christen nicht davor gefeit sind, nicht auch in riesige Lebensstürme zu geraten. Da geht es uns nicht anders als den Menschen, die ohne Gott leben. Doch unser großer Vorteil ist: Wir sind nicht allein in den Stürmen des Lebens. Jesus ist da und er ist erreichbar – ansprechbar. Wenn ich Jesus mitten im Sturm „wecke", dann darf ich ihm, dem Herrn der Welt, jederzeit meine Angst, mein Sturmerlebnis, alles, was mir gerade durch den Kopf schießt, abgeben. Demjenigen, der mit nur einem Wort dem Sturm gebieten kann: „Verstumme!" Ich vertraue darauf, dass gilt: „Herr, sprich nur ein Wort, so wird meine Seele gesund!" Der Sturm legt sich! Gott sei Dank.

Das merke ich mir: ____________________

____

JESUS, MACH MICH FREI!

Lukas 8,26-39

5 Mittwoch

Ein Mann, der das Leben verloren hatte – eigentlich war er schon tot: Er lebte auf einem Friedhof, nackt und besetzt von Dämonen. Er war nicht mehr Herr über sein Leben. Doch dann kommt Jesus – der Herr des Lebens – und zeigt den Dämonen, wer hier das Sagen hat. Es finden eine Totenauferweckung und ein Herrschaftswechsel statt. Der Mann wird frei, geheilt und bekommt sein Leben neu geschenkt. In meinen Augen ist diese Geschichte heute aktueller denn je: Viele Menschen heute sind nicht frei – die Dämonen, die sie besetzt haben, haben verschiedenste Namen: Selbstzweifel, Angst, Identitätsprobleme, Machtstreben. Jesus sagt von sich: „Wen der Sohn frei macht, der ist wirklich frei!“ – Wer Jesus in sein Leben reden lässt, der darf diese Freiheit erleben und die wohltuende Bindung an Jesus als heilsam erfahren. Viele junge Menschen verletzen sich selbst, weil sie innerlich verletzt sind. Wie der besessene Mann können sie nicht anders, als sich immer wieder selbst etwas anzutun. Hier braucht es m. E. nach an vielen Stellen therapeutische Hilfe und die Ansprache und das Eingreifen Jesu, der klar und deutlich in das Leben von Menschen hineinspricht: „Gib diesen Menschen frei!“

Das merke ich mir: ______________________________

____

WIE GROß IST DEIN GLAUBE?

Lukas 8,40-56

6 Donnerstag

Glaubst du, dass Jesus alles kann? In der Theorie würden wir alle sagen: Klar, nichts ist Jesus unmöglich. Aber wenn ich konkreter frage: „Kann Jesus den Krieg in der Ukraine beenden?“ oder „Kann Jesus ein an den Rollstuhl gefesseltes Mädchen heilen?“, dann wird es plötzlich spannend mit dem Glauben! Beide Geschichten heute handeln von Personen, die sich an Jesus wenden, ohne zu wissen, wie die Sache für sie ausgeht. Der Vater des Mädchens wendet sich an Jesus in der Hoffnung und dem Glauben, dass Jesus heilen kann – ebenso die blutflüssige Frau. Glaube traut zuallererst dem lebendigen Gott alles zu. Es gibt keine Begrenzungen für Glaube – doch: Unser Denken und unsere Erfahrungen können unseren Glauben einschränken. In der Geschichte scheint sich das bei dem jungen Mädchen auch zu bestätigen. Jesus kommt zu spät. Sie ist verstorben und der Glaube an Jesus hat sich als falsch erwiesen – scheinbar. Denn es stimmt, was Jesus an anderer Stelle sagt: „Alles ist möglich, dem der da glaubt!“ Glaube ist also ein Festhalten an Gottes Möglichkeiten in jeder Lebenslage. Dann werden wir hoffentlich auch so überrascht, wie der Vater, der seine 12-jährige Tochter ganz wundersam wieder in die Arme schließen darf.

Das merke ich mir: ______________________________

____

Freitag **7**

DIE BOTSCHAFT MUSS UNTER MENSCHEN!

Lukas 9,1-9

Nachdem Jesus eine lange Zeit mit seinen Jüngern verbracht hat und sie viel von ihm gelernt und vieles von seiner Botschaft verstanden haben, sind sie nun an der Reihe. Jesus schickt sie in die Dörfer und Städte – immer zwei und zwei, wie es in einer Parallelstelle heißt. Es ist gut, im Dienst im Reich Gottes nicht allein unterwegs zu sein. Die Botschaft war simpel: „Das Reich Gottes ist nahe herbeigekommen. Kehrt um und glaubt an das Evangelium!" Was ist eigentlich das Reich Gottes? Es beginnt da, wo ein Mensch Jesus Christus als Gott und Heiland erkennt, anerkennt und beginnt, nach seinem Willen zu leben und andere zu lieben, so wie Christus uns geliebt hat. Mit dieser Botschaft sind die Jünger losgezogen. Wie auch heute haben sie beides erlebt: Menschen, die begeistert von dieser Nachricht waren und die ihr Leben verändert haben. Menschen, die sie ignoriert haben und diese Nachricht nicht hören wollten. (Dann haben sie zeichenhaft den Staub von den Füßen geschüttelt, als Zeichen: Dann müsst ihr euch selbst im Gericht vertreten und habt keine Fürsprecher in Jesus.) Menschen, wie Herodes, die erschüttert und berührt von dieser Botschaft waren. Hast du die Botschaft Jesu für dich schon gehört und ihn als Gott erkannt und anerkannt?

Das merke ich mir: ______________________________

____

Samstag **8**

WAS HAST DU MIR ZU GEBEN?

Lukas 9,10-17

Als Jesus nach seiner Predigt die hungrigen Menschen sieht, erhebt er nicht die Hände zum Himmel und bittet seinen Vater um ein Wunder und ein gutes Essen in Form von herbeifliegenden Wachteln (2. Mose 16,13). Nein, er spricht zu seinen Jüngern: „Gebt ihr ihnen zu essen!" Mit anderen Worten: „Nehmt das, was ihr habt, und macht was damit!" Er traut ihnen zu, dass sie diese Aufgabe bewerkstelligen können. Sie antworten leicht entsetzt: „Aber wir haben doch nur 5 Brote und 2 Fische!" Daraufhin nimmt Jesus das, was die Jünger haben, und kreiert daraus ein wundersames Mahl für alle 5000 Menschen. Was für eine tolle Geschichte! Glaubst du, dass Jesus mit dem, was DU zu geben hast, auch heute noch Wunder tun kann? Was kannst du ihm zur Verfügung stellen, damit er dadurch etwas im Leben von anderen verändern kann? In einem Weihnachtsgottesdienst habe ich einen ehrenamtlichen Mitarbeiter gebeten, nach meiner Predigt ein Lied mit der Gitarre zu singen. Es war mucksmäuschenstill in der Kirche. Danach haben mir viele gesagt, wie berührend das war und wie krass das Vortragsstück sie in ihrem Herzen angesprochen hat! Gib Jesus etwas von deinen Gaben und lass ihn durch dich arbeiten. Das Ergebnis sind nicht nur volle Körbe, sondern volle Herzen!

Das merke ich mir: ______________________________

____

KW 7 bearbeitet von Daniel Hoffmann,
Gemeinschaftspastor, 29221 Celle
E-Mail: danielhoffmann84@icloud.com

9 Sonntag

Lied: FJ6! Nr. 87

SCHUTZ MIT PERSPEKTIVE

Psalm 18,1-20

Burgen und Festungen sind von Weitem gut zu sehen. Sie sind nicht ohne Grund auf Anhöhen gebaut worden, damit Burgherren früh Angreifer und Bedrohungslagen erkennen und rechtzeitig reagieren konnten. Dieser Zeitgewinn war wichtig, um alle Vorbereitungen für Verteidigung und Schutz zu treffen. Für die Menschen in den umliegenden Dörfern waren diese Burgen ihre Lebensversicherung. Wenn Gefahr drohte, verließen die Menschen ihr Zuhause und flüchteten hinter die Mauern. Deswegen war es nicht nur wichtig, die Burg zu sehen, sondern auch den Weg dorthin zu kennen. Wenn die Gefahr vorüber war, öffneten sich die Tore und die Menschen zogen wieder nach Hause, ohne zu wissen, was sie vorfanden. Oftmals standen sie vor dem Nichts und mussten sich ihr Leben neu aufbauen. Heute kennen wir solche Umstände – Gott sei Dank – nicht mehr, aber für Generationen vor uns war das Alltagserfahrung: Man überlebte nur, wenn man bereit war, alles zurückzulassen. Man überlebte nur, wenn man den Weg zur Burg kannte. Dieses Bild überträgt David auf seine Glaubenserfahrung mit Gott (V.3). Aber Gott war für ihn mehr als nur ein Schutzort – David hat erlebt, dass Gott nach der Gefahr mit ihm hinaus ins Neue und Unbekannte gegangen ist (V.20). Gott hilft und führt.

Das merke ich mir: ______________________

____

____

WOCHENSPRUCH

Kommt her und sehet an die Werke Gottes, der so wunderbar ist in seinem Tun an den Menschenkindern.
Psalm 66,5

Ob etwas gut ist, zeigt sich am Ende. Ob etwas hilfreich ist und dient, entscheidet sich im Alltag. Deswegen: innehalten, nachdenken, ausprobieren und leben.

Daniel Hoffmann

Montag 10

DAS DUMME GESCHWÄTZ DER ANDEREN

Lukas 9,18-27

Wie müssen sich Menschen „des öffentlichen Lebens" fühlen, wenn Magazine über sie berichten, wenn sie Kommentare über sich in den Social Media lesen? Leider machen Menschen selten die Erfahrung, dass die Berichte über sie stimmen oder die Bilder von ihnen sie gut aussehen lassen. Mit Klatsch und Tratsch macht man eben mehr Geld als mit der Wahrheit. Zwar gab es zur Zeit von Jesus keine Klatschmagazine, aber die Social Media war damals genauso aktiv wie heute: die Menschen haben geredet und viel erzählt. Es gab viele Halbwahrheiten und Meinungen. Wenig Ahnung. Und als bekannter Lehrer mit neuer Botschaft war Jesus in aller Munde. Und es gab viele Geschichten über ihn und sein Leben und genauso viele Varianten, wer er nun wirklich sei. Das war Jesus bekannt und seine Schüler waren täglich damit konfrontiert. Doch statt öffentlich dagegen vorzugehen, zeigt Jesus seinen Schülern einen anderen Weg, damit umzugehen: Was glaubt ihr (V.20a)? Entscheidend ist nicht der Glaube der anderen, sondern wie du selbst zu Jesus stehst. Entscheidend ist nicht die Meinung der anderen, sondern dein Bezug zu Jesus. Und deswegen braucht man nicht mittratschen (V.21), wenn klar ist, wer Jesus für dich ist: der Christus Gottes (V.20b)!

Das merke ich mir: ______________________________

____

Dienstag 11

WAS BLEIBT AM ENDE?

Lukas 9,28-36

Fast hätten Petrus, Jakobus und Johannes das Beste verschlafen – und sie müssen sich ganz schön die Augen gerieben und sich gefragt haben, ob sie noch träumen. Denn, was sie da sahen, war bemerkenswert und in der Weise und Intensität einzigartig. Sie sahen etwas, das sie erst sehr viel später verstanden haben: die Erklärung, wer Jesus ist. Alter und neuer Bund an einem Ort. Elia, der Prophet, der den Messias ankündigt. Mose, der Prophet und Führer des Volkes. Und Jesus in ihrer Mitte. Es war auf einmal alles so klar! Es war klar, wer Jesus ist und welchen Auftrag er hat. Und diese Klarheit wollten sie festhalten und für immer in diesem geistlichen Höhepunkt bleiben (V.33). Ein Feuerwerk der Gefühle und des Glaubens. Nachvollziehbar, dass die drei Schüler auf dem Berg bleiben wollen. Doch Gott selbst (V.35) holt sie in die Realität zurück und sagt ihnen, worauf es künftig ankommt: Jesus allein (V.36). Es war eine Vorbereitung auf das, was auf sie wartete und was bzw. wer ihnen half: Jesus allein (V.36). Verständlich, wenn man geistliche Höhepunkte festhalten will. Es braucht geistliche Bergfeste und Situationen der Klarheit. Im Alltag aber braucht es den klaren Fokus auf den, der bleibt: Jesus allein.

Das merke ich mir: ______________________________

____

ANGST VOR DER ANTWORT

Lukas 9,37-45

Mittwoch 12

Wenn ich die Geschichten der Schüler lese, wie sie mit Jesus umherzogen und wundersame Dinge erlebten, wünschte ich, ich hätte auch diese Chance gehabt. Direkt bei Jesus zu sein und zu hören, was er wirklich gesagt hat, zu sehen, was er wirklich getan hat. Wirklich die Gelegenheit zu haben, ihn alles zu fragen, was ich schon immer wissen wollte. Keine Fragen blieben offen. Wer wünschte sich das nicht? Und doch lese ich von den Schülern, dass sie mit Fragen zurückblieben, weil sie Angst hatten, Jesus zu fragen (V.45). Wie kann das sein? Bekommen wir nicht von klein auf beigebracht: Wer nicht fragt, bleibt dumm? Sicher wollten die Schüler nicht dumm bleiben. Aber vor was hatten sie dann Angst? Vor Jesus – das kann ich mir schwer vorstellen – wieso sonst verbringen sie drei Jahre mit ihm. Jesus hatte eine liebevolle Art, die Menschen anzog. Er war nicht zimperlich, aber fair, gerecht und klar. Oder hatten sie Angst vor der Antwort? Nicht alle Antworten sind bequem. Es könnten ja Antworten sein, die das Leben verändern. Antworten, die man sich so nicht gedacht hatte. Antworten, die Konsequenzen fordern. Vielleicht ist es das, die Angst vor Veränderung. Und diese Angst kenne ich auch – ich stelle keine weiteren Fragen wie die Schüler.

Das merke ich mir: ______________________________

____

AUSSERHALB DES SYSTEMS

Lukas 9,46-50

Donnerstag 13

Am Ende zählt das Ergebnis, oder? Nicht immer habe ich darauf Zustimmung bekommen. Meine Mathelehrer waren da anderer Meinung, wenn meine oft abenteuerlichen Rechenwege zwar zu einem richtigen Ergebnis führten, aber der Weg dahin trotzdem falsch war. Der Rechenweg musste schon dem gelernten Schema folgen, sonst konnte auch das Ergebnis nicht stimmen. Auf dem falschen Weg zum richtigen Ergebnis ist schwer vorstellbar und am Ende falsch, oder? So dachten zumindest die Schüler von Jesus, als sie einen Mann gesehen haben, der im Namen von Jesus Menschen frei machte. So weit, so richtig, aber für die Schüler war es dennoch falsch, da dieser Mann nicht auf die Weise Jesus nachfolgte, wie sie es taten. Mit dem scheinbar richtigen Schema im Kopf versuchten die Schüler die Spannung aufzulösen, indem sie dem Mann verbaten, das eigentlich Richtige zu tun. Jesus aber hielt die Spannung aufrecht. Das Ergebnis zählt. Verhindern unsere Schemata in EC und Gemeinde am Ende, dass Gutes geschehen kann? Müssen bei uns nicht auch Menschen erst den richtigen Glaubensweg beschritten haben, bevor sie Richtiges sagen? Darf auch etwas außerhalb des Systems passieren? Das ist Gottes Geschichte mit uns: ein neuer Weg für das richtige Ergebnis.

Das merke ich mir: ______________________________

____

Freitag **14**

EINFACH MAL NICHTS SAGEN

Lukas 9,51-56

Was macht das Verhältnis zwischen Juden und Samaritern eigentlich so besonders, dass es im Neuen Testament immer wieder Erwähnung findet? Beide gehören doch zu einer Familie und zu einem Volk: Israel. Beide haben ihre eigenen tragischen Erfahrungen gemacht in der Geschichte. Und beide haben ihren besonderen Weg gefunden, wie sie den Gott Abrahams, Isaaks und Jakobs anbeten. Beide haben einen heiligen Berg – die Samariter im Norden Garizim, die Juden im Süden Zion. Beide haben die heiligen Schriften – im Norden nur die Tora, im Süden die Tora, die Schriften und die Propheten. Und beide sind der Überzeugung, richtig zu glauben, fromm und am „bibeltreusten" zu sein. Jede Begegnung bot Anlass zu vielen Diskussionen um Rechthaben, Wahrheit und die richtige Theologie. Jede Begegnung stand in der Gefahr, im Streit zu enden. Als die Schüler in Samarien keine Übernachtungsmöglichkeit bekommen, möglicherweise weil sie aus Galiläa stammen, wollen sie ein Exempel statuieren und zeigen, wer nun Recht hat. Sie wollen den Streit ums Rechthaben ganz klar beenden mit Feuer und Zorn. Aber Jesus macht da nicht mit. Sein Weg, dass die Wahrheit sichtbar wird, ist ein anderer. Es geht ihm nicht um Kleinigkeiten, sondern ums Ganze. Mutig!

Das merke ich mir: ______________________________

____

Samstag **15**

MEHR DAVON

Lukas 9,57-62

Nachfolge Jesu ist kein Lebensstil, wo man es allen Recht machen kann. Nachfolge verlangt Entscheidung, Klarheit und Mut. Christsein ist kein Sowohl-als-auch, es ist ein Entweder-oder. Christsein ist auf Zukunft ausgerichtet, nicht auf die Vergangenheit. So ist dieser Abschnitt in vielen Bibeln überschrieben mit: „Vom Ernst der Nachfolge", denn es ist ernst, wenn es um Jesus geht. Es geht am Ende um Leben oder Tod. Freiheit oder Gebundensein. Es geht darum, die Prioritäten im Leben zu ordnen und richtig zu setzen. Es geht darum, das im Alltag umzusetzen, woran man glaubt. Mit Jesus geht es um deine Zukunft, weil die Vergangenheit keine Macht und kein Recht mehr über dein Leben hat. Deswegen schaue nicht zurück, sondern nach vorn. Denn kein Bauer bekommt eine gerade Furche auf dem Acker hin, wenn er beim Ziehen zurückschaut – so können wir das Neue mit Jesus nicht geradeaus leben, wenn wir in der Vergangenheit bleiben und dem nachhängen. So geht es in der Nachfolge um die Botschaft, dass mit Jesus ein neues Leben beginnt. Nicht der Tod und die Endlichkeit haben mehr Bedeutung. Das Leben ist relevant, weil es einen Ewigkeitscharakter hat. Diese Botschaft müssen alle hören!

Das merke ich mir: ______________________________

____

KW 8 bearbeitet von Christian Holfeld,
Referent für Pfadfinderarbeit beim Deutschen
EC-Verband, 57625 Weyerbusch
E-Mail: christian.holfeld@ec.de

DER MAUERNSPRINGER

Psalm 18,21-51

David erlebte tiefe Begegnungen mit Gott, die ihn in Momenten der Verfolgung und Not gerettet haben. Seine Erfahrungen waren keine abstrakten Ideen, sondern konkrete Ereignisse, die ihm Rettung brachten. Er erkannte klar, dass seine Stärke und Kraft direkt von Gott stammten. Sein eigenes Leben zeugte von der erlösenden Macht Gottes. David spricht von der Eroberung von Festungen. Dabei geht es nicht nur um physische Gebäude, sondern auch um die Hindernisse und Herausforderungen, die uns im Leben begegnen. Wir finden uns oft in Situationen wieder, die schier unüberwindlich erscheinen. Doch mit Gott an unserer Seite finden wir die Stärke, diese zu bezwingen. Gott rüstet uns aus, unsere Ängste, Zweifel und Schwierigkeiten zu überwinden, indem er uns die notwendige Kraft schenkt. Dies spiegelt sich in unserem Glauben wider, der uns in die Lage versetzt, über scheinbar unüberwindliche Barrieren hinwegzugehen. Gott ermutigt uns, über unsere eigenen Grenzen hinauszuwachsen und voller Zuversicht voranzuschreiten.

In Zeiten, in denen wir glauben, dass unsere Fähigkeiten eingeschränkt sind, erinnern uns diese Verse daran, dass Gott uns dazu befähigt hat, Dinge zu vollbringen, die wir einst für undenkbar hielten.

Das merke ich mir: ______________________

____

____

WOCHENSPRUCH

Wir liegen vor dir mit unserm Gebet und vertrauen nicht auf unsere Gerechtigkeit, sondern auf deine große Barmherzigkeit.
Daniel 9,18

Was neu ist, ist nicht automatisch gut. Bewährtes muss nicht automatisch übernommen werden. „Sei weise" und schau dir genau an, was du für dich behalten möchtest.
Christian Holfeld

Montag 17

ERNTEZEIT OHNE ARBEITER

Lukas 10,1-16

Offensichtlich ist es nicht einfach für Jesus. Es gab schon zu seiner Zeit auf der Erde zu wenig Arbeiter im Reich Gottes. Das ist bis heute so, wie die vielen offenen Jugendreferentenstellen zeigen oder wie wir in Gemeinden sehen können, wenn Mitarbeitende gesucht werden. Viele tun sich schwer, auf Jesus und seine Platzanweisung zu hören und sich auf den Weg zu machen. Doch wir sollten bedenken: Jesus lässt uns auf dem Weg nicht allein, wenn wir mutig vorangehen. Er ermutigt uns dazu, aktiv mitzuwirken und seinen Plan mitzutragen. Wir wissen, dass viele Menschen auf das Evangelium warten. Hier kommt unsere Aufgabe ins Spiel. Jeder von uns hat einen Anteil daran, die Botschaft zu verbreiten. Ohne unser Engagement bleibt die Ernte aus. Jesus fordert dazu auf, leicht bepackt und im Vertrauen auf Gott voranzugehen. Wenn wir uns auf Gottes Stärke verlassen, können wir über uns hinauswachsen. Nicht jeder wird begeistert von unserer Botschaft sein. Das war schon zu Jesu Zeiten so und gilt noch heute. Einige werden die Botschaft annehmen, andere nicht. Das ist okay! Jesus ermutigt uns, trotzdem dranzubleiben. Unser Dienst hängt nicht von der Zustimmung anderer ab, sondern von unserer Treue zur Botschaft.

Das merke ich mir: ________________________________

____

Dienstag 18

MACHTFÜLLE FÜR DIE JÜNGER

Lukas 10,17-24

Wann hast du zum ersten Mal die Erfahrung gemacht, dass Gott wirklich existiert? Ich meine nicht theoretisch, sondern wirklich, mitten im Leben. Das können eine Gebetserhörung sein oder das bewusste Erleben von Gottes Eingreifen in einer bestimmten Situation. Als die Jünger live erlebten, dass ihnen sogar Dämonen gehorchen, machten sie genau diese Erfahrung. Sie waren voller Aufregung. Jesus übertrug ihnen die Macht, Schlangen und Skorpione zu besiegen und er gab ihnen Macht über den Feind. Das zeigt, dass wir nicht machtlos gegenüber den Herausforderungen und dem Bösen in der Welt sind. Mit Christus können wir mutig widerstehen und überwinden. Trotz aller Freude darüber, wies Jesus seine Jünger aber auch zurecht. Dass Gott durch seine Jünger wirkt, ist ein Privileg. Aber eine falsche Freude darüber kann zu Schwierigkeiten führen. Der Fokus sollte nicht auf der Machtfülle liegen, sondern auf einer gesunden Beziehung zu Gott. Wahre Freude darf niemals Stolz auf geistliche Gaben sein, sondern sollte vielmehr in der Tatsache begründet sein, dass unsere Namen im Himmel aufgezeichnet sind. Suche die Freude nicht in äußeren Erfolgen, sondern in deiner Beziehung zu Gott und in dem Wissen, dass du von ihm geliebt und angenommen bist.

Das merke ich mir: ________________________________

____

ANHALTEN ODER WEITERGEHEN?

Lukas 10,25-37

Mittwoch 19

Stell dir vor, du kehrst nach einem langen Tag an der Uni oder der Arbeit nach Hause zurück. Erschöpft lenkst du deine Aufmerksamkeit auf dein Handy. Plötzlich bemerkst du am Straßenrand jemanden, der offensichtlich in Schwierigkeiten ist – eine Person, die dringend Hilfe benötigt. Was würdest du tun? Wie die in der Geschichte erwähnten Priester oder Leviten einfach vorbeigehen? Vielleicht, weil du in deinen eigenen Angelegenheiten gefangen bist, dass du die Bedürfnisse anderer übersiehst. Oder weil du dich unsicher fühlst und nicht genau weißt, ob du anhalten und helfen sollst. Wie oft denken wir nur an unsere eigenen Pläne und die Unsicherheit der Situation! Doch wir sollten uns daran erinnern, wie wichtig es ist, in genau diesen Momenten unsere Hilfe anzubieten. Jesus möchte von uns, dass wir die Bedürfnisse anderer achten und uneigennützig handeln. In unserer hektischen Welt ist es leicht, sich auf die eigenen Angelegenheiten zu konzentrieren. Aber wenn wir die Augen öffnen und die Menschen um uns herum sehen, erkennen wir, dass wir alle Teil dieser Gemeinschaft sind. Wir haben die Möglichkeit, Licht in das Leben zu bringen, selbst wenn es nur für einen Moment ist.

Das merke ich mir: ______________________________

____

QUALITYTIME MIT JESUS

Lukas 10,38-42

Donnerstag 20

Bei diesen beiden Personen sehen wir zwei verschiedene Reaktionen auf die Anwesenheit Jesu. Einmal ist dort Marta, die gastfreundliche Schwester, die beschäftigt und eifrig zu tun hat, für Jesus zu sorgen. Und dann ist dort Maria, die zu Jesu Füßen sitzt und seinen Worten gebannt zuhört. Marta ist gestresst von den vielen Aufgaben, die sie erledigen will und sie fühlt sich überfordert. In ihrer Frustration bittet sie Jesus sogar, Maria als Hilfe zu schicken. Wie Marta sind wir oft von zahllosen Verpflichtungen in Anspruch genommen, die unsere Aufmerksamkeit fordern. Wir streben danach, unsere Aufgaben gut zu erledigen und anderen zu dienen, manchmal jedoch auf Kosten unserer eigenen geistigen Nahrung. Doch Maria legt mitten im Treiben des Alltags alles beiseite, um sich auf das zu konzentrieren, was Jesus zu sagen hat. Jesu Antwort an Marta lehrt uns, dass es in unserer Eifrigkeit darum geht, die richtige Balance zu finden. Es geht nicht darum, Dienst und Verpflichtungen abzulehnen, sondern darum, sie mit einer bewussten Zeit der geistigen Erneuerung mit Christus auszugleichen. Dieser Text hilft uns heute, uns darauf zu besinnen, mitten im Sturm der Aufgaben wenigstens einen Moment der Begegnung mit Jesus zu suchen.

Das merke ich mir: ______________________________

____

Freitag 21

BETEN LERNEN

Lukas 11,1-4

In diesem Bibeltext entdecken wir die tiefe Sehnsucht der Jünger, von Jesus zu lernen. Die Jünger sehen, wie er betet und erkennen die Bedeutung des Gebets in seinem Leben. Deshalb bringt Jesus ihnen das bei, was wir heute als das „Vaterunser" kennen. In diesem Gebet offenbart Jesus nicht nur die Worte, sondern auch die Haltung des Herzens, die im Gebet zum Ausdruck kommen sollte. In den einzelnen Bitten erkennen wir verschiedene Aspekte des geistlichen Lebens: Es beginnt mit unserer Anbetung Gott gegenüber, indem wir seine Heiligkeit und Größe preisen. Dann formulieren wir unsere Sehnsucht nach dem Reich Gottes. Es folgt unsere Bitte um Versorgung: „Gib uns heute unser tägliches Brot." Damit legen wir unser physisches Wohl vertrauensvoll in Gottes Hände. Da wir um unsere Schwächen wissen und darum, wie oft wir Vergebung benötigen, formulieren wir dies als Bitte. Wir wissen, dass wir selbst bereit sein sollten, anderen zu vergeben und drücken unsere Bereitschaft dazu aus. Wir wissen auch um geistliche Versuchungen und bitten aus diesem Grund, nicht in Versuchung geführt zu werden. Das „Vaterunser" ist eine Anleitung, wie wir mit Gott kommunizieren können. – Nutze doch den Moment und begegne Gott jetzt mit diesen vertrauten Worten!

Das merke ich mir: ______________________________

____

Samstag 22

GOTT GIBT GERNE

Lukas 11,5-13

Heute lehrt uns Jesus erneut etwas zum Thema Gebet. Er wünscht sich von seinen Jüngern ein tieferes Verständnis darüber und vermittelt uns dies heute mithilfe eines Gleichnisses. Was möchte uns dieses Gleichnis mitteilen? Auf keinen Fall, dass Gott widerwillig unsere Gebete erhört! Oder dass er genervt ist, wenn wir uns im Gebet an ihn wenden. Das würde dem Bild von Gott widersprechen, das uns die gesamte Bibel vermittelt, beispielsweise in Matthäus 7,7 oder Johannes 15,7. Jesu Gleichnisse haben einen Schwerpunkt in der Auslegung, die sich hauptsächlich am Ende des Gleichnisses befindet. Hier ist das der Fall in Vers 13, auf den Jesus hinausmöchte. „Ihr Menschen seid böse. Trotzdem wisst ihr, was euren Kindern guttut, und gebt es ihnen. Wie viel mehr wird der Vater im Himmel den Heiligen Geist denen geben, die ihn darum bitten." Wir Menschen sind zwar von Natur aus böse und widerwillig, wenn jemand uns um etwas bittet. Gott ist jedoch ganz anders: Er gibt gerne (siehe Jak 1,5)!
In diesem Gleichnis lernen wir vor allem etwas über Gott. Der himmlische Vater versorgt uns großzügig und ermutigt uns, im Gebet immer wieder zu ihm zu kommen.

Das merke ich mir: ______________________________

____

KW 9 bearbeitet von Christian Hoenemann,
Pfarrer, 34385 Bad Karlshafen
E-Mail: christian.hoenemann@ekkw.de

ZIEMLICH DICHT?

Psalm 15

Puh, bevor ich mich entsetze über die ganzen Zugangsvoraussetzungen, möchte ich mir erstmal Eines bewusst machen: Es ist ein gewaltiges Wunder, dass Gott dem Menschen überhaupt eine Begegnungsmöglichkeit einräumt: „Selbst die unendliche Weite des Himmels kann dich, Gott, nicht fassen! Wie könnte das der Tempel […],“ (1. Kön 8,27) der auf dem „heiligen Berg“ (V. 1b) Zion errichtet wurde? Oder sogar das „Zelt“ (V. 1a), die Stiftshütte, die Israel auf der Wüstenwanderung mit sich führen durfte? Gott will uns kleine Menschen bei sich zu Gast haben. Bemerkenswert!

Aber was hilft der schönste Ort, wenn die Eintrittskarte unerschwinglich ist?! Gefragt sind hier keine Opfergaben, wie es vielleicht für einen Tempel zu erwarten wäre, sondern kommen darf nur, „wer ein vorbildliches Leben führt“ (V. 2). Ganz im Sinne von: „Ihr sollt heilig sein, denn ich bin heilig“ (3. Mose 19,2). Als König, als Richter ist diese Abgrenzung im Alten Testament klar und rückt uns den Kopf zurecht, wenn sich vielfach ein Bild vom „Kuschel-Gott“ breit gemacht hat!

Gott sei Dank, dass die Geschichte hier noch nicht zu Ende ist und Gott noch einen weiteren Weg eingeschlagen hat: Er kommt in Jesus als „Privatmann“ plötzlich aus seiner heiligen Sphäre: „Nicht um zu richten, sondern um zu retten“ (Joh 12,47). Unglaublich!

Das merke ich mir: ______________________

____

____

MONATSSPRUCH MÄRZ

WENN BEI DIR EIN FREMDER IN EUREM LAND LEBT, SOLLT IHR IHN NICHT UNTERDRÜCKEN.

3. Mose 19,33

Ich fürchte, „alles“ heißt wohl: Ich muss auch der Nervensäge zuhören. Denn: Wer weiß …?!

Christian Hoenemann

WOCHENSPRUCH

Heute, wenn ihr seine Stimme hören werdet, so verstockt eure Herzen nicht.
Hebräer 3,15

Montag 24

TÜR OFFEN?

Lukas 11,14-26

Finstere Mächte, die ruhelos umherstreifen und darauf lauern, das „innere Haus“ eines Menschen zu besetzen und dessen Leben ins Chaos zu stürzen (V.24-26). Antike, schaurig-gruselige Geistervorstellungen? „Überholt, lächerlich!“, würden viele sagen! Andere sind ständig in Angst vor teuflischen Gestalten. – Ich muss gestehen: Was auch immer in der „unsichtbaren Welt“ passieren mag – ich kenne mich damit nicht aus! Lachen kann ich darüber nicht, aber ängstigen will ich mich auch nicht. Spekulieren über diese Dinge, macht wenig Sinn. Auch die Menge präsentiert mit ihrer unlogischen Argumentation nur, dass sie keine Ahnung hat, was z. B. ein Exorzismus überhaupt ist (V.19). Aber muss ich das? Ist nicht viel wichtiger, dass ich einen kenne, der all das durchblickt? Jesus ist der Stärkere (V.22), der mit „Gottes Finger“ das Böse aus meinem inneren Haus vertreiben möchte (V.20)! Er „kehrt und schmückt“ diesen Ort. Es ist offensichtlich ein so wertvoller Platz, dass er nicht leerbleiben sollte. Das Beste ist, wenn der Heilige Geist dort einzieht und für Frieden sorgt (1.Kor 3,16). Ihn in meine Wohnung einzuladen, ist einfach. Wie fühlt sich dein „inneres Haus“ gerade an? Der Heilige Geist zieht ein, wenn du ihn bittest, egal, wie unruhig es in dir ist.

Das merke ich mir: ______________________________

____

Dienstag 25

OHREN AUF!

Lukas 11,27-32

Jesus tickt offensichtlich anders als die begeisterte Zwischenruferin (V.28): Wichtiger, als heilige Verwandte zu haben, ist doch, selbst das Wort Gottes zu „hören“ und „danach zu leben.“ Jesus liefert dazu zwei provokante Beispiele (V.31f): Die Königin von Saba – eine völlig Fremde – kam und wollte „hören“! Und ausgerechnet die verruchten Bürger von Ninive waren bereit, ihr Leben zu ändern und nach Gottes Wort zu leben! Weder die Königin von Saba noch die Bürger von Ninive bekamen ein Wunder präsentiert, dass sie so reagierten. Lediglich die vorangegangene Errettung Jonas nach drei Tagen im Bauch eines großen Fisches mag damals manche beeindruckt haben (V.30; Jona 2). Ein entsprechendes „Zeichen des Jona“, eine Errettung vom Tod nach drei Tagen sollte die Menge später auch im Fall von Jesus erleben – seine Auferstehung (Mt 12,39f)! Das musste reichen. Ich kenne diese Gedanken: Wenn ich dies oder das mit Gott erleben würde, ja dann würde ich ihm sicherlich besser zuhören und leichter glauben. Oder wenn ich in einer anderen Familie oder Gemeinde großgeworden wäre! Aber stimmt das? Es bleibt dabei: Hören und Tun ist gefragt! Und verlass dich drauf: Gott geht mit dir deinen Weg!

Das merke ich mir: ______________________________

____

AUGEN AUF!

Lukas 11,33-36

Mittwoch **26**

Ich habe früher mal gedacht, ich müsste erst alles verstanden haben. Alles müsste mir hell und klar vor Augen sein, bevor ich glauben kann. Aber es stellte sich heraus, dass das nicht so einfach ist. Irgendwas gab es immer zum Zweifeln, zum Fragen. So einen richtig „vollständigen Glauben" konnte ich nicht liefern! Denn den muss ich ja schon leisten, um mich Christ nennen zu dürfen, oder? Ist die Botschaft von Jesus zu dunkel, zu versteckt, zu schwer verständlich? „Nein", behauptet Jesus hier, „wer hineingeht, der sieht das Licht hell und deutlich (V.33). Warum sollte es auch versteckt sein – unter einer Schüssel oder ähnlichem? Das würde doch gar keinen Sinn machen!" Ist tatsächlich alles so kompliziert? Oft kneife ich die Augen ein Stückchen zu und sage mir: Da muss ich selbst Licht reinbringen, das muss ich erst verstehen. Wenn ich diesem Text nachspüre, dann gilt etwas anderes: Es ist nur unsere Aufgabe, die Augen ganz aufzumachen und auf Jesus zu blicken. Er muss ALLES machen! Mit dem, was ich glaube, ist es nicht weit her, darauf kann ich mich nicht verlassen. Muss ich auch nicht. Und Jesus bringt mich trotzdem durch! Genau da fängt der wirkliche Glaube, das wirkliche Vertrauen an. Und tatsächlich: Dieses Wissen hat mein Herz hell gemacht!

Das merke ich mir: ____

____

OFFENHEIT?

Lukas 11,37-54

Donnerstag **27**

Das ist ja ein frecher Gast! Da ist jemand so nett und lädt Jesus ein (V.37) - und dann macht der plötzlich Rabatz, weil er sich die Hände nicht waschen will? Wobei es hier wohl weniger um Straßendreck und schwarze Fingernägel geht, sondern um ein komplexes Reinigungsritual. Das hält Jesus offensichtlich für übertrieben – wie so viele andere äußerlichen Dinge – und schon gibt es Ärger! Jesus einzuladen, kann radikale Nebenwirkungen haben: Er will ihnen ans Herz! Innen drin ist was nicht in Ordnung. Das ist eine Gefahr nicht nur für sie selbst, sondern auch für andere (V.44+46+52). Ich glaube, deshalb greift Jesus hier zu so drastischen Worten, weil er Sorge hat um sie und um die Menschen, für die sie zuständig sind. Das Recht und die Liebe Gottes würden ihnen so guttun (V.42). Stattdessen sind sie gefangen in Heuchelei (Lk 12,1). Das griechische Wort dafür beinhaltet den Begriff „Schauspiel": Sie wollen Gott und den anderen etwas vorspielen – und vielleicht auch sich selbst. Ehrlich sein zu Gott, ehrlich sein zu sich selbst. Das bringt weiter! Gibt es Gedanken, die du dir selbst oder Gott gegenüber nicht zulassen möchtest? Er hat offensichtlich kein Problem mit drastischen Worten – also: Besprich sie mit ihm!

Das merke ich mir: ____

____

Freitag 28

MUND ZU?

Lukas 12,1-12

Genauso wie der Sauerteig sich letztlich im Teig durchsetzt, so kann auch der Heuchler sich nicht dauerhaft verstellen – irgendwann tritt sein wahres Gesicht zutage (V.1). Auch was an Gutem gesagt wird, wird eines Tages bekannt! Das war einerseits tröstlich: Auch, wenn die Gemeinde zu Beginn klein war und im Verborgenen agieren musste – sie wurde wahrgenommen und hatte (bis heute) einen viel größeren Einfluss, als sie dachte! Leider andererseits mit dem Effekt, dass es Ärger gab. Denn auch Jesus hatten die Leute abgelehnt, hielten ihn für einen bockigen Wundertäter, Betrüger, o. Ä. Aber wie sollte es anders sein: Jesus war bis dahin weder gestorben und auferstanden, noch hatten sie den Heiligen Geist, der ihnen seine wahre Bedeutung erklären konnte. Erst im Nachhinein hatten sie die Chance, zu begreifen, von was die Apostel da sprachen (Joh 16,8-14). Ihn zu „lästern" meint also, Jesus trotzdem sein Leben lang zurückzuweisen und nicht zu bekennen (V.10). Was das Bekennen angeht, möchte ich mich selbst kritisch fragen: Warum bin ich immer so ängstlich, zu Jesus zu stehen? Jeder Spinner trägt seine oft krude Weltanschauung offen vor sich her. Und ich soll mich für die Hoffnung schämen, die ich durch Jesus habe?!

Das merke ich mir: ______________________________

____

Samstag 1

TONNE AUF, TONNE ZU.

Lukas 12,13-21

Der Mann, von dem Jesus erzählt, ist schon ein armer Kerl: Nun hat er den Rest seiner Tage damit verbracht, sein Vermögen zu vermehren, damit er später mal genug hat. Und dann erlebt er das „Später" gar nicht mehr. Vielleicht hätte er sich schon viel früher Ruhezeiten und genussvolle Momente gönnen können – auch mit mittelgroßem Silo! Schade. Sich zufrieden geben zu können, hat Potential! Wie viel Zeit und Aufwand ließe sich sparen, wenn man nicht immer das Optimum herausholen müsste? Wenn man mit Gelassenheit auf Gutes verzichten könnte, ohne Angst zu haben, an Ansehen zu verlieren oder etwas zu verpassen? So lässt Jesus hier z. B. den Posten als Schiedsrichter links liegen (V.13-15). Erfüllt es uns wirklich, ganz oben zu sein? Immer aktiv, immer vorne dran, immer schick? Nachdem Michelangelo seine berühmte Davidstatue fertiggestellt hatte, soll er gesagt haben: „Die Figur war schon in dem rohen Stein drin. Ich musste nur noch alles Überflüssige wegschlagen." Wie viel Schönheit könnte in unserem Leben entstehen, wenn wir auf so manch Überflüssiges verzichten würden? Mit was darfst du heute einfach mal zufrieden sein? Wo ist es für dich heute dran, auf mehr zu verzichten und einen Moment der Freiheit zu gewinnen?

Das merke ich mir: ______________________________

____

KW 10 bearbeitet von Lars Johannsen,
Landesreferent für die Arbeit mit Kindern
und Jugendlichen beim EC-Mecklenburg,
19055 Schwerin
E-Mail: Lars.johannsen@ec-mecklenburg.de

WOCHENSPRUCH
Seht, wir gehen hinauf nach Jerusalem, und es wird alles vollendet werden, was geschrieben ist durch die Propheten von dem Menschensohn.
Lukas 18,31

2 Sonntag

Lied: FJ6! Nr. 25

IST GOTT MIST, WENN ALLES MIST IST?
Psalm 6

Manchmal im Leben läuft einfach alles schief. Man bekommt nichts hin, es will einfach nichts klappen und dann hat man auch noch das Gefühl, dass allen anderen alles gelingt. So ein Mist! Doch das heißt nicht, dass Gott Mist ist. Gott ist mächtig, wenn du ohnmächtig bist. Gott ist weise, wenn du ratlos bist. Gott ist da, wenn du dich verlassen fühlst. Denn Gott ist nicht abhängig von dir oder mir. Er steht über allen Gefühlen und Erfahrungen. Gott hört dich, auch wenn du daran zweifelst und Gott wird eingreifen, auch wenn du es nicht für möglich hältst.
David erlebt im ersten Teil des Psalms dieses Ringen mit Gott, verbunden mit dem Zweifel und der Frage, wo Gott eigentlich ist. Aber im zweiten Teil dringen deutlich die Gewissheit und Zuversicht durch: Gott ist da und hört sein Gebet. Ich weiß nicht, was diese Woche bei dir anliegt. Ich weiß nicht, was in der vergangenen Woche los war. Doch Gott ist davon unabhängig. Er hört dein Weinen. Er hört dein Gebet. Schreib dir für diese Woche einen Post-it (oder mehrere) und klebe sie in deine Wohnung; auf deinen Spiegel, in deinen Kalender, an den Kühlschrank. – „Gott ist da“, egal wie viel Mist dir auch in dieser Woche passieren mag.

Das merke ich mir: ______________________

____

____

Wir prüfen Dinge häufig nach Qualität, Richtigkeit, ob es sich im Alltag bewährt. Gott und Glaube funktionieren an dieser Stelle anders. Er ist da, auch ohne Prüfung.
Lars Johannsen

Montag **3**

JESUS, EIN ENT-SORGUNGS-SYSTEM!?

Lukas 12,22-34

„Mach dir keine Sorgen!" So leicht funktioniert das mit den Sorgen leider nicht. Man kann sich nicht einfach vornehmen, keine mehr zu haben. Warum ist Jesus hier überhaupt so gegen das Sorgen-machen? Sorgen haben ja auch etwas Gutes. Sie bewahren uns davor, etwas völlig Dummes zu tun. Gleichzeitig gehört es zum Leben dazu, vor-zu-sorgen. Vor-sorge-untersuchung; Alters-vor-sorge; Versicherungen. Manche Sorge gehört zum Leben und zur eigenen Verantwortung dazu. Darum muss man sich (leider) kümmern. Ich glaube, hier geht es um etwas anderes. Sorgen können gefangennehmen und dazu führen, dass man sich nur noch um die Sorge an sich und nicht um mögliche Lösungen dreht. Dieser Text ist eine Zusage: Du brauchst dir keine Sorgen machen! Denn ich (Jesus) sorge für dich. Schau weg von deinen Sorgen, hin zu Jesus. Er will dir deine Sorgen abnehmen, weil er dich unendlich liebt und dir schenken möchte, was du zum Leben brauchst. Dreh dich nicht um deine Sorgen, sondern um Jesus. Er kann und will dir wirklich helfen. Worüber machst du dir in dieser Woche Sorgen? Schreibe es auf und gib es im Gebet an Jesus ab. Schau nach dieser Woche deinen Sorgen-Zettel an und guck mal danach, wie Jesus deine Sorgen zerstreut oder sich darum gekümmert hat.

Das merke ich mir: ______________________________

____

Dienstag **4**

374 TAGE ÜBERFLÜSSIG

Lukas 12,35-48

Durchschnittlich 374 Tage des Lebens verbringt der Mensch mit Warten. Er wartet an der Ampel und am Automaten, am Bahnhof, Flughafen und im Stau, beim Arzt und an der Kasse. Und das ist lästig, aus verschiedenen Gründen. Ein entscheidender Grund ist die Langeweile. An der Kasse oder auf dem Bahnhof (wenn der Zug Verspätung hat) gibt es nichts zu tun. Die ganze Aufmerksamkeit ist also auf das Warten gerichtet. Diese Zeit muss „totgeschlagen" werden. Wie verbringst du solche „Toten-Zeiten"? Mit Handy-Games? Social Media? ... Jesus hat an vielen Stellen in der Bibel versprochen, noch einmal wiederzukommen. Doch wann genau sagt er nirgends. In Vers 40 fordert er uns auf, dass wir jederzeit bereit sein sollen, weil er kommt, wenn wir es nicht erwarten. Nun warten wir schon seit 2.000 Jahren und es ist viel passiert. Ich muss zugeben, ich rechne häufig nicht damit, dass er gerade heute oder morgen kommen könnte. Doch was wäre, wenn Jesus heute kommt? Wie würdest du diesen Tag gestalten? Anders als sonst? Genauso? Es gibt keine Zeit „tot-zu-schlagen", sondern wir dürfen die Zeit nutzen, die Jesus uns noch schenkt, bis er wiederkommt. Nimm dir für heute eine Sache vor, die du machen möchtest, weil es sein kann, dass Jesus genau heute wiederkommt.

Das merke ich mir: ______________________________

____

FRIEDE, FREUDE, EIERKUCHEN?

Lukas 12,49-53

5 Mittwoch

Wer bitte hat etwas gegen Frieden? Ich glaube niemand. Deswegen hören sich die Worte von Jesus befremdlich an. Wieso sollte Jesus nicht gekommen sein, um Frieden zu bringen? Schalom, das hebräische Wort für Frieden, hat einen viel größeren Bedeutungsumfang als das deutsche Wort. Es ist nicht nur die Abwesenheit von Krieg gemeint, sondern ein ganzheitlicher Zustand des Wohlergehens und des Heils, in dem es Mensch und Natur gut geht, in dem Sicherheit und Ordnung herrschen und Schwache Unterstützung finden. Jesus bringt keinen weltlichen Frieden, er bringt den Shalom, den göttlichen Frieden zwischen uns und Gott. Dies geschieht durch die Taufe, von der er hier spricht, und durch seinen Tod am Kreuz. Allein dadurch haben wir wirklichen Frieden mit Gott und letztendlich auch mit uns selbst und der Welt. Darüber, dass jemand sterben muss, damit Frieden herrschen kann, regten sich schon damals viele Menschen auf. Doch Jesus sagt hier: Dies ist das Entscheidende. Dafür kann und soll man sich entscheiden, auch wenn es erstmal Probleme und Unfrieden mit sich bringt. Denn Jesus will für dich keinen „billigen Frieden", sondern den göttlichen. Und den gibt´s nur durch seinen Tod am Kreuz.

Das merke ich mir: ______________________________

____

1, 2 ODER 3 – LETZTE CHANCE VORBEI?

Lukas 12,54-59

6 Donnerstag

Psychologen gehen davon aus, dass wir täglich etwa 20 000 Entscheidungen treffen. Eine stolze Anzahl, die unser Gehirn da meistert. Die meisten der Entscheidungen treffen wir dabei allerdings unterbewusst, nebenbei. Im heutigen Text geht es um falsche Entscheidungen bzw. gar keine Entscheidung. Jesus wirft den Menschen vor, beim Wetter genau zu wissen, was zu tun ist, im Hinblick auf geistliche Dinge jedoch zu versagen. Obwohl sie normal intelligent waren, erkannten sie nicht, welch eine bedeutende Zeit der menschlichen Geschichte angebrochen war. In Jesus war Gott selbst auf diese Erde gekommen und stand nun mitten unter ihnen. Der Himmel war nie näher. Doch sie erkannten es nicht, obwohl sie alles dafür mitbekommen hatten. Jesus vertröstet uns nicht nur auf die Zukunft. Mit Jesus unterwegs zu sein, macht jetzt schon einen Unterschied. Die Frage, die du dir heute immer wieder stellen kannst, ist: WWJD? What would Jesus do? Wie würde Jesus sich entscheiden? Denn jetzt ist die Zeit, in der du dich für Jesus und sein Reich einsetzen kannst, damit andere sich für ihn entscheiden können. Dabei geht es nicht nur um irgendeine Entscheidung, sondern es geht um die wichtigste Entscheidung, die du im Leben treffen kannst.

Das merke ich mir: ______________________________

____

Freitag **7**

WEG MIT DEM MÜLL!

Lukas 13,1-9

Heute ist Tag der Mülltrennung. Denn am 07. März 1884 wurde die erste Abfalleimerpflicht der Welt (in Paris) eingeführt. Zum ersten Mal kam die Einstellung auf, dass nicht alles in einen Topf bzw. einfach auf die Straße geschmissen werden sollte. Im heutigen Text wird von zwei Unglücken und der Reaktion der Leute berichtet. Das Problem: Sie schmeißen alles in einen Topf und denken: Das müssen schlimme Menschen gewesen sein, sonst wäre ihnen sowas ja nicht zugestoßen. Jesus reagiert fast zornig: Nein! Die Toten waren Menschen wie du und ich. Jeder Mensch ist schlecht, und ob ihm etwas Schlechtes passiert, hat nichts mit seinen Taten zu tun. Tun-Ergehen müssen wir ganz strickt trennen. Es ist nicht so, dass wir Gott durch unsere Taten zu Strafen zwingen würden, aber auch andersrum: Wir können Gott auch nicht durch gute Taten zu einem gelingenden Leben zwingen. Wenn ich etwas mache, passiert mir Entsprechendes? So ein Müll. So tickt Gott nicht! Gott lässt Zeit, sich für ihn zu entscheiden. Gott lässt Zeit, umzukehren und das Leben zu ändern. Er straft nicht, indem er z. B. einfach einen Turm auf eine Gruppe Leute kippt. Gott ist gnädig, gütig, gut. Unsere Taten haben mit seinen nicht das Geringste zu tun.

Das merke ich mir: ______________________________

____

Samstag **8**

„NICHTS“ TUT UNS GUT

Lukas 13,10-17

Was ist der erste Tag des Menschen nach der Schöpfung gewesen? Genau, der Ruhetag. Der Sabbat. Sechs Tage braucht Gott, um die Welt und alles, was darauf lebt, zu gestalten. Am siebten Tag, dem ersten Tag gemeinsam mit den Menschen, ruht er sich aus. Wir sind Gottes Ebenbild, deshalb ist es auch für uns wichtig, einen Ruhetag zu haben. Doch nicht als Verbot, so nach dem Motto: An einem Tag darfst du überhaupt nichts machen. Denn Gott hätte ja am siebten Tag nicht ruhen müssen, sondern er wollte es. Er wollte einen guten ersten Tag gemeinsam mit den Menschen haben. Jesus selbst sagt in der Bibel: Der Mensch ist nicht für den Ruhetag da, sondern der Ruhetag für den Menschen. Wir brauchen es, zur Ruhe zu kommen, einfach mal abzuschalten und etwas anderes zu machen. Wir brauchen einen Tag, an dem wir Zeit mit Gott verbringen. Es ist nicht verboten, an diesem Tag jemandem zu helfen, ich glaube sogar, Gott freut sich besonders darüber, wenn wir diesen Tag sinnvoll nutzen. Für Zeit mit ihm UND mit anderen Menschen. Morgen ist Sonntag, unser Ruhetag, zumindest für viele Menschen. Also: keine faulen Ausreden! Wie möchtest du diesen Tag mit Gott gestalten? Wie könntest du ihn nutzen, um evtl. anderen zu helfen?

Das merke ich mir: ______________________________

____

„STILLE ZEIT“ MIT DEN LICHTSTRAHLEN AM MORGEN

EINGANGSGEBET

Hier bin ich Gott, vor dir, so wie ich bin –
mit meiner Sehnsucht, meiner Hoffnung, meiner Freude,
meinem Ärger, meiner Müdigkeit ...
Hilf mir zu sehen, was du mir zeigen möchtest,
zu hören, was du mir sagen möchtest,
zu spüren, dass du mit mir gehst und bei mir bleibst.
So bin ich jetzt vor dir und kann zur Ruhe finden,
weil ich längst von dir gefunden bin.
Amen.

BIBELTEXT LESEN

5 Minuten Zeit nehmen, um über
das Gelesene nachzudenken;
Erklärung hier im Buch lesen

GEBET FÜR DEN TAG

Herr, ich bringe dir diesen Tag dar,
mit dem meine Arbeit und
mein Denken neu beginnen.
Ich möchte ihn mit dir gestalten und
bitte dich um dein Mitgehen,
ganz dicht an meiner Seite.
Amen.

BIBLISCHES BUCH

3. MOSE

Das 3.-Mose-Buch (Leviticus) ist geschrieben als Handbuch für Priester und Leviten. Es gibt einen Überblick über ihre Pflichten im Gottesdienst. Der Verfasser ist Mose selbst, zeitlich anzusiedeln ist das Buch etwa bei 1445–1444 v. Chr. Gott bringt seinem Volk mit diesem Buch nahe, wie sie als heiliges Volk zu leben haben. Das Wort „Heiligkeit" in all seinen Nuancen wird im 3. Buch Mose öfters erwähnt als in jedem anderen Buch der Bibel.

ÜBERSICHT über das Buch

Teil 1: ANBETUNG EINES HEILIGEN GOTTES (1,1–17,16)

1. Anweisungen für Opfer
2. Anweisungen für die Priester
3. Anweisungen für das Volk
4. Anweisungen für den Altar

Teil 2: EIN HEILIGES LEBEN FÜHREN (18,1–27,34)

1. Maßstäbe für das Volk
2. Regeln für die Priester
3. Feste
4. Gottes Segen

Wir sind nach Gottes Bild geschaffen und damit auf eine enge Beziehung mit ihm angelegt. Wenn diese Gemeinschaft zerbrochen ist, fehlt etwas und wir müssen wieder heil gemacht werden. Die Gemeinschaft mit Gott ist der Schwerpunkt des Gottesdienstes und der Anbetung Gottes. Diese Gemeinschaft ist unentbehrlich, berührt das Innerste unseres Lebens. Vielleicht ist deshalb ein ganzes Buch der Bibel dem Gottesdienst gewidmet.

Nach Israels Auszug aus Ägypten lagerte das Volk 2 Jahre lang am Fuß des Berges Sinai, um auf Gott zu hören (2. Mose 19 bis 4. Mose 10). Es war eine Zeit der Ruhe, der Lehre, des Bauens sowie der Begegnung mit Gott.

Die Botschaft des 3. Buches Mose ist die Heiligkeit Gottes: „Ihr sollt heilig sein, weil ich, der Herr, euer Gott, heilig bin" (19,2). Wie können unheilige Menschen sich einem heiligen Gott nähern? Die Antwort: Zuerst muss die Sünde bereinigt werden. Deshalb enthalten die ersten Kapitel ausführliche Anleitungen zu Opfern als anschauliche Symbole der Reue und des Gehorsams.

Im 3. Buch Mose öffneten Opfer, Priester und der heilige Versöhnungstag den Israeliten den Weg zu Gott. Die Israeliten sollten Gott aber auch mit ihrem Leben ehren. Deshalb lesen wir von Reinheitsgesetzen (Kap. 11–15) und Regeln für das tägliche Leben (Kap. 18–20).

Ein weiterer Schwerpunkt liegt auf dem Feiern. Das Buch gibt Anweisungen für Feste. Es handelte sich dabei um besondere Gelegenheiten zur Erinnerung an das, was Gott getan hat, um ihm zu danken und das Leben aufs Neue in seinen Dienst zu stellen (Kap. 23).

Zusammengestellt von Steffi Pfalzer

KW 11 bearbeitet von Dr. Thomas Kröck,
Dozent, 35085 Ebsdorfergrund
E-Mail: thomas.kroeck@gmail.com

9 Sonntag

Lied: FJ6! Nr. 26

ES GEHT OHNE GOTT!?

Psalm 10

Dieses Lied ist etwa 3000 Jahre alt, aber sein Thema immer noch aktuell. Es spricht von stolzer Selbstsicherheit, die Gott ignoriert und andere Menschen zum eigenen Nutzen ausbeutet. Solches Verhalten finden wir heute auf allen Ebenen: in der Weltpolitik, wenn Macht gegen Nachbarländer oder das eigene Volk eingesetzt wird. In der Wirtschaft, wenn Marktmacht genutzt wird, um den Profit zu erhöhen. In der Beziehung zwischen Menschen, wenn der Ruf anderer geschädigt wird (z. B. durch Mobbing), um selbst besser dazustehen. Auch in uns selbst können wir diese Tendenzen entdecken: nur den eigenen Vorteil im Blick haben, gedanken- und rücksichtslos gegen andere zu sein und nicht nach Gott zu fragen. „Warum greift Gott nicht ein und schiebt solchem Verhalten einen Riegel vor?“, fragt der Psalmdichter. Aber er weiß auch, dass Gott für immer König ist (V.16).

Gott hat sich dem Problem der Sünde, den gestörten Beziehungen zu Gott und anderen Menschen, angenommen. Daran erinnern wir uns in der Passionszeit, die jetzt beginnt, und darauf weisen die Opfer im Alten Testament hin, von denen wir in dieser Woche lesen werden.

Das merke ich mir: ______________________

____

____

WOCHENSPRUCH

Dazu ist erschienen der Sohn Gottes, dass er die Werke des Teufels zerstöre.

1. Johannes 3,8b

Herr, hilf mir, offen zu sein und das Gute zu erkennen, das du uns durch Andere zukommen lässt!

Thomas Kröck

PASSWORT
LICHTSTRAHLEN-APP

Prüfung_2025

Montag **10**

KONTAKT AUFNEHMEN

3. Mose 1,1-9

In dieser und der nächsten Woche lesen wir Abschnitte aus dem 3. Mosebuch, das auch Levitikus genannt wird. Es geht um den Dienst der Priester im Volk Israel und die Opfer, die sie darbrachten. In den Kapiteln 1-7 stehen die Opfergesetze, in denen die verschiedenen Opferarten beschrieben werden. Es ist eine Arbeitsanweisung für die Priester, aber auch das übrige Volk sollte verstehen, um was es dabei geht (V.2). Opfer spielten auch schon vorher eine wichtige Rolle, wenn Menschen den Kontakt zu Gott suchten (siehe 1. Mose 4,3+4; 8,20; 12,8). Auch in anderen Religionen, wie dem Islam, gibt es Opfer. Das Brandopfer, das im heutigen Abschnitt beschrieben wird, kann als die Grundform der Opfer angesehen werden. Das Opfertier musste ein fehlerloses Rind, Schaf, eine Ziege oder Taube sein, denn dem heiligen Gott kann man nichts Minderwertiges bringen. Der Opfernde sollte seine Hand auf den Kopf des Opfertieres legen und damit eine persönliche Beziehung herstellen. Das Opfer war ein Zeichen der Hingabe an Gott und der Versöhnung. Auch wenn wir heute keine Tiere opfern müssen, werden durch die Handlungen, die hier beschrieben werden, wichtige Aspekte unseres Glaubens symbolisiert.

Das merke ich mir: ______________________________

____

Dienstag **11**

VORBEREITUNG FÜR DEN DIENST

3. Mose 8,1-13

Nachdem in den ersten sieben Kapiteln die Opfer beschrieben wurden, geht es heute um die öffentliche Einsetzung der Priester. Dieser Abschnitt schließt sich an 2. Mose 28+29 an, wo die Kleidung der Priester und die Einsetzungszeremonie genau beschrieben werden. Die Priester werden gewaschen, neu eingekleidet, mit Salböl gesalbt und schließlich werden Opfer für sie dargebracht. Sie mussten gerecht und heilig sein, um Gott zu begegnen und ihren Dienst tun zu können.

Diese Handlungen haben für unseren Glauben symbolische Bedeutung. Im NT werden Jesus (Hebr 7,26-28) und auch die Gläubigen (1. Petr 2,9; Off 1,6) als Priester bezeichnet. Die Taufe ist ein Bild dafür, dass Christus uns reingewaschen hat (Eph 5,26; 1.Petr 3,21). Wenn wir uns ihm hingeben, werden wir erneuert und „ziehen einen neuen Menschen an“ (Eph 4,24; Kol 3,12+14).

Das Salböl kann als Symbol für den Heiligen Geist verstanden werden, der auf uns kommt und uns leiten will (2. Kor 1,21-22; 1. Joh 2,27). Durch diese Reinigung, Erneuerung und Leitung durch den Heiligen Geist werden wir dazu befähigt, Gott und anderen Menschen zu dienen.

Das merke ich mir: ______________________________

____

Reinigung, Hingabe, Gemeinschaft

3. Mose 9,1-24

Mittwoch **12**

Nach der Feier zur Einsetzung der Priester, die sieben Tage dauerte, beginnen diese nun, die regelmäßigen Opfer darzubringen. In diesem Kapitel werden vier Arten von Opfern genannt, die in den Kapitel 1-7 ausführlich beschrieben werden. Auch diese Opfer haben für unseren Glauben symbolische Bedeutungen. Bei dem Sündopfer ging es um die Reinigung von Sünde. In Hebräer 9,26 heißt es, dass Jesus durch sein Opfer die Sünde aufgehoben hat. Weil auch die Priester sündige Menschen waren, mussten sie zunächst für sich selbst Opfer bringen. Beim Brandopfer, das ganz verbrannt wurde, ging es um die völlige Hingabe an Gott. Jesus hat sich ganz für uns hingegeben und auch wir sollen uns als ein lebendiges Opfer Gott ganz zur Verfügung stellen (Röm 12,1). Das Speiseopfer aus Mehl und Öl wurde oft im Zusammenhang mit dem Brandopfer dargebracht und erinnert an Jesu Tod, aber auch an die alltägliche Versorgung durch Gott. Beim Schlachtoper oder Dankopfer wurde nur das Fett verbannt. Einen Teil des Fleisches bekamen die Priester und der Rest wurde von den Opfernden, ihrer Familie und Armen gegessen (3. Mose 7,15). Dieses Opfer symbolisierte die Gemeinschaft mit Gott und anderen Menschen, wie wir sie auch im Abendmahl erleben.

Das merke ich mir: ______________________________

____

„Wegschaffung" und Versöhnung

3. Mose 16,1-22

Donnerstag **13**

In dem heutigen Abschnitt geht es um das Versöhnungsfest Yom Kippur, das wichtigste Fest der Israeliten. Auch im Neuen Testament ist Versöhnung ein zentrales Thema (siehe 2. Kor 5,19-21). Versöhnung soll die Gemeinschaft zwischen dem heiligen Gott und den sündigen Menschen wiederherstellen. Nur einmal im Jahr durfte der Hohepriester in das Innerste des Heiligtums, in das Allerheiligste, gehen. Dazu musste er sich waschen, besondere Kleider anziehen und Opfer für seine eigenen Sünden darbringen. In Hebräer 9,7+11-12 wird dieses Fest auf Christus bezogen, der die ewige Erlösung erwirkt hat. Als Opfer waren zwei Ziegenböcke nötig. Der eine wurde geschlachtet und sein Blut wurde auf den goldenen Deckel der Bundeslade gespritzt. Der andere Ziegenbock sollte symbolisch die Sünden des Volkes wegtragen.

Daher kommt der Begriff „Sündenbock". Es heißt, dass er für „Asasel" bestimmt ist. Die Bedeutung dieses Wortes, dass nur an dieser Stelle vorkommt, ist unklar. Manche Ausleger denken, dass es „Wegschaffung" bedeutet. In Psalm 103,12 heißt es, dass Gott unsere Sünden so weit wegbringt, wie der Osten vom Westen entfernt ist.

Das merke ich mir: ______________________________

____

Freitag 14

WIE KÖNNEN WIR DIE BIBEL VERSTEHEN?

3. Mose 18,1-6.19-24

Neben den Opfern geht es im 3. Buch Mose auch um rituelle Reinheit. Menschen wurden durch bestimmte Handlungen, z. B. das Essen unreiner Tiere (3. Mose 11), das Berühren von Toten (4. Mose 19,11) und bestimme Körperzustände (3. Mose 12+15) unrein und durften nicht am Gottesdienst teilnehmen. Im Neuen Testament spielt rituelle Reinheit keine Rolle mehr (Apg 10,15; Röm 14,14). In diesem Abschnitt geht es um Verhalten im Zusammenhang mit Sexualität, das zu Unreinheit führt oder dem Leben entgegensteht. Heute gibt es zu den genannten Verhaltensweisen unterschiedliche Sichten. Inzest, der Geschlechtsverkehr zwischen direkten Verwandten, ist in Deutschland gesetzlich verboten. Kinder fremden Göttern zu weihen, spielt heute kaum eine Rolle. Geschlechtsverkehr während der Monatsblutung der Frau und Liebe zwischen gleichgeschlechtlichen Partnern ist in unserer Gesellschaft akzeptiert. Dieser Abschnitt macht die Herausforderungen der Bibelauslegung deutlich: Welche Aussagen und Gebote können wir wörtlich oder sinngemäß in die Gegenwart übertragen? Welche Gebote hatten in ihrem ursprünglichen historischen und kulturellen Kontext Bedeutung, sind heute aber anders zu verstehen?

Das merke ich mir: ______________________________

____

Samstag 15

GERECHT UND RÜCKSICHTSVOLL

3. Mose 19,1-18

Auch im heutigen Abschnitt geht es um Reinheit und Gerechtigkeit. Dies betrifft unsere Beziehung zu Gott (V.3-5) und zu anderen Menschen. Damit wird das Thema aus Psalm 10 (siehe Sonntag) wiederaufgenommen. Das Verbot, nicht verzehrtes Fleisch nach zwei Tagen zu vernichten, könnte das Ziel gehabt haben, Lebensmittelvergiftungen zu vermeiden. In einer Zeit mit Kühlschänken und Gefriertruhen hat es keine Bedeutung mehr. Andere Anweisungen werden sinngemäß auch im NT aufgenommen und haben grundsätzliche Bedeutung. Die Verse 9+10 sprechen dagegen, Ressourcen restlos für den eigenen Nutzen auszubeuten, ohne etwas für andere übrigzulassen. Das spielt heute auch in Bezug auf unsere Mitgeschöpfe in der Natur eine Rolle. Dann geht es darum, besonders den Schwachen und Benachteiligten in der Gesellschaft rücksichtsvoll und gerecht zu begegnen. Jesus hat sich auf die Seite dieser Menschen gestellt (Mt 25,40). Eingerahmt wird dieser Abschnitt mit Hinweisen über unser Verhältnis zu Gott: Wir sollen unser Handeln an Gott orientieren (V.2), und wir sollen ihn als Herrn anerkennen und uns nicht über andere Menschen erheben (V.18, Mt 23,8-12). Gottes Liebe wird besonders an Jesus sichtbar, der sich selbst für uns hingegeben hat.

Das merke ich mir: ______________________________

____

KW 12 bearbeitet von Pfarrer Cornelius Kuttler,
Leiter des Evangelischen Jugendwerks in
Württemberg, 70563 Stuttgart
E-Mail: cornelius.kuttler@ejwue.de

DAS ALPHABET DER BARMHERZIGKEIT

Psalm 25

Psalm 25 ist etwas Besonderes. Im hebräischen Urtext beginnt jeder Vers mit einem Buchstaben des hebräischen Alphabets. Diese Alphabetform hat für mich eine tiefe Bedeutung. Sie macht deutlich: Unser ganzes Leben hat Platz bei Gott. Von A bis Z, von der kleinsten Kleinigkeit bis zu den größten Problemen. In seinem Gebet packt der Psalmbeter alles vor Gott aus, was ihn beschäftigt. Er spricht ehrlich davon, dass er Angst hat und keinen Ausweg kennt. Er erzählt von Enttäuschung und Misserfolg. Und er gibt zu, dass in seinem Leben nicht alles so ist, wie es Gott gefällt.
Mich beeindruckt dieser Psalm. So ehrlich können wir beten. Christsein heißt also nicht: Alles ist perfekt in unserem Leben. Christsein heißt: Vieles ist vielleicht ganz und gar nicht perfekt, aber mit allem ist Platz für uns bei Gott. Dieser Alphabetpsalm zeigt zugleich: Durch unser Leben zieht sich das Alphabet der Liebe und Barmherzigkeit Gottes. Mit nichts lässt uns Gott allein. Nicht einmal mit dem, was wir nicht gutmachen können. Weil Jesus für uns gestorben und auferstanden ist, können wir uns sicher sein: Selbst, wenn wir am Ende unseres Weges beim letzten Buchstaben unseres Lebensalphabets angekommen sind, wird Jesus da sein und uns festhalten.

Das merke ich mir: ______________________

____

____

WOCHENSPRUCH

Gott aber erweist seine Liebe zu uns darin, dass Christus für uns gestorben ist, als wir noch Sünder waren.
Römer 5,8

Lebe aufrecht und lass dich in allem von deiner Beziehung zu Jesus bestimmen. So kannst du prüfen, was dem guten Gott entspricht und dir und anderen guttut!
Cornelius Kuttler

Montag **17**

WAS BESTIMMT DICH?

3. Mose 19,31-37

Jeder Mensch ist in seinem Handeln bestimmt von Überzeugungen und Erfahrungen, die ihn prägen. An was orientieren wir uns? Vielleicht hat man uns gesagt: Das tut man und dies darf man nicht. Aber mal ehrlich: Bleibst du deinen Überzeugungen treu, wenn du das Gefühl hast: Das tun doch alle? Der Bibeltext spricht von einem klaren Orientierungspunkt für unser Leben: die Beziehung zu Gott. Alle einzelnen Anweisungen enden mit demselben Satz: „Ich bin der Herr, euer Gott!“ Es geht hier nicht um Höflichkeitsregeln und auch nicht um das, was alle tun oder nicht tun. Sondern es geht schlicht um die Frage: Was bestimmt dein Leben? Gott erinnert die Israeliten daran, was ihr Leben trägt: die Beziehung zu Gott, der sie aus Ägypten gerettet hat. Diese Worte gelten auch uns. Weil es derselbe Gott ist, der uns durch Jesus rettet aus einem Leben, in dem wir Gott, uns selbst und andere verlieren. Gott zeigt uns, wie Leben gelingen kann: wenn die Beziehung zu ihm unsere Beziehungen und alle Bereiche unseres Lebens bestimmt. Entscheidend ist, dass wir ihm vertrauen und uns von seiner Liebe prägen lassen. Welches Thema, das in diesem Bibeltext angesprochen wird, fordert uns besonders heraus, und wie können wir dies in unserem Leben konkret umsetzen?

Das merke ich mir: ______________________________

____

Dienstag **18**

WAS IST DIR HEILIG?

3. Mose 25,1-12

Was für ein Bibeltext! Auf der einen Seite tauchen wir ein in eine fremde Welt: Von Sabbatjahren und einem Erlassjahr ist die Rede. Wir lesen von freigelassenen Sklaven und werden aufgefordert, zu essen, was auf dem Feld von allein wächst. Zugleich sind diese Worte aus dem 3. Buch Mose wirklich herausfordernd und sprechen direkt in unser Leben. Zumindest mich fordern sie heraus. Weil sie mir die Frage stellen: Wie gehst du mit dir selbst um und was ist dir heilig? Sind dir deine Arbeit heilig und dein Erfolg? Powerst du ohne Pause und stehst dann in der Gefahr, Gott zu verlieren und dich selbst? Letztlich ist es eine Frage des Vertrauens: Habe ich das Vertrauen in Gott, dass er für mich sorgt, und kann darum mein Leben loslassen und ihm überlassen? Ich merke, wie ich all dem innerlich zustimme und dennoch an meine Grenzen komme. Allein schon, mir Zeit für Stille zu nehmen, das Handy wegzulegen und darauf zu hören, was Gott mir sagen möchte. Wie schwer ist das und doch ist es heilige Zeit, mein Leben loszulassen und Gott hinzuhalten. Was könnte es für uns bedeuten, die Worte aus dem 3. Buch Mose umzusetzen? Auch wenn es damals eine andere Welt war, eine Frage ist dieselbe wie heute: Was ist uns heilig und worauf vertrauen wir?

Das merke ich mir: ______________________________

____

MEHR ALS SOLIDARITÄT

3. Mose 25,35-43 — Mittwoch **19**

Diese Worte klingen zu schön, um wahr zu sein. Wer geht denn so miteinander um? Dass alle aufeinander achten, so dass es allen gut geht. Es hört sich an wie eine antike Form des Bürgergeldes. Aber das ist keine Zustandsbeschreibung, sondern eine Hoffnung. Denn die Realität des Lebens sah damals ganz anders aus. Propheten wie Amos haben klar benannt, was schief lief in der Gesellschaft: dass Reiche immer reicher wurden auf Kosten der Armen. Dass Menschen in Sklaverei gerieten, weil sie überschuldet waren. Die Sätze aus dem 3. Buch Mose sind ein Gegenentwurf zu dem, wie es normalerweise in der Welt zugeht. Damals und heute. Entscheidend ist die Begründung: Es geht nicht nur darum, menschliche Solidarität zu leben. Sondern diese Solidarität kommt von Gott. Unser Leben soll die liebevolle Barmherzigkeit Gottes widerspiegeln. So wie Gott mit uns umgeht, so sollen wir miteinander umgehen. Es mag sein, dass dies manchmal bedeutet, sich gegen Ungerechtigkeit und Unterdrückung zu wenden. Entscheidend ist, dass wir bei uns selbst beginnen und barmherzig und liebevoll mit anderen umgehen. Gibt es einen Menschen oder eine Situation, an die wir jetzt denken und wissen: Hier kommt es darauf an, diese Solidarität zu leben, die von Gott kommt?

Das merke ich mir: ____________________

____

WAS SOLL ICH FÜR DICH TUN?

Lukas 18,31-43 — Donnerstag **20**

Was für eine seltsame Frage von Jesus: Was soll ich für dich tun? Wenn etwas klar ist, dann doch dieses: dass der blinde Mann sehen möchte. Jesus gelingt mit seiner Frage aber etwas, das typisch ist für ihn: dass er Menschen wirklich begegnet. Nicht um schnelle Heilung geht es, sondern darum, dass hier ein Mensch mit der Not seines Lebens wahrgenommen wird, und dass endlich einer zuhört. Wenn Jesus uns fragen würde, was würden wir antworten? Von welchem Schmerz oder welcher Sehnsucht würden wir ihm erzählen? Als der blinde Mann um Erbarmen schreit, bleibt Jesus stehen. Für Jesus ist dieser Mensch wichtig, der allen egal ist. So wichtig sind wir Jesus, dass er am Ende sogar für uns stirbt. Jesus gibt sich selbst her, damit wir mit unserem Lebensschmerz nicht mehr allein sind. Die Geschichte von der Heilung des Blinden kann zu unserer Geschichte werden: weil Jesus auch in unserem Leben stehen bleibt. Und weil er uns fragt: Was soll ich für dich tun? Die Frage ist, ob wir ihm vertrauen, so wie damals der Blinde. Mich erinnert das an einen Satz des Theologen Helmut Thielicke: Wer einem anderen vertrauen will, muss ihn erproben. Erproben heißt, Jesus im eigenen Leben auszuprobieren, also den Versuch zu machen, einmal mit ihm zu leben.

Das merke ich mir: ____________________

____

Freitag 21

MITTENDRIN STATT NUR DABEI

Lukas 19,1-10

Wer in der christlichen Jugendarbeit aufgewachsen ist, kennt Zachäus. Dennoch gibt es in dieser Geschichte immer Neues zu entdecken. Mich berührt eine kleine Formulierung in Vers 3: „Er konnte es nicht." Zachäus wollte Jesus sehen, aber er konnte es nicht, weil ihn niemand durchgelassen hat und er zu klein war. Deshalb sitzt er auf diesem Baum. Nur dabei ist er, statt mittendrin im Geschehen. Was ist unser „Er/sie-konnte-es-nicht-Satz"? Welche Enttäuschung tragen wir mit uns: dass wir in unserem Leben etwas nicht können, weil vielleicht Wege anders liefen, als wir es uns wünschten und weil wir nur dabei sind statt mittendrin? Jesus lässt sich nicht abhalten von diesem „er konnte es nicht". Er sah Zachäus ins Herz. Dadurch veränderte sich alles: Zachäus begegnet Jesus und ist darum mittendrin statt nur dabei. Ich stelle mir vor, Jesus sagt diese Worte auch zu uns: „Steig von deinem Baum runter!" Oder anders gesagt: Lass dich nicht bestimmen von den vielen „Du kannst es nicht!" in deinem Leben! Jesus sieht unsere Sehnsucht. Er sieht die Enttäuschung, die wir mit uns tragen. Und mit nichts lässt er uns allein. Wo möchten wir heute bewusst von unserem persönlichen Baum steigen, auf dem wir uns versteckt haben, und Jesus neu begegnen?

Das merke ich mir: ______________________________

____

Samstag 22

MACH WAS DRAUS

Lukas 19,11-27

Jesus ist immer wieder für eine Überraschung gut. Das Gleichnis vom anvertrauten Geld passt so wenig zum Bild eines armen Wanderpredigers. Erstaunlich ist, dass dieses Gleichnis über das Geld auf die Geschichte von Zachäus folgt, der sein Geld verschenkt. Dadurch wird deutlich: Für Jesus ist Besitz und Geld etwas, das Gott uns anvertraut und mit dem wir verantwortlich umgehen müssen. Jesus verwendet Geld in seinem Gleichnis als Bild für alles, was Gott uns anvertraut. Und wieder überrascht mich Jesus. Es ist ein klares, ja hartes Gleichnis, vor allem, wenn man das Ende anschaut. Ich will mir aber eins merken: dass es darauf ankommt, was ich aus dem mache, was Gott mir anvertraut an Begabungen, an Besitz und vielem mehr. Ich verstehe dies nicht als Druck, sondern als Wertschätzung: Gott beschenkt uns mit unserem Leben und gibt uns damit eine Aufgabe. Er legt uns im Bild gesprochen den Ball auf den Elfmeterpunkt unseres Lebens. Es kommt darauf an, dass wir den Elfmeter verwandeln. Er weiß, dass wir scheitern und hinter dem zurückbleiben, was wir uns vorgenommen haben. Dennoch gibt uns Gott einen Auftrag. Dass am Ende etwas Gutes entsteht durch unseren Auftrag, das bewirkt auch er: durch uns und mit uns und manchmal auch trotz uns.

Das merke ich mir: ______________________________

____

KW 13 bearbeitet von Stefanie Ramsperger,
freie Journalistin und Lektorin und Leiterin der Kommunikation und Medien beim Deutschen EC-Verband, 61169 Friedberg
E-Mail: stefanie.ramsperger@ec.de

WOCHENSPRUCH

Wer seine Hand an den Pflug legt und sieht zurück, der ist nicht geschickt für das Reich Gottes.
Lukas 9,62

LÄSTERN? NEVER.

Psalm 34

„Kommt, ihr jungen Leute, und hört mir zu!", ruft König David. Was gibt's? „Ich will euch beibringen, wie man in Ehrfurcht vor dem Herrn lebt." Das hört sich irgendwie mühsam an. „Wer möchte sich nicht am Leben freuen und seine Tage im Glück zubringen?" Oh, da bin ich auf jeden Fall dabei, das lohnt sich! Was muss ich dafür tun? „Hüte deine Zunge vor böser Nachrede und deine Lippen vor verlogenen Worten. Halte dich fern vom Bösen und tue Gutes! Suche den Frieden und setze dich dafür ein!" Das hebräische Verb im letzten Satz bedeutet ein Drängen und eiliges Streben nach etwas. Luther übersetzt „jage dem Frieden nach". Für mich ist das, was David vorher rät, was ich mir für heute vornehmen möchte: Auch wenn mir jemand auf die Nerven geht, positiv über ihn denken. Auch wenn jemand schlecht über eine Person redet, nicht mitmachen. Auch wenn jemand einem anderen etwas Schlechtes will, abgrenzen und den anderen mit Gutem beschenken. All das trägt viel zum Frieden bei. Denn Frieden ist nicht selbstverständlich.
Schon ein falsches Wort kann ihn zerstören. Auf Worte zu achten, ist deswegen so unheimlich wichtig – nicht nur unter uns Menschen, sondern auch vor Gott.

Das merke ich mir: ______________________

____

____

Für mich ist das eine Frage der Haltung: Gut ist, was aus ehrlichem, wohlmeinendem Herzen kommt.
Stefanie Ramsperger

Montag 24

NATÜRLICH(E) AUTORITÄT

Lukas 19,28-40

Schade, dass die Reaktion des Besitzers des Eselfohlens, das die Jünger so mir nichts, dir nichts mitnehmen, nicht überliefert ist. Zumindest aber war er wohl sehr überrascht, dass jemand einfach sein Eigentum mitnimmt, mit der Begründung: „Der Herr braucht es." Vielleicht war es den Jüngern auch unangenehm, einfach ein Tier mitgehen zu lassen, aber sie verhalten sich so, wie Jesus es ihnen gesagt hat. Sie haben so viel Irrationales mit Jesus erlebt, dass es sie wahrscheinlich nicht im Mindesten überrascht, dass dort, wo Jesus es ihnen vorhergesagt hatte, wirklich ein Fohlen steht. Wenn der souveräne Herr etwas braucht, steht es ihm zur Verfügung. Jesus ist eine Autorität – und das ist er nicht, weil er so reich wäre oder so viel besäße, im Gegenteil: Weder das Tier, auf dem er reitet, gehört ihm, noch der Saal, in dem er mit seinen Jüngern später das Abendmahl feiert. Nach seinem Tod am Kreuz wird er sogar ins Grab eines anderen gelegt – Jesu Autorität hat nichts mit dem zu tun, was er hat, sondern mit dem, wie er ist. Danke, Gott, dass deine Souveränität so viel mehr ist als die Dinge, die uns auf der Erde oft wichtig erscheinen, wie zum Beispiel die coolsten Klamotten, das neueste iPhone oder die besten Noten.

Das merke ich mir: ______________________________

____

Dienstag 25

JESUS IST TRAURIG

Lukas 19,41-48

Jesus weint über die Stadt Jerusalem und ihre Entwicklung. Und Jesus ist wütend auf die Verkäufer am Tempel. Jesus ist emotional – nicht hocherhaben oder besserwisserisch über allem stehend. Sondern er fühlt wie wir. Aber was genau ist es, was ihn so bewegt? Jesus weint nicht über Steine, er weint wegen der Menschen in der Stadt. Und wie er über die Menschen in Jerusalem weint, so leidet er auch mit uns heute: Er möchte und wünscht sich von ganzem Herzen, dass wir bei ihm sind. Wenn wir ihm weglaufen, sucht er uns – dafür hat Jesus an anderer Stelle im Neuen Testament einmal das Gleichnis vom Hirten erzählt, der das eine verlorene Schaf sucht. Er sucht es, bis er es findet. Denn er sehnt sich nach jedem einzelnen und will keins verloren geben, ohne nicht alles dafür getan zu haben, dass es wieder bei ihm ist. Er kommt auf uns zu. Genauso wichtig ist es ihm, dass wir Menschen zu ihm kommen. Deswegen ist er im Tempel so verärgert: Menschen hindern andere am Gebet und an der Gemeinschaft mit Gott. Diesen Missstand muss Jesus ändern, gerade weil er möchte, dass Menschen Gott nahe sein können. Beide Emotionen, Trauer und Wut, hängen also direkt mit dem Wesen Jesu zusammen: Er ist die Liebe in Person.

Das merke ich mir: ______________________________

____

JESUS IST ALLMÄCHTIG

Lukas 20,1-8

Mittwoch 26

Jesus ist streitbar, wenn es darauf ankommt: Auseinandersetzungen mit den Pharisäern hat Jesus immer wieder, ganz besonders in diesem Kapitel der Bibel. Die Pharisäer betrachten sich selbst als Autorität in geistlichen Fragen und Jesus als Bedrohung ihrer Stellung. Deswegen greifen sie ihn oft an. Ihnen geht es um Macht. Lieber wollen sie ihn aus dem Weg räumen (lassen), als etwas von ihrer Macht einzubüßen. Das ist sehr menschlich und das gibt es heute wie damals. Die Pharisäer wollen Jesus austricksen und laufen in ihre eigene Falle. Jesus braucht dazu nur eine Rückfrage. Natürlich ist die Machtfrage für die Pharisäer damit nicht geklärt, sondern spitzt sich weiter zu. Menschen streben nach Macht, Jesus hat sie schon. Er ist allmächtig. Und er lebt seine Macht nicht so aus, wie es die Pharisäer tun. Er missbraucht seine Macht nicht für sich selbst, sondern ermächtigt andere. Ihm geht es nicht darum, permanent seinen eigenen Willen durchzusetzen. Wir Menschen müssen ihn nicht „zufriedenstellen“, wie Machtmenschen es sich von ihren Mitmenschen häufig wünschen. Jesus ist die Liebe und seiner Autorität, seiner Macht, seinem Werk müssen wir nichts zufügen.

Das merke ich mir: ______________________________

____

JESUS MACHT ALLES NEU

Lukas 20,9-19

Donnerstag 27

Eine brutale Geschichte mit einer erstaunlichen Handlung des Weinberg-Besitzers: Warum schickt er seinen Sohn? Warum macht er das und geht das Risiko ein, dass ihm etwas angetan wird? Er hat doch wohl gemerkt, dass die Pächter böse sind. Nicht nur verweigern sie ihm seinen Anteil am Besitz, nein, sie ermorden sogar seine Knechte. Warum riskiert er das Leben seines Sohnes, indem er ihn zu diesen bösen Menschen schickt?

Wir wissen:

Mit dieser Geschichte nimmt Jesus seinen eigenen Tod vorweg. Sein Vater hat ihn auf diese Erde geschickt, mitten hinein ins Böse, und er wird umgebracht werden. Dennoch ist das Bild, das Jesus dann verwendet, hoffnungsvoll: Der aussortierte, weggeworfene Stein wird zum Eckstein, also zu einem ganz besonders wichtigen Stein. Und es entsteht etwas Neues aus ihm: ein neuer Bau, neues Leben.

Gott kann die Dinge neu machen und tut dies ganz anders als man denkt: Wie Jesus bei der Hochzeit zu Kana aus einfachem, stillem Wasser ein ganz anderes Getränk, nämlich Wein gemacht hat, wird sein Tod zu einem Akt radikaler Liebe. Daran erinnert übrigens der Wein beim Abendmahl.

Das merke ich mir: ______________________________

____

Freitag 28

JESUS IST CLEVER

Lukas 20,20-26

Wieder eine Falle, wieder eine Reaktion von Jesus, die seine Gegner sprachlos macht. Hätte Jesus sich einfach nur fürs Steuernzahlen ausgesprochen, hätte man ihm unterstellen können, er leugne die Souveränität Gottes. Hätte er empfohlen, keine Steuern zu zahlen, hätte er sich damit die Besatzungsmacht Rom zum Feind gemacht. Jesus ist clever und sagt: Gebt die Münze, auf der der Kaiser abgebildet ist, dem Kaiser. Gebt Gott das, worin er zu sehen ist. Und das seid ihr selbst, liebe Menschen. Ihr seid Gottes Ebenbild. Das bedeutet natürlich nicht, dass wir Gott irgendwie körperlich ähnlich sähen, das Äußere ist nicht gemeint. Aber wir können mit ihm in Beziehung stehen. Wir sind von ihm geliebt, haben einen Verstand und freien Willen bekommen und können uns für ein Leben in Verbindung mit ihm entscheiden. So gesehen kann ein Mensch seinen Besitz Menschen geben. Das Wesentliche aber, wir selbst, ist für Gott bestimmt. Aus diesem Blickwinkel ist Jesu Antwort sehr schlau, weil ihm weder unterstellt werden kann, die Souveränität Gottes zu leugnen, noch Steuern zu unterschlagen. Jesu Antwort ist klar: Der Kaiser bekommt die Münze mit seinem Bild drauf. Gottes Münze, die ihm gehören soll, sind wir selbst. Unser Leben als sein Ebenbild.

Das merke ich mir: ______________________________

____

Samstag 29

JESUS SCHENKT UNFASSBARE FREUDE

Lukas 20,27-40

Die Sadduzäer stellen Jesus eine Frage zum Thema Wiederheirat, wenn der eigene Partner gestorben ist. Sie wollen wissen, wie es bei einer Frau ist, die nach den damaligen Regeln in Israel sieben Männer geheiratet und alle überlebt hat: „Wessen Frau wird sie nun nach der Auferstehung sein?“ Die Frage der Sadduzäer setzt voraus, dass das Leben nach der Auferstehung den gleichen Regeln folgt wie hier auf der Erde. Durch ihre Frage zeigen sie, dass sie davon ausgehen, dass im Himmel die gleichen Gesetzmäßigkeiten gelten wie auf der Erde. Jesus macht jedoch klar: So ist das nicht. Das Sein nach der Auferstehung folgt anderen Bedingungen. Dort heiratet niemand, es wird niemand geboren und es stirbt auch niemand mehr. Kein Leid, kein Jammern, kein Mangel, kein Geschrei. Alle positiven wie negativen Highlights entfallen.

Wird es in der Ewigkeit langweilig sein? Das Gegenteil ist der Fall. Das Sein in der Ewigkeit wird eine ganz neue Qualität haben als auf der Erde. Unsere festlichen Anlässe und unser Glück geben nur einen winzig kleinen Eindruck von der unfassbaren Freude und der göttlichen Liebe, die uns in der Ewigkeit erwarten.

Das merke ich mir: ______________________________

____

KW 14 bearbeitet von Ruben Ullrich,
EC-Referent für Jugend und junge Erwachsene,
34134 Kassel
E-Mail: ruben.ullrich@ec.de

WOHNUNG BEI GOTT

Psalm 84

Es ist ein bekanntes und immer wieder verwendetes Bild der Bibel: die Wohnung bei Gott. In Psalm 84 wird dieses Bild sehr oft verwendet und es ist immer mit positiven Attributen verbunden. „Wie lieb sind mir deine Wohnungen.“ „Meine Seele sehnt sich danach ...“ „Glücklich sind, die in deinem Haus wohnen ...“
Diese Sehnsucht nach einem Ankommen, nach einem Zuhause, nach einem Ort der Erholung, die kennen wir doch alle, diese Sehnsucht tragen wir alle in uns! Und es ist inspirierend und berührend, wie der Psalmist hier von eben dieser Wohnung schwärmt. Ich kann dieses Schwärmen sehr gut nachvollziehen und das Bild der Wohnung passt meiner Meinung nach auch sehr gut. Denn ja, bei Gott, durch meinen Glauben an ihn, darf ich tatsächlich zur Ruhe kommen. Auftanken. Sein. Dabei ist das Schöne, dass diese Wohnung kein realer Ort ist, den ich verlassen oder aufsuchen kann. Diese Wohnung, dieser Ort, ist in mir. Gott ist in mir. Und ich darf Wohnung für diesen Gott sein und er ist Wohnung für mich.
Ich wünsche dir, dass du Gott heute neu in dein Herz einladen kannst, und dass du auch seine Einladung annimmst. Gottes Segen dafür!

Das merke ich mir: ____________________

____

____

MONATSSPRUCH APRIL

BRANNTE NICHT UNSER HERZ IN UNS, DA ER MIT UNS REDETE?

Lukas 24,32

Diese Jahreslosung ist für mich Aufgabe, Ermutigung und Herausforderung in einem. Let's go! :)

Ruben Ulrich

WOCHENSPRUCH

Wenn das Weizenkorn nicht in die Erde fällt und erstirbt, bleibt es allein; wenn es aber erstirbt, bringt es viel Frucht.
Johannes 12,24

Montag 31

MEHR SCHEIN? ODER MEHR SEIN?

Lukas 20,41-47

Die Bibelstelle, die wir heute lesen, ist das Ende einer längeren Fragerunde, die Jesus über sich hat ergehen lassen müssen. Er wurde von Pharisäern, Schriftgelehrten und Sadduzäern zu seiner Vollmacht, zu den Steuern und zur Auferstehung der Toten ausgefragt. Diese Fragen waren ein Test. Die Antworten sollten zwei Dinge bewirken: 1. Sie sollten Jesus bloßstellen. Sie sollten zeigen, dass er doch nicht Gottes Sohn ist, wie er behauptet. Und 2. sollten sie die Position der Fragenden stärken. Sie wollten sich profilieren und einen besseren Stand im Volk bekommen. Doch Jesus durchschaut dieses Spiel. Jesus erkennt das Scheinheilige, das durch diese vielen Fragen durchkommt. Daher diese Warnung vor den Schriftgelehrten: Hütet euch vor diesen Menschen, denen der Schein wichtiger ist als das Sein, denen die Gewänder und Sitzplätze so wichtig sind. Jesus erkennt die Motive dieser Menschen und hält ihnen durch seine Meinung gnadenlos den Spiegel vor – und dadurch auch mir und dir. Wo geben wir manchmal vor, mehr zu sein? Wo wollen wir manchmal den Schein wahren? Vielleicht auch durch gut gestellt Fragen? Mein Glaube ist, dass es diesen Schein nicht braucht, sondern stattdessen ein wahres, ein ehrliches Sein bei Gott.

Das merke ich mir: ____________________

____

Dienstag 1

WARUM GEBEN WIR?

Lukas 21,1-4

Und schon wieder ein Spiegel, der mir und dir von Jesus vorgehalten wird. Hier nutzt er eine arme Witwe, die ihr letztes Geld zu den Opfergaben in den Opferkasten wirft, um uns etwas deutlich zu machen, um uns eine Frage zu stellen: Geben wir nur von unserem Überfluss ab? Von dem, was wir sowieso zu viel haben? Was wir nicht brauchen? Was sowieso nur rumliegen würde? Oder teilen wir auch von dem, was wir brauchen, was uns Sicherheit gibt? Diese Stelle zeigt einmal mehr, wie sich Jesus „Gottes Reich auf Erden" vorstellt, wie Jesu Idee von einer von Gott inspirierten und geleiteten Welt aussieht.

Stellt euch das doch nur mal vor: Wenn jeder von uns nicht nur vom Überfluss geben würde, dann wäre doch mehr als genug für alle da. Diese Stelle zeigt nochmal, wie revolutionär anders Jesus war. Auch heute noch. Denn wo passiert es denn, dass mehr gegeben wird, als für einen selbst gut wäre? Natürlich fällt das schwer. Und natürlich war das damals gerade für die Reichen, für die führenden Priester und Schriftgelehrten ein großer Stein des Anstoßes. Und gleichzeitig zeigt Jesus: So kann es nicht weitergehen. Das ist nicht seine Idee für diese Welt.

Das merke ich mir: ____________________

____

„TRAIN YOURSELF TO LET GO ...

Lukas 21,5-19

2 Mittwoch

... of everything you fear to loose." Diese legendären Worte von Meister Yoda aus Star Wars könnten passender nicht sein. Zu Anfang schwärmen die Leute vom Tempel. Wie schön alles ist, wie gut alles zueinander passt. Doch Jesus zeigt auf, dass das alles nicht von Dauer ist, dass eine andere Zeit kommen wird. Die Christen nennen diese Zeit die „Endzeit". Die Zeit, wenn Jesus wiederkommen und eine neue, eine andere Welt aufbauen wird. Nach seinen Vorstellungen, nach seinen Maßstäben und nach seiner Gerechtigkeit. „Doch wann wird diese Zeit kommen?", fragen die Menschen. „Wann wird es soweit sein? Wann fängt diese neue, so verheißungsvolle Zeit an?" Jesu vorläufige Antwort darauf: „Haltet durch. Bleibt standhaft. Haltet am Glauben fest. Hofft auf das, was ich euch verheiße." Schon viele Menschen haben geglaubt zu wissen, wann Jesus wiederkommen wird. Sie haben komplizierte Rechnungen aufgestellt, Verweise in Bibelstellen gedeutet und, und, und. Aber: Jesus ist noch nicht wiedergekommen. Die Welt ist noch da, unfertig wie sie ist. Was hilft dir zu hoffen? Was hilft dir auszuhalten? Was hilft dir, den Kopf nicht hängen zu lassen?

Das merke ich mir: ______________________________

____

ZEICHEN WERDEN ZU SEHEN SEIN!

Lukas 21,20-28

3 Donnerstag

Ich kann mich noch sehr gut an eine Begegnung auf einem Kirchentag vor einigen Jahren erinnern. Ich ging durch Erfurt, genoss die Gemeinschaft mit anderen Christinnen und Christen und den herrlichen Sonnenschein, als mich plötzlich eine Dame ansprach und mir einen Zettel in die Hand drückte – mit dem Kommentar, dass die Zeit Jesu gekommen sei. Die Zeichen seien ja mehr als eindeutig. Auf dem Zettel wurden dann verschiedene Kriege, Präsidentschaftswahlen und globale Ereignisse so gedeutet, dass sie zu dieser Bibelstelle, zur Endzeit passten. „Die Völker werden zittern", „Jerusalem wird von feindlichen Heeren umzingelt", „Große Not wird im Land herrschen" usw. All diesen Dingen wurden aktuelle Ereignisse zugeordnet und damit wurden sie begründet: Jesus kommt. Und zwar schon sehr bald. Mich hat das damals sehr irritiert. Denn ich habe daraus eine Passivität gelesen, so nach dem Motto: Die Zeichen sind klar, die Welt geht den Bach runter, Jesus kommt bald, ist eh alles egal. Ich sehe das anders. Es mag sein, dass Jesus morgen wiederkommt. Ich weiß es nicht. Aber ich will trotzdem jetzt und heute noch Gutes tun, für meinen Nächsten da sein und noch ein Apfelbäumchen pflanzen. Wie siehst du das? Wie gehst du mit diesen Dingen um?

Das merke ich mir: ______________________________

____

Freitag 4

DER OBERHAMMER!

Lukas 21,29-38

Und jetzt kommt es. Der meiner Meinung nach spannendste Teil dieser gesamten Stelle! Jesus lässt sich nach einem anfänglichen Ausweichen, siehe Verse 7 bis 9, doch noch zu einer klaren Antwort verleiten. Er sagt: „Diese Generation wird nicht sterben, bevor dies alles geschieht." Oder in meinen Worten: Die damalige lebende Generation wird noch zu Lebzeiten sehen, wovon Jesus die letzten Verse über gesprochen hat – die Rede ist von der Endzeit. Jesu Wiederkommen auf einer Wolke. Mit großer Macht und mit Herrlichkeit. So steht es da, schwarz auf weiß und ohne Interpretationsspielraum. Aber nochmal: Jesus ist bisher nicht wiedergekommen. Und ich glaube, wir hätten es mitbekommen, wenn der Herrscher der Welt auf einer Wolke aus dem Himmel zu uns herabgestiegen wäre. Mir fällt es manchmal sehr schwer mit dieser Bibelstelle umzugehen, mit ihr zu leben. Denn auf der einen Seite sehe ich die Bibel als einen wichtigen Eckpfeiler meines Lebens. Weil sie mich inspiriert, meinen Horizont erweitert oder mich auch mal ermahnt. Auf der anderen Seite sehe ich mich in meinem Leben auch damit konfrontiert, dass vermeintlich nicht alles so kommt, wie die Bibel es sagt. Wie gehst du damit um? Nimmst du da auch eine Spannung wahr?

Das merke ich mir: ______________________________

____

Samstag 5

PLÄNE GEGEN JESUS

Lukas 22,1-6

Die letzten Verse waren wirklich heftig. Jesus hat vom Ende aller Dinge gesprochen. Von Verfolgung. Vom Niedergang des Tempels. Davon, dass Himmel und Erde vergehen werden. Und dass eine neue Herrschaft anbrechen wird. Dass eine neue Gerechtigkeit kommen wird. Und all das hat den Bewahrern des aktuellen Systems natürlich nicht gefallen. Es ist fast eine Art Kausalität, dass die Repräsentanten dieses Systems Jesus aus der Welt schaffen wollen. Denn er spricht davon, dass dieses System abgeschafft wird. Und zwar mit ziemlicher Deutlichkeit. Und zudem hören Jesus viele Menschen zu und finden seine Gedanken mindestens interessant, wenn nicht sogar nachfolgenswert. Die revolutionären Ideen von Jesus könnten tatsächlich einen Umschwung im Volk bewirken. Einen Umschwung, der den führenden Mächten nur zum Nachteil gereichen kann. Daher wollen diese Mächte den Tod von Jesus, wollen diese Ideen und Gedanken aus der Welt vertreiben. Ich kann das ehrlich gesagt gut nachvollziehen. Denn wie oft scheue ich mich vor Arbeit, vor Unbequemem, vor Sachen, die „anders" sind. Welchen Gedanken, welche Idee für dein Leben solltest du vielleicht mal zulassen? Und vielleicht sogar umsetzen?

Das merke ich mir: ______________________________

____

KW 15 bearbeitet von Sandra van Westen,
Kinder- und Teenagerreferentin, 34134 Kassel
E-Mail: sandravanwesten@yahoo.de

WOCHENSPRUCH

Der Menschensohn ist nicht gekommen, dass er sich dienen lasse, sondern dass er diene und gebe sein Leben zu einer Erlösung für viele.
Matthäus 20,28

HILFESCHREI
Psalm 22,1-22

„Mein Gott, mein Gott warum hast du mich verlassen?" – Ein Ausruf größten Leides. Der Psalmist David schreit seine Angst und sein Elend heraus und schildert die Verlassenheit von Gott. Psalm 22 ist ein Klagepsalm bzw. Leidenspsalm, auf den sich auch Jesus im Sterben am Kreuz bezieht und den er dort betet. In seinem größten Leiden ruft er zu Gott, seinem Vater: „Mein Gott, mein Gott warum hast du mich verlassen?" Er erkennt ihn trotzdem noch als seinen Gott an, genau wie der Psalmist. Der Herr war es, der das Leben geschenkt hat. Diese Erinnerungen an das Gute in der Vergangenheit seines Lebens zeigen David, dass es Gott gibt. Für uns ist das ein Hinweis, sich in Zeiten des sich Verlassenfühlens an die guten Zeiten mit Gott zu erinnern. Damit wir dann, wie der Psalmist und wie Jesus selbst, auch im größten Leid Gott nicht außer Acht lassen, sondern ihn anschreien: „MEIN Gott, MEIN Gott..." Am Ende des Psalms kommt es nach all dem Leiden und Anklagen trotzdem zu einem Lichtblick und Hoffnungsschimmer. David schreibt: „Mein Gebet hast du erhört." Gott zu klagen, ist also nicht ein Zeichen des Unglaubens, sondern des Vertrauens und der Verbundenheit zu Gott, auch wenn er sich ganz weit weg anfühlt.

Das merke ich mir: ______________________

____

____

Immer wieder stehen wir vor Herausforderungen und Entscheidungen. Gott mit hineinnehmen und ihn fragen, was das Richtige ist, ist das, wonach ich strebe.

Sandra van Westen

7 Montag

ERLÖST

Lukas 22,7-23

Jesus wusste, dass es der letzte Abend mit seinen Jüngern sein würde, bevor er unter schwersten Umständen die Erde als Mensch verlassen würde. Ein letztes Mal möchte er mit seinen Jüngern das Passamahl feiern. Er nutzt den Abend, um sie zu stärken und zu rüsten. Bald würde er selbst nicht mehr da sein und mit diesem Abend bereitet er sie darauf vor. Von Angst ist bei Jesus nichts zu spüren: Er weiß, dass er zum Vater kommt, und dass sein Sterben der einzige Weg ist, damit die Menschen zu Gott kommen können. Seine Jünger dagegen wissen noch nicht, was passieren wird, aber ich gehe davon aus, dass sie spüren, dass an diesem Abend etwas anders ist. Mit der Einsetzung des Abendmahls leitet Jesus dieses Neue seinen Jüngern gegenüber ein. Mit dem Brot zeigt er, dass er seinen Leib / sein Leben für sie (und für uns) hergibt und durch das Blut einen neuen Bund herstellt. Der Wein steht bildlich für das Blut als Zeichen der Schuldvergebung. Blut bedeutet Leben und Jesus gibt sein Leben, damit unsere Schuld vergeben wird. Wer das glaubt, bekommt ewiges Leben. Damit wir uns immer wieder daran erinnern, fordert Jesus die Jünger und uns heute auf, das Abendmahl zu feiern. Jesus starb für dich und mich und dadurch sind wir erlöst.

Das merke ich mir: ______________________________

____

8 Dienstag

RANGORDNUNG

Lukas 22,24-30

Das Passamahl ist nicht nur fröhlich und aufbauend. Jesus ist ehrlich. Zwar nennt er keinen Namen, aber er bekundet, dass einer unter ihnen sitzt, der ihn verraten wird. Das hält die Jünger natürlich nicht still. Sie fragen sich und beginnen zu diskutieren und zu streiten, wer es sein wird, und wer von ihnen der Wichtigste ist. Während Jesus sich verabschiedet, versuchen die Jünger eine Rangordnung herzustellen, wer am wichtigsten ist. Und das, nachdem sie schon lange mit Jesus unterwegs waren und eigentlich eines Besseren belehrt wurden. Jesus verdeutlicht ihnen, dass dies kein heiliges Denken ist. Wir sollen in Demut leben und nicht herrschen wollen. Es gibt keine besten Plätze im Reich Gottes, auf die man mit besserer Anstrengung hinkommt. Zu Gott kommen wir nicht durch Leistung und Anstrengung, sondern durch ein demütiges Herz. Wie wunderbar dies ist!
Jesus kam auf die Welt, um zu dienen und nicht, um bedient zu werden. Jesus starb für mich und dich, damit für uns der Weg zu Gott frei ist – und zwar für jeden einzelnen Menschen. Das Einzige, was wir dafür tun müssen, ist „JA" zu ihm zu sagen.

Das merke ich mir: ______________________________

____

FALLEN UND AUFSTEHEN

Lukas 22,31-38 **9** Mittwoch

Jesus sagt das Versagen von Petrus voraus, dass er ihn dreimal verleugnen wird. Doch selbst das Versagen der Jünger kann sie nicht aus der Hand Gottes reißen, auch wenn sie versuchen wegzugrennen. „Ich habe für dich gebetet, dass dein Glaube nicht aufhört“ (V.32a). Anstatt sich von Petrus abzuwenden und enttäuscht zu sein, betet Jesus für ihn und gibt ihm eine Aufgabe mit, für den Zeitpunkt, wenn Petrus wieder zu Jesus zurückgekehrt ist. Jesus bleibt an Petrus dran und genauso auch an uns und trotzdem ist der Glaube nicht immer leicht, weder für Petrus noch für uns. Jesus hat eine Aufgabe für Petrus für die Zeit, wo er selbst nicht mehr als Mensch auf der Erde sein wird: Menschen die Herrlichkeit Gottes näherbringen und sie im Glauben stärken. Denn jetzt geht mit Jesus in Erfüllung, was die Heilige Schrift vorausgesagt hat. Schaffen die Jünger, und schaffen wir es, an Jesus festzuhalten, auch wenn er nicht mehr da ist? Auch dann, wenn wir es nicht schaffen, uns immer zu unserem Glauben zu bekennen, wendet Jesus sich nicht ab. Wir dürfen zweifeln und fallen und aufstehen und glauben und zweifeln und fallen – Jesus wendet sich nicht ab, darauf ist Verlass!!!

Das merke ich mir: ______________________________

____

BETEN STATT SCHLAFEN

Lukas 22,39-46 **10** Donnerstag

Die Jünger sind traurig ... und schlafen. Gut fand Jesus das sicherlich nicht, denn er hatte ihnen aufgetragen zu beten. Genau das, was er selbst in dem Moment auch getan hat. Jesus wusste, dass er jetzt sterben würde, hatte Todesangst und betete zum Vater. Aber nicht, dass er ihn doch am Leben lassen sollte. Nein, er sagte zu Gott: „Nicht mein, sondern DEIN Wille soll geschehen.“ Das finde ich stark. Das ist ein Gebet, das auch ich immer wieder beten möchte, das mir aber oft so schwerfällt, weil ich Angst habe, dass mein Wille nicht mit Gottes Wille übereinstimmt und es dann schwierig wird. Und dabei geht es nicht um Leben und Tod, sondern manchmal um ganz banale Dinge. Jesus ist in dieser Bibelstelle so menschlich und so stark. Er ist bereit sein Leben zu geben, damit meine Sünde vergeben ist. Außerdem lernen wir von Jesus, dass wir Angst haben und diese vor Gott beklagen dürfen. Wir dürfen vor Gott ehrlich sein und alles zu ihm beten. Beten ist das, was Jesus uns gelehrt hat. Wir können immer zu Gott kommen und fest mit ihm rechnen, selbst in den schwersten Situationen. Manchmal bekommen wir nicht direkt eine spürbare oder sichtbare Antwort, aber wir können gewiss sein: Gott ist da!

Das merke ich mir: ______________________________

____

Freitag 11

UMGANG MIT FEINDEN

Lukas 22,47-53

Judas offenbart den Soldaten Jesus mit dem Zeichen eines Kusses, dabei ist ein Kuss doch ein Zeichen des Vertrauens und der Verbundenheit und nicht des Verrates. Was hat Judas dazu geführt, dass er seinen Freund verrät? Das kann doch nicht Gottes Plan sein, aber Gott lässt es zu ... Um Jesus festzunehmen, kommen sie mit Schwertern und Knüppeln. Aber Jesus ist doch kein Verbrecher! Doch langsam wird allen klar, dass jetzt eine dunkle und schwere Zeit beginnt. Dann schlägt Petrus auch noch einem Soldaten ein Ohr ab. Hier greift Jesus ein, aber anders als man denken könnte. Obwohl es sein Feind ist und Jesus sicher weiß, dass dieser dazu beiträgt, dass er ans Kreuz genagelt wird, handelt Jesus nicht mit Gewalt, sondern mit Heilung. Er heilt seinen Feind. Auch ich möchte mich von Jesus heilen lassen, damit ich heilend wirken kann. Ich möchte Menschen begegnen, wie Jesus ihnen begegnet ist. Ganz egal, ob es mein Freund oder mein Feind ist. Ich möchte nicht verletzen, sondern heilen. Dafür brauche ich Jesu Unterstützung. Durch Jesus lernen wir, dass wir mit Gewalt nicht weiterkommen. Wie reagierst du, wenn Menschen dich verletzend behandeln? Wie würde Jesus reagieren? Bitte Jesus um Hilfe, ihm immer ähnlicher zu werden.

Das merke ich mir: ______________________________

____

Samstag 12

NACHFOLGE MIT FOLGEN

Lukas 22,54-62

Petrus bekennt sich nicht mehr zu Jesus, wird untreu und verleugnet ihn. Erst als der Hahn dreimal kräht, fällt ihm auf, was er gerade getan hat. Petrus läuft hinaus und beginnt zu weinen. Aber wie wir schon gelesen haben, hat Jesus ihm das angekündigt und auch, dass es danach weitergeht. Vielleicht musste Petrus einmal durch diese Tiefe durch, um danach ein guter Jünger zu sein. Petrus erkennt, dass er nicht der große Held ist, sondern ein Bedürftiger wie jeder andere. So wie du und ich. Wir können nicht aus eigener Kraft heraus glauben, sollen nicht aus eigener Kraft leben, sondern aus der Kraft des Herrn Jesus Christus. Auch wenn wir immer wieder Situationen erleben, in denen wir es wieder nicht geschafft haben. In denen es uns vielleicht schwergefallen ist, zum Glauben zu stehen, wie Jesus zu handeln oder eigene Pläne hinter Gottes Pläne zu stellen. Gott möchte, dass wir in seiner Nachfolge leben. Wir sollen ihm die Ehre geben, immer wieder neu. Das Gute, das wir aus der Geschichte mit Petrus lernen: Jesus gebraucht den größten Sünder, um sein Himmelreich zu bauen. Jesus hat Petrus nicht im Stich gelassen und auch uns wird er sicher nie ablehnen. Ich kann niemals tiefer fallen als in Gottes Hand!

Das merke ich mir: ______________________________

____

KW 16 bearbeitet von Gerd Voß,
Gemeinschaftspastor, 26121 Oldenburg
E-Mail: gerdwillmsvoss@live.de

13 Sonntag Lied: FJ6! Nr. 29

HE DID IT!
Psalm 22,23-32

Unser heutiger Abschnitt markiert innerhalb dieses Psalms eine erstaunliche Wendung. Von der totalen Angst und Verlassenheit zum totalen Lob der Herrlichkeit Gottes. Zwischen Vers 22 und 23 muss etwas geschehen sein. Jeder kann sein eigenes Erleben zwischen Angst und Erlösung in diese Lücke eintragen. David kann nicht nur seine Angst herzzerreißend in ein Lied fassen, sondern auch seinen Jubel und seine Dankbarkeit. Ein weiterer Bruch ist der zwischen dem Einzelnen (David) und der ganzen Welt. Der Psalm weitet das Bewusstsein. Es geht nicht in allem nur um mich – meine Angst und meine Freude. Der Blick auf Gott hat therapeutische Wirkung. Der Horizont weitet sich vom eingeengten Blick auf meine Angst zur weltweiten Herrlichkeit und auch in die folgenden Generationen. „Er hat es getan!" Die ganze Bibel ist von diesem Bekenntnis durchzogen. Von der Schöpfung über den Auszug aus Ägypten, der Rettung vor Feinden, im persönlichen Erleben und nicht zuletzt in Kreuz und Auferstehung. „Er hat es getan!" Er rettet, wo ich nichts mehr tun kann. In welcher Stimmung bist du gerade? Erkennst du dich wieder in den Versen 1-22? Lass deinen Blick weiten. Oder entsprechen dir eher die Verse 23-32? Dann bekenne vor anderen: „Er hat es getan!"

Das merke ich mir: ______________________

____

____

WOCHENSPRUCH
Der Menschensohn muss erhöht werden, damit alle, die an ihn glauben, das ewige Leben haben.
Johannes 3,14b.15

Nichts und niemand ist von vornherein schlecht. Es lohnt sich, nach dem Guten darin zu suchen.
Gerd Voß

Montag **14**

WER DARF JESUS FÜR DICH SEIN?

Lukas 22,63-71

Die Szene mit den Soldaten ist keine Kleinigkeit. Sie zeigt, wozu ganz normale Menschen fähig und bereit sind, wenn es ihnen erlaubt ist. Dass dies direkt vor dem Verhör vor dem Hohen Rat berichtet wird, ist sicher kein Zufall. Wir „Normalos" brauchen Rettung. Was ist bloß mit uns los? „Ich foltere ja niemanden", sagst du dir vielleicht jetzt. Ist das so? Dann denke einen Moment darüber nach, was dein Konsumverhalten an fernen Orten für Kinder und andere „Normalos" bedeutet. Lass uns über unsere Beziehungen nachdenken, über Herzschmerz, den wir uns und anderen zufügen. Lass uns über Mobbing und Lästern reden ... Vor dem Hohen Rat geht es dann direkt zur Frage der Fragen in Vers 67. Jesus hatte sich rechtlich nichts zu Schulden kommen lassen. Er wird hier der Hochstapelei und geistlichen Anmaßung bezichtigt. Obwohl Jesus einen zutiefst dienenden Charakter hatte: In der Frage, wer er ist, war er extrem unbescheiden: Messias, Gottessohn, Menschensohn, König, Weltenherr, Richter, Retter, Licht der Welt usw. Und genau hier verläuft bis heute für viele Menschen die Grenze: „Jesus war sicher ein besonderer Mensch, aber mehr nicht!" Jesus weicht aber nicht davon ab. Bis heute nicht. Was denkst du darüber?

Das merke ich mir: ______________________________

____

Dienstag **15**

WAS IST DIE RICHTIGE FRAGE?

Lukas 23,1-12

Die eigentliche Anklage der geistlichen Anmaßung und Hochstapelei zieht bei Pilatus nicht. Er sieht keinen Grund, Jesus zu verurteilen. Die falsche Anklage, er würde das Volk aufhetzen, scheint Pilatus zu durchschauen. Den wahren Jesus wird man nicht los. Verdrehte Darstellungen von Jesus kann man ablehnen, aber wer sich ihm stellt, wie er ist, der findet zu Gott und damit nach Hause. Bis heute werden Menschen durch falsche Anklagen oder Verdrehungen kaltgestellt. Nichts Neues also. Herodes hatte ebenfalls nur Interesse an Jesus als spektakulärem Wundertäter. Jesus antwortet ihm nicht auf seine Fragen. Das ist ein starkes Stück. Aber der König aller Könige erkennt sehr wohl, wer ihm wirklich zuhören will. Auch heute denken Menschen, sie wüssten Bescheid über etwas, wenn man nur ihre Fragen beantwortet. Aber stellen sie die richtigen Fragen? Richtige Antworten auf die falschen Fragen führen nicht zur Wahrheit. Darum sagt Jesus oft: „Wer Ohren hat, soll hinhören." Darf Jesus mir Dinge sagen, nach denen ich gar nicht gefragt habe? Gibt es da etwas, wonach ich lieber gar nicht frage? Herodes und Pilates werden Freunde. Sie sonnen sich in ihrem gemeinsamen Schmunzeln über die kleinkarierten Juden und über diesen Spinner, Jesus.

Das merke ich mir: ______________________________

____

DER SINN DES PARADOXEN

Lukas 23,13-25

Mittwoch **16**

Ist das nicht beinahe lustig? Sie klagen Jesus an, er würde das Volk aufhetzen. Pilatus weist die Klage als falsch ab. Nun fordern sie, ausgerechnet einen verurteilten Aufrührer und Mörder freizulassen. Verkehrte Welt. Und das ist sie ja auch. Spannend ist der Name des Mörders. Aus Matthäus 27,16f wissen wir, dass sein vollständiger Name Jesus Barabbas lautete. Übersetzt: Jesus, Sohn des Vaters. Hier wird ein Jesus gegen den anderen getauscht. Ein Sohn des Vaters gegen den anderen. Der eine unschuldig, der andere schuldig. Fakten von Schuld und Unschuld zählen nicht mehr. Richtig ist, was gewollt wird. Aus dem Matthäusevangelium wissen wir, dass das Volk vom Hohen Rat aufgewiegelt worden war. Was ist das nur immer wieder mit der Manipulation der Massen? Warum ist „das Volk" durch alle Zeiten und überall so verführbar zum Schlechten? Es scheint da in unserem Inneren Klangkörper zu geben, die in der Regel nicht klingen, aber ansprechbar sind. Ein gesundes inneres Misstrauen uns selbst gegenüber kann hilfreich sein, bevor wir anfangen, mit den Wölfen zu heulen. Die Verführbarkeit des Volkes führt zum ungerechten Todesurteil für Jesus. Exakt das ist seine Absicht: sterben für das verführbare Volk. Damit es leben kann und Heil findet.

Das merke ich mir: ____________________

____

BEZIEHUNG IST ALLES

Lukas 23,26-31

Gründonnerstag **17**

Normalerweise trug der Verurteilte den Querbalken des Kreuzes selbst zur Hinrichtungsstätte. Damit musste er unter dem Geschrei der Leute quer durch die Stadt laufen. Jesus war so stark gefoltert worden, dass er dies nicht mehr schaffte. Warum wird hier so ausdrücklich erwähnt, dass besonders die Frauen so großes Mitleid mit Jesus hatten? Mehrere Berichte in den Evangelien beschreiben, dass Jesus die Frauen aus ihrer damals üblichen Rolle der reinen Mutter und Hausfrau erhob zu Jüngerinnen, die bei ihm lernten. Frauen zu lehren, galt als vergebliche Mühe, da man sie als zum Lernen unfähig ansah. Diese besondere Zuwendung erlebt zu haben, ist etwas Größeres, als Zeugin eines seiner Wunder gewesen zu sein. Jesus war der Meister der Beziehung. Am Ende zählen Beziehungen mehr als alles andere. Das große Ziel Jesu war und ist die Wiederherstellung der Beziehung aller Menschen zu Gott (Joh 14,6) und dann untereinander (Joh 13,33f). Die Prophezeiung über die kommenden schweren Tage sollte sich im Jahr 70 erfüllen, als die Römer einen jüdischen Aufstand in Jerusalem mit unvorstellbarer Brutalität niederschlugen und sich die Juden in der Stadt gegenseitig umbrachten. Was für eine Liebe hat diesen Mann getrieben, so weit zu gehen …

Das merke ich mir: ____________________

____

Karfreitag **18**

DER ENTWÜRDIGTE GOTT

Lukas 23,32-49

Spott auf allen Ebenen: der Hohe Rat, die Soldaten, das Schild über seinem Kopf und einer seiner Mitgekreuzigten. Und das während Jesus schon halbtot ist. Die Bitte um Vergebung für die Soldaten zeugt von einem unglaublichen Charakter. Es macht einen betroffen beim Lesen. Aber so sollte es sein. Der Höchste lässt sich körperlich zugrunde richten und sich alle Würde nehmen. Splitternackt hing er dort. Nicht mit einem Lendentuch, wie oft auf Bildern dargestellt. Er unterwirft sich aller weltlichen Macht, aller geistlichen Macht, aller Unmenschlichkeit, aller Lüge, allem Spott. Er zieht das alles wie magnetisch an sich und das mit Absicht. Hier ist er nicht gescheitert, sondern an seinem ersten Ziel vor Ostern angekommen. Einzigartig unter allen Religionen: Gott fordert nicht Opfer, sondern er opfert sich. Er gibt sich selbst für seine Welt, die das Gegenteil verdient hätte. Alles steht Kopf, weil er es so wollte. Damit wir wieder auf die Füße kommen. Wie weit seine Gnade geht, wird noch am Kreuz sichtbar: Der Mitgekreuzigte ist buchstäblich auf sein altes Leben festgenagelt – kann kein besseres Leben mehr anfangen. Aber der nackte Mensch bittet den nackten Gott um Einlass ins Paradies: Gewährt. Dir auch, mir auch. Jedem!

Das merke ich mir: ______________________________

____

Karsamstag **19**

FRÖSTELN

Lukas 23,50-56

Immer, wenn ich diesen Text lese, wird mir innerlich kalt. Es ist vorbei. Die Hitze der Situation um Verhaftung, Fake-Prozess, Verspottung und Kreuzigung Jesu – vorbei. Klingt vielleicht unpassend, aber, wie nach einer Partynacht am Morgen danach nur noch der Müll rumliegt und der kalte Rauch in der Luft hängt. So ähnlich stelle ich mir auch den 9. Mai 1945 vor. Der erste Tag nach Kriegsende. Vorbei. Aufräumen, Herumirren, Suchen, wohin? Josef von Arimatäa bietet sein Grab an. Die Frauen tun, was Tradition ist. Gut, dass sie irgendetwas tun können in dieser Taubheit. Alles aus. Wie findet man zurück in das alte Leben? Wie verkraftet man diese Enttäuschung, dass der, den man für gottgesandt und unsterblich hielt, sterben konnte? Wer nichts von Ostern weiß, muss hier resignieren. Man kann der sterblichen Hülle die letzte Ehre erweisen, vielleicht immer nochmal ans Grab gehen, aber diese unglaubliche Hoffnung, die er geweckt hatte, kann das alles nicht ersetzen. Karsamstag erleben wir auch. Das Tief, das auf eine große Glaubenserfahrung und -hoffnung folgt. Stimmt das alles überhaupt? Ist Gott treu, stark und vor allem: Ist er überhaupt lebendig? Es braucht wieder eindeutige Zeichen seiner Lebendigkeit. Worte genügen nicht mehr.

Das merke ich mir: ______________________________

____

„STILLE ZEIT“ MIT DEN LICHTSTRAHLEN AM ABEND

EINGANGSGEBET

Hier bin ich Gott, vor dir, so wie ich bin –
mit allem, was mich noch beschäftigt von diesem Tag her.
Hier bin ich mit meinen Erfolgen, meinem Scheitern,
meinen ungeklärten Fragen und unerledigten Aufgaben.
Ich lasse dich teilhaben an dem, was gelungen ist
und mich erfreut hat. Ich gebe dir zurück, was
nicht gelungen und unvollendet geblieben ist.
Hilf mir zu sehen, was du mir jetzt zeigen möchtest,
zu hören, was du mir sagen möchtest,
zu spüren, dass du mit mir gehst und bei mir bleibst.
So bin ich jetzt vor dir und kann zur Ruhe finden,
weil ich längst von dir gefunden bin. Amen.

BIBELTEXT LESEN

5 Minuten Zeit nehmen, um über
das Gelesene nachzudenken;
Erklärung hier im Buch lesen

LUTHERS ABENDSEGEN

Das walte Gott Vater, Sohn und Heiliger Geist! Amen.
Ich danke dir, mein himmlischer Vater, durch Jesus Christus,
deinen lieben Sohn, dass du mich diesen Tag gnädiglich
behütet hast, und bitte dich, du wollest mir vergeben alle
meine Sünde, wo ich Unrecht getan habe, und mich diese Nacht
auch gnädiglich behüten. Denn ich befehle mich, meinen Leib
und Seele und alles in deine Hände. Dein heiliger Engel sei mit
mir, dass der böse Feind keine Macht an mir finde.

BIBLISCHES BUCH

KOLOSSER

Wie der Brief an die Römer ist auch der an die Kolosser an Christen geschrieben, die Paulus noch nie gesehen hat (2,1). Im Gegensatz zu Rom geht allerdings die Gemeinde in der heutigen Westtürkei auf die Missionstätigkeit des Apostels zurück. Vom nahe gelegenen Ephesus aus kam mit Epaphras ein Mitarbeiter nach Kolossä, der dort das Evangelium verkündete (1,7). Paulus wendet sich in seinem Brief dagegen, dass die kolossischen Christen „Mächte der Welt" (2,8.20) und „Engel" (2,18) verehren. Vielleicht steckt dahinter eine Auffassung, wie wir sie aus der Astrologie kennen, wonach Gestirne Einfluss auf den Lauf der Welt nehmen. Um mit ihnen nicht in Konflikt zu geraten, hielten sich die Kolosser an bestimmte „Satzungen" (2,20) bezüglich „Speise und Trank oder wegen eines bestimmten Feiertages, Neumondes oder Sabbats" (2,16). Paulus bezeichnet diese Lehren: „Du sollst das nicht anfassen, du sollst das nicht kosten, du sollst das nicht anrühren" (2,21) und nennt sie eine „selbst gewählte Frömmigkeit" (2,23), in der Elemente aus verschiedenen Religionen vermischt wurden. Auf diese falsche Lehre antwortet der Apostel, indem er die Größe Christi hervorhebt. Jesus ist nicht nur der Herr über das All und alle seine Mächte, er ist das „Ebenbild Gottes" (1,15), der Erlöser, der „den Schuldbrief getilgt [hat]" (2,14), das Haupt der Gemeinde. Wer diesen Herrn hat, der muss nicht mehr durch das Befolgen von menschlichen Geboten die jenseitige Welt günstig stimmen. Denn „das alles ist nur ein Schatten des Zukünftigen; leibhaftig aber ist es in Christus" (2,17). Der Kolosserbrief unterstreicht, dass die Erlösung bereits geschehen ist, dass die Christen schon „errettet" sind von der Macht der Finsternis und „versetzt" sind in das Reich Jesu (1,13), dass alle Forderungen Gottes an uns schon „getilgt" sind (2,14). In Christus „wohnt alle Fülle" (Kol 1,19), deshalb ist keine Ergänzung notwendig. Das hat Auswirkungen auf den Lebensstil: Dass man nur dem einen Gott verpflichtet ist, dass man für alles andere „gestorben" ist (3,3), zeigt sich gerade darin, dass das Leben nur noch auf ihn hin ausgerichtet ist, nur noch von ihm geprägt werden soll – nicht aus Angst davor, etwas „falsch" zu machen, sondern aus Dankbarkeit (3,17). Das war eine enorme Ermutigung für die Christen in Kolossä, die offensichtlich Angst hatten, Christus allein könnte die Erlösung nicht bringen, und die es sich deshalb mit niemandem im Jenseits „verscherzen" wollten. Gerade in diesem Brief zeigt sich Paulus als Seelsorger, der die Sorgen seiner Leser ernst nimmt und sie deshalb nicht scharf zurückweist, sondern ermutigt.

Dr. theol. Thomas Weißenborn, Stellvertretender Direktor
Marburger Bildungs- und Studienzentrum, Marburg
E-Mail: thomas.weissenborn@m-b-s.org

KW 17 bearbeitet von Andy Müller,
Referent für Jugendevangelisation beim
Deutschen EC-Verband, 34134 Kassel
E-Mail: andreas.mueller@ec.de

WOCHENSPRUCH
Christus spricht: Ich war tot, und siehe, ich bin lebendig von Ewigkeit zu Ewigkeit und habe die Schlüssel des Todes und der Hölle.
Offenbarung 1,18

AUS ALTER TRADITION WIRD NEUES LEBEN

Lukas 24,1-12

Es ist Sonntagmorgen, als die Frauen sich auf den Weg zum Grab machen. Es wird nicht der fröhliche, unbeschwerte Fußmarsch gewesen sein, sondern eher ein bedrückender und trauriger Weg zum Grab. Sie wollten Jesus mit ihren Ölen balsamieren, so wie es üblich war. Und als sie bei dem Grab ankommen, erleben sie als die allerstersten, dass all das, was Jesus gesagt hatte, die Wahrheit ist. Der Rückweg vom Grab zu den Aposteln und Freunden von Jesus sah bestimmt ganz anders aus als der Weg zum Grab. Da, wo wir dem auferstandenen Jesus begegnen, passiert Veränderung. Dieser Ostermorgen hat alles verändert. Ohne die Auferstehung wäre alles nur eine nette Geschichte. Wie und mit welcher Motivation startest du in diesen Ostersonntag? Gestresst, weil so ein Feiertag richtig Arbeit macht? Traditionell, weil man schon immer Ostern so gefeiert hat? Voller Erwartung? Ich wünsche dir heute eine persönliche Begegnung mit dem auferstandenen Jesus. Eine Begegnung, die dir deutlich macht, dass alles wahr ist. Dass Jesus für dich ans Kreuz gegangen und auferstanden ist. Ich wünsche dir, dass du, wie die Frauen, echte Freude erlebst und begeistert von diesem Osterwunder erzählen kannst.

Das merke ich mir: ______________________

____

____

Bei Gott läuft der TÜV nie ab. Sein Zustand ist immer gut.
Andy Müller

Ostermontag 21

DER BESTE ZUHÖRER

Lukas 24,13-35

Ein 10 Kilometer langer Fußmarsch von Jerusalem nach Emmaus. Viel Zeit, um seinen Gedanken nachzuhängen. Es geht wieder nach Hause für die zwei Jünger von Jesus. Aber sind sie das überhaupt noch? Man kann ja kein Schüler sein von einem, der tot ist. Mit Jesus sind auch ihr Lebensinhalt, alle Hoffnungen, alle Erfahrungen und Erlebnisse der letzten Zeit gestorben (V.19-21). Es bewegt sie sehr, deshalb erzählt Kleopas alles. Warum entdecken die beiden nicht, dass es der auferstandene Jesus ist, der mit ihnen diese Wegstrecke teilt? Sie scheinen blind zu sein. Blind, wie ich es manchmal bin, wenn sich Lebensumstände und Situation anders oder schlechter entwickeln, als ich es gedacht habe. Wenn ich vor lauter Trauer, Sorgen vor der Zukunft, Wut, Verletzungen, Enttäuschungen ... Jesus nicht entdecke. Da geht es mir oft nicht anders. Eigentlich müsste ich es besser wissen. Jesus geht mit. Er lässt nicht nur die Emmaus-Jünger, sondern auch uns auf diesen Lebenswegen nicht allein, sondern ist ein genialer Zuhörer. Jesus möchte sich auch dir heute zeigen. Vielleicht braucht es dazu die Einladung, die die Männer aussprechen, Gelegenheiten, in denen sich Jesus uns zeigt. Oder dass ich Jesus ehrlich erzähle, was mich bewegt.

Das merke ich mir: ________________________________

____

Dienstag 22

ERWEITERTER ZEUGENKREIS

Lukas 24,36-49

Auf Fassungslosigkeit und ungläubiges Staunen reagiert Jesus mit einer ganz menschlichen Frage: „Habt ihr was zu essen für mich?" Ich habe Hunger. Ein absolut menschliches Bedürfnis zeigt den Jüngern, dass Jesus nicht nur ein Geist ist, eine Fata-Morgana oder eine Einbildung. Er ist der auferstandene Herr. Er lebt und damit ist alles echt, was er denen zugesagt hat, die mit ihm leben. Jesus hält vor den Jüngern in den Versen 44 bis 47 eine Mini-Evangelisation und fordert sie heraus. Diese einmalig gute Nachricht, dass Gott Schuld vergeben will und damit der Zugang in seine Gegenwart wieder für jeden möglich ist, muss raus aus diesem Raum. Sie muss in die ganze Welt. „Fangt hier in Jerusalem an!" Und wir? Wir sind heute genauso herausgefordert, weil diese einmalig gute Nachricht heute genauso wichtig ist. Fange da an von dieser Geschichte und von diesem Jesus zu erzählen, wo du bist. Lade andere ein, mit dir zu staunen über das, was Jesus für jeden Menschen getan hat. Werde Teil des erweiterten Zeugenkreises und erzähle von deinen Jesus-Begegnungen. Dabei kannst du dir sicher sein, weil Jesus es versprochen hat: Du bist nicht allein, er selbst, sein Heiliger Geist ist dabei und wird dir zur Seite stehen.

Das merke ich mir: ________________________________

____

Mittwoch 23

EIN ABSCHIED ZUM FREUEN

Lukas 24,50-53

Was für ein Unterschied! Als Jesus vor der Kreuzigung von seinem Abschied geredet hat und auch direkt nach seinem Tod am Kreuz haben Unverständnis, Angst, Trauer und Hoffnungslosigkeit die Oberhand im Leben der Jünger bekommen. Jetzt geht Jesus wieder und was bleibt? Freude und Lobpreis. Was ist anders? Jesus hat den Jüngern mit seiner Auferstehung deutlich gemacht, dass alles, was er ihnen angekündigt hat, wahr ist. Auch, dass er gehen wird, aber sie trotzdem nicht allein sein werden, ist für sie jetzt glaubhaft. Für sie ist das nicht das Ende einer großartigen Ära, sondern der Anfang von etwas Neuem.
Papst Franziskus hat es so formulieret: „Die Himmelfahrt Jesu heißt nicht, dass er Abschied nimmt, sondern dass er auf neue Weise unter uns lebt und jedem von uns nahe ist.“ Die Jünger gehen mit dem Segen von Jesus nach Jerusalem und in der Überzeugung, dass er weiter dabei ist. Dass er auf eine neue Weise mitten unter ihnen ist.
Was hilft dir, diese Überzeugung, dass Jesus nicht sichtbar als Mensch anwesend und trotzdem 100 % bei uns ist, zu deiner Überzeugung zu machen? Wo erlebst du diese Freude, wie die Jünger sie erlebt haben?

Das merke ich mir: ______________________________

____

Donnerstag 24

WER HAT'S ERFUNDEN?

Kolosser 1,1-8

Kennst du noch die etwas ältere Werbung für Schweizer Kräuterbonbons? Da wurde die Frage gestellt: „Wer hat´s erfunden?“, und die Antwort war die Marke der besagten Bonbons. Paulus lobt die Gemeinde Kolossä. Sie wurde von seinem Schüler Epaphras gegründet. Paulus sind einige gute Eigenschaften der Gemeindemitglieder zu Ohren gekommen. Der Glaube, die Liebe und das Erkennen der Wahrheit. Als ich diese Verse gelesen habe, kam mir der Gedanke, dass wir so oft um genau diese Dinge in unseren Jugendarbeiten und Gemeinden „ringen“. Oft überlegen wir, wie wir etwas davon weitergeben oder selbst mehr Liebe und Wahrheit bekommen können. Da werden Konzepte erstellt, Meinungen ausgetauscht und es wird diskutiert. Oft drehen wir uns dabei um uns selbst und verlieren die Menschen um uns herum aus dem Blick. Am Ende des Abschnitts steht ein wichtiger Vers, der mich wachgerüttelt hat: „Er (Epaphras) hat uns auch von der Liebe berichtet, die der Geist Gottes in euch geweckt hat.“ Es sind nicht meine Liebe oder meine Wahrheit, die zählen. Es ist die Liebe, die nur Gott in unser Leben schenken kann, die uns dann befähigt, seine Wahrheit und Liebe weiterzugeben. ER hat´s „erfunden“. Deshalb: Halte an SEINER Liebe fest und ringe um SEINE Wahrheiten.

Das merke ich mir: ______________________________

____

Freitag 25

WENN ES SCHWERFÄLLT?

Kolosser 1,9-14

Gott immer die Ehre geben. Das ganze Leben danach ausrichten, ihm zu gefallen. Das ist eine echte Challenge, die Paulus fordert. Ganz ehrlich: An dieser Aufgabe bin ich schon oft gescheitert. Und nicht selten merke ich in Gesprächen, dass es nicht nur mir so geht. Was mir persönlich hilft, ist das, was Paulus hier in den ersten Versen unseres Abschnittes beschreibt. Er betet für die Menschen in der Gemeinde. Ich weiß von einigen Personen, die das für mich tun und bin sehr dankbar dafür. Im Beten liegt eine unglaubliche Kraft, die wir nutzen sollten. In unserem EC gibt es ein Versprechen, dass die Mitglieder ganz bewusst als ihren Lifestyle leben möchten. Es endet mit den Worten: „Aus eigener Kraft kann ich das nicht." Ich vertraue auf Jesus Christus. Jesus ist der, der uns die Kraft und die Möglichkeit schenkt, eine gute Beziehung zu unserem Papa im Himmel zu leben. Ich allein kann es nicht. Wie gut, wenn es Menschen gibt, die mir helfen, diese Beziehung zu Jesus nicht abreißen zu lassen, sondern aktiv zu gestalten, indem sie für mich beten. Und ich selbst? Ich möchte, weil ich spüre, dass diese Fürbitte mir und meiner Beziehung zu Jesus sehr guttut, auch ein Beter sein für andere. Und du?

Das merke ich mir: ______________________________

____

Samstag 26

GANZ DER VATER

Kolosser 1,15-20

Als Kind und als Papa habe ich die Bezeichnung „ganz der Vater" schon oft gehört. Manchmal hat sie mich stolz gemacht und manchmal habe ich gedacht: „Nein, so bin ich nicht." Das war immer dann der Fall, wenn es um Eigenschaften ging, die ich an meinem Vater eher kritisch gesehen habe, genauso wie meine Kinder oder mein Vater nicht immer mit meinen Verhaltensmustern einverstanden sind und deshalb nicht immer mit dem Satz einverstanden waren oder sind. Die Überschrift unseres Abschnitts könnte genauso heißen: Ganz der Vater. Alles, was wir über Gott wissen, wissen wir durch Jesus. Jesus zeigt uns Gott in seiner ganzen Größe, Macht und seiner Liebe zu uns. Und er ist das Haupt der Gemeinde. Das Oberhaupt – quasi der Vater der Gemeinde. Wie genial wäre es, wenn Menschen über die Gemeinde die Bezeichnung sagen würden: ganz der Vater. Wenn sie in dem, was die Gemeinde ausstrahlt, ein Stück der Liebe Gottes entdecken. Wenn wir ein bisschen von dem, was Gott für uns, die Gemeinde investiert hat, weitergeben würden an die Menschen in unserer Umgebung. Das passiert dann, wenn wir uns ganz an unserem Vater orientieren und unser Tun von ihm prägen lassen.

Das merke ich mir: ______________________________

____

KW 18 bearbeitet von Klaus Göttler,
EC-Generalsekretär, 34134 Kassel
E-Mail: generalsekretaer@ec.de

GOTT SEI DANK – WEM SONST?

Psalm 116

Da hat einen die Not hart getroffen. In lebensbedrohlicher Lage hat er sich an Gott gewandt und erlebt: Er hat mich gehört (V.2). Gott hat ihm geholfen (V.6) und ihn aus der Lebensgefahr gerettet (V.8). Dennoch sind die Blessuren deutlich zu spüren. In seiner Not ist der Beter manchmal übers Ziel hinausgeschossen (V.11). Doch in seiner größten Not, in der er sich von allen Menschen verlassen sah, hat er die Erfahrung gemacht: Auf Gott ist Verlass. Nun fasst er neues Vertrauen und stimmt ein Danklied an für alles Gute, das Gott getan hat (V.17). Danken hilft, um nach einer Krise wieder nach vorn schauen zu können und nicht zu verbittern. Der Beter erneuert sein Versprechen, Gott treu zu sein (V.13+17). Es ist der Refrain dieses Liedes. Der Beter will im engen Kontakt mit Gott bleiben, sich ihm versprechen und das auch in der Öffentlichkeit bezeugen. Ich erinnere mich, dass ich als Kind mit meiner Oma unterwegs war und fast vor ein Auto gelaufen wäre. Das Erste, was meine Großmutter machte: Sie ging mit mir in eine Kirche und dankte für die Bewahrung durch Gott. Das ist mir eindrücklich im Gedächtnis geblieben. Für heute: Wofür bin ich Gott dankbar? Was möchte ich ihm versprechen? Wo will ich ihn bezeugen?

Das merke ich mir: ______________________

____

____

MONATSSPRUCH MAI

ZU DIR RUFE ICH, HERR; DENN FEUER HAT DAS GRAS DER STEPPE GEFRESSEN, DIE FLAMMEN HABEN ALLE BÄUME AUF DEM FELD VERBRANNT. AUCH DIE TIERE AUF DEM FELD SCHREIEN LECHZEND ZU DIR; DENN DIE BÄCHE SIND VERTROCKNET.

Joël 1,19-20

Die Jahreslosung ermutigt mich, weder ängstlich noch leichtsinnig unterwegs zu sein, um das zu bewahren, was in Gottes Augen gut ist für mich und andere.

Klaus Göttler

WOCHENSPRUCH

Gelobt sei Gott, der Vater unseres Herrn Jesus Christus, der uns nach seiner großen Barmherzigkeit wiedergeboren hat zu einer lebendigen Hoffnung durch die Auferstehung Jesu Christi von den Toten.

1. Petrus 1,3

Montag **28**

Makellos und tadellos!

Kolosser 1,21-23

In einem atemberaubenden Lobpreis bestaunt Paulus die Rettung des gesamten Universums durch Jesus (V.15-20). Jetzt fällt der Spot auf die Gemeinde in Kolossä: Das, was der ganzen Welt gilt, gilt auch euch! Ihr hattet mit dem Glauben nichts am Hut und wart der ganzen Sache gegenüber kritisch bis feindlich eingestellt. Doch jetzt profitiert ihr vom Tod Jesu. Er hat euch versöhnt! Durch ihn steht ihr vor Gott, so als hättet ihr nie etwas Unrechtes getan. Jesus hat alles auf sich genommen und den Platz mit uns getauscht. Wir können Gott in die Augen schauen ohne schlechtes Gewissen oder Schuldgefühle. Er hat uns „makellos" (V.22) gemacht! Ein starkes Wort, das Luther in seiner Übersetzung gebraucht. „Unschuldig", so könnte man es aus dem Griechischen übersetzen. Jesus macht sich zum Schuldigen, damit wir unschuldig sind. Ein krasser Wechsel. Die einzig angemessene Folge ist es, an Jesus festzuhalten, ihm zu glauben und hoffnungsvoll mit ihm durchs Leben zu gehen. Es braucht kein Zusatzprogramm, das einige Irrlehrer den Kolossern liebend gerne auferlegt hätten. „Allein durch Glauben" – das ist der Schlüssel. Für heute: Wo bin ich gefährdet, anderen und mir selbst irgendwelche Regeln aufzuerlegen? Wie stabil ist mein Fundament?

Das merke ich mir: ______________________________

____

Dienstag **29**

Prügel für Jesus

Kolosser 1,24-29

Während ich diese Zeilen schreibe, brennen in Pakistan 120 Kirchen und werden deren Mitglieder von einer aufgebrachten Bevölkerung bedroht. Christen erleiden Unrecht und Not aufgrund ihres Glaubens. Das hat Paulus erlebt und das erleben viele Christen auch heute. Das Leiden Jesu als Sühne muss zwar nicht ergänzt werden, aber wir sind in eine Schicksalsgemeinschaft mit Jesus gestellt und das kann bedeuten, dass wir leiden, wie er gelitten hat. Darauf weist Jesus selbst hin (Joh 15,20ff). Paulus nimmt dieses Leiden an. Er kann sich sogar in diesem Leiden freuen (V.24), weil er weiß, dass es nicht vergeblich ist. Durch ihn finden andere Menschen zu Christus und werden im Glauben ermutigt. Paulus dient der Gemeinde Jesu mit Leib und Leben, selbst wenn beides bedroht wird. Es ist für ihn ein Vorrecht, das größte Geheimnis der Menschheitsgeschichte auszuposaunen: Gott liebt jeden Menschen. Und Gott ist nicht nur bei uns. Er ist in uns (V.27). Gott kommt mit seiner Herrlichkeit und Hoffnung in mein bescheidenes Leben und verändert es. Doch das ist kein Exklusivangebot. Gott will alle und er will in allen leben und seine Hoffnung verbreiten. Für heute: Wer braucht heute in meinem Umfeld ein Hoffnungszeichen?

Das merke ich mir: ______________________________

____

JESUS IST GENUG

Kolosser 2,1-5

30 Mittwoch

Paulus steigt nicht nur für die Kolosser in den Ring. Auch die Christen in Laodicea brauchen offensichtlich seine Unterstützung. Sie sind ebenfalls von den Irrlehrern bedroht, die den jungen Christen weismachen wollen, dass Jesus allein nicht ausreicht. Das ist das typische Prinzip einer Sekte: „Jesus und ..." Bis heute ist davon die Gemeinde bedroht: Jesus reicht nicht aus. Du musst bestimmte Regeln befolgen. Nur so kommst du zur ganzen Fülle! Paulus stellt sich dem klar entgegen. Er macht deutlich, dass in Jesus Christus alles da ist, was wir brauchen (V.3). Jesus braucht keine Ergänzung! Die Irrlehrer scheinen ihre Chance zu wittern, weil Paulus nicht in Kolossä ist. Doch auch, wenn er nicht vor Ort ist, so ist er doch im Geist mit ihnen verbunden (V.5). Wir brauchen als Gemeinde diese Verbindung nach „außen", um nicht betriebsblind zu werden. Manchmal sind die Bedrohungen leichter zu erkennen, wenn jemand von außen drauf schaut. So scheint es bei den Kolossern zu sein. Es läuft nicht alles falsch (V.5). Aber die Bedrohung ist da und Paulus hat alle Hände voll zu tun, dass die Kolosser nicht den verführerischen Reden der Irrlehrer verfallen. Für heute: Wo bin ich gefährdet, Jesus um Regeln ergänzen zu wollen?

Das merke ich mir: ____

____

CHRISTUS IN MIR

Kolosser 2,6-10

1 Donnerstag

Unzufriedenheit und Undank öffnen der Irrlehre Tor und Tür. Deshalb ermutigt Paulus die Kolosser zu einem dankbaren Lebensstil. Glaube an Jesus hat Folgen. Wenn Christus in uns am Wirken ist, dann hat das Auswirkungen. Er ist unser Lebensfundament. Wir schlagen Wurzeln bei ihm (V.7) und lassen seinen Lebenssaft durch unsere Adern strömen. Das bedeutet „Christus in uns". „In ihm" – das ist das große Credo des Kolosserbriefes. Um diese dauerhafte Verbindung geht es. Wir können dankbar empfangen und staunen, was Jesus in unserem Leben bewirkt und verändert. Wenn wir dankbar leben können, ist das der beste Schutz vor Lehren und Weisheiten, die zwar gut klingen, aber am Ende doch ins Leere laufen. Paulus ermahnt uns, dass wir diesen attraktiven, aber irreführenden Stimmen nicht erliegen. Er führt die Kolosser immer wieder zum Zentrum: Vers 9. Jesus ist nicht ergänzungsbedürftig. In ihm haben wir Anschluss an den lebendigen Gott. „Wer mich sieht, sieht den Vater" (Joh 14,9). Mehr brauchen wir nicht. Er erfüllt uns. Und diese Erfüllung macht zufrieden und dankbar. Für heute: Wo sehne ich mich nach mehr Erfüllung? Was ist die Ursache dieser Sehnsucht?

Das merke ich mir: ____

____

Freitag **2**

BEZAHLT!

Kolosser 2,11-15

Viele Menschen erleben es derzeit hautnah: Ein Schuldschein kann unerbittlich sein. Wenn die Forderungen meine finanziellen Möglichkeiten übersteigen, habe ich ein dickes Problem. Dann brauche ich Hilfe. Schulden können einen erdrücken. Das gilt umso mehr für die Schulden, die Paulus hier anspricht (V.14). Wie werde ich meine Schuld los? Diese Frage hat Menschen zu allen Zeiten beschäftigt. Durch Philosophien, Religionen und Selbstkasteiung suchen Menschen nach Entlastung. Doch diese Schulden kann ich nicht selbst abtragen. Deshalb ist Vers 14 pures und äußerst verständliches Evangelium: Der Schuldschein ist zerrissen! Es steht ein Stempel drauf: Bezahlt! Jesus hat sich um die Sache gekümmert und ist für uns eingetreten. In der Auseinandersetzung mit den Irrlehrern bringt es Paulus auf den Punkt: Da hilft keine Beschneidung und nichts. Jesus ist nicht nur der Schuldnerberater, sondern er ist der Schuldenträger. Die Mächte, die uns gerne unsere Schuld weiterhin nachhalten würden, stellt Jesus öffentlich bloß. Wir lassen uns nicht mehr einschüchtern und kleinhalten: Es ist bezahlt! Für heute: Wo kann ich Schuld nicht loslassen, weil ich denke, dass die Rechnung noch offen ist?

Das merke ich mir: ____

____

Samstag **3**

ENTSPANNT GLAUBEN

Kolosser 2,16-23

Nun wird Paulus konkret: Speisevorschriften, Feiertagsregelungen, Engelverehrung, Sonderlehren – mit diesem Mix aus jüdischer Tradition und esoterischem Gedankengut wollten die Irrlehrer die Gemeinde auf ihre Seite ziehen. Manche dieser Vorschriften und Regeln hatten durchaus einen biblischen Bezug und klangen vertraut. Doch Paulus begegnet diesen erneuten religiösen Fesseln mit einer scharfen Gegenrede: Lasst euch nicht durcheinanderbringen und schmälert nicht, was Jesus für euch getan hat (V.16+18). Er erteilt den Forderungen der Irrlehrer eine klare Absage. Je mehr wir Jesus aus dem Blick verlieren, desto attraktiver werden menschliche Regeln und Lehren (V.20-22). Sie treten an die Stelle des Hauptes, um im Bild des menschlichen Körpers zu sprechen, das Paulus gerne gebraucht (vgl. 1. Kor 12). Für viele Menschen sind diese Regeln durchaus attraktiv. Sie wirken fromm und demütig (V.23), aber sie sind im Kern doch eine menschliche Ersatzversion des göttlichen Evangeliums. Paulus ruft uns auf zu einem entspannten und fokussierten Glauben. Wenn wir Jesus vor Augen haben, sind wir weniger anfällig für fromm angestrichenen Ersatz. Für heute: Gibt es Menschen, die mir durch Vorschriften Druck machen?

Das merke ich mir: ____

____

KW 19 bearbeitet von Thomas Kamm,
Geschäftsführer im EC-LV Sachsen-Anhalt,
39340 Haldensleben
E-Mail: thomas.kamm@ecsa.de

UNTERWEGS MIT GOTT 1

Psalm 23

Du kennst den Psalm vermutlich auswendig. Die beschreibenden Bilder und treffenden Vergleiche aus dem Hirtenleben sind dir bestimmt vertraut, selbst wenn du kein Dorfkind warst. David, der selbst mal den Beruf des Hirten gelernt hat, wechselt die Rolle. Er beschreibt sich als Schaf und dichtet dieses Bekenntnis zu einem Loblied für seinen Hirten. Egal, ob er auf saftigen Weiden oder in beängstigenden Tälern unterwegs ist (beides berichtet uns die Bibel): In jedem Vers wird deutlich, dass er mit Gott unterwegs ist und ihm in jeder Situation vertraut. Auf welcher Etappe bist du gerade? Läuft es bei dir? Oder bist du ganz unten und fragst dich, wie du aus dem finsteren Tal wieder rauskommen sollst? Erlebst du, dass Gott an deiner Seite ist? Genießt du seine Fürsorge, seine Vorsorge, seine liebevolle und gute Führung oder fällt es dir gerade schwer, die Gegenwart, Liebe und Güte Gottes zu erkennen? Wie David möchte ich alle Tage meines Lebens – die schönen und die schweren – mit Gott leben. Jesus soll mein guter Hirte sein (Joh 10,11). Auf ihn will ich hören, ihm vertrauen und gehorchen. Er soll bestimmen, weil ich weiß, dass er mich gut zum Ziel führt und bei ihm in der Ewigkeit ein Platz für mich ist. Für dich übrigens auch!

Das merke ich mir: ______________________

____

____

4 Sonntag

Lied: FJ6! Nr. 92

WOCHENSPRUCH

Christus spricht: Ich bin der gute Hirte. Meine Schafe hören meine Stimme, und ich kenne sie und sie folgen mir; und ich gebe ihnen das ewige Leben.
Johannes 10,11a.27-28a

Meckern ist aktuell und einfach. Ich will lieber prüfen, statt meckern. Ich möchte ein „Gut-Messi" sein.
Thomas Kamm

5 „RICHT' EUCH!" Kolosser 3,1-4

Montag

Dieser Befehl ist aus meinem NVA-Wehrdienst hängen geblieben. Wenn man einigermaßen geordnet stehen und den richtigen Standpunkt finden wollte, musste man sich ausrichten. Auf Kommando gingen alle Köpfe in dieselbe Richtung. Dadurch sah man, wo Korrektur nötig war. Paulus war kein Soldat, aber er gibt uns durch Gottes Geist geleitet diesen Befehl. Richte dein Augenmerk, deine Aufmerksamkeit, deine Konzentration nicht auf dich selbst. Auch nicht auf die sichtbaren Dinge um dich herum. Schau vielmehr auf Jesus und richte dich nach ihm aus. Wenn du das versuchst, wirst du ganz selbstverständlich auch Gott erkennen. „Wer mich sieht, der sieht den Vater", sagt Jesus schließlich in Johannes 14,9. In der Fahrschule lernte ich, dass ich bei anderen Autos nicht in deren Lichtstrahl gucken soll, damit ich nicht dorthin lenke. „Worauf wir sehen, darauf halten wir zu", sagte mein weiser Fahrlehrer. Wer auf Jesus blickt, hält auf ihn zu. Wenn du dich auf ihn konzentrierst, wirst du das tun, was seinem Willen entspricht und lassen, was ihm nicht gefällt. Das macht dich nicht zum „Hans-guck-in-die-Luft", sondern zu jemandem, der oder die den richtigen Standpunkt hat und genau weiß, worauf es gerade und erst recht am Ende wirklich ankommt.

Das merke ich mir: ______________________________

____

6 KLAMOTTENTAUSCH 1 Kolosser 3,5-11

Dienstag

Am Ende des gestrigen Textes ging es um die Teilhabe an Gottes Herrlichkeit. Mit derselben sind einige Verhaltensweisen unvereinbar. Paulus macht keine vollständige Aufzählung und wahrscheinlich fallen dir noch weitere Ergänzungen ein. Was habe ich heute gedacht, gesagt oder getan, was so überhaupt nicht zu meinem Herrn passt? Wo muss ich ihn um Vergebung und um Hilfe für den „Kleiderwechsel" bitten? Paulus benutzt dieses Bild: Lege die alten, schmutzigen, unangemessenen Kleidungsstücke ab. Das kann zwar etwas peinlich werden – je nach Ort und Zuschauersituation, ist aber relativ einfach (zumindest bei mir, weil ich keine hautengen Jeans, Leggins oder T-Shirts trage). Diese alten Klamotten kann man leicht entsorgen. Ungleich mehr Probleme habe ich damit, meine alten Verhaltensmuster zu verlassen und die Gewohnheiten des „alten Thomas" täglich abzulegen. Selbst wenn ich mir das gerade eben fest vorgenommen habe und mir das vielleicht sogar stellenweise gelungen ist, sieht es im nächsten Moment ganz anders aus – von morgen ganz zu schweigen. Es war, ist und bleibt meine tägliche Herausforderung. Weißt du, was ich meine? Geht es dir ähnlich? Dann lass uns fortan immer dann, wenn wir irgendwas ausziehen, an Kolosser 3,9 denken!

Das merke ich mir: ______________________________

____

KLAMOTTENTAUSCH 2

Kolosser 3,12-17 **7** Mittwoch

„Was soll ich nur anziehen?" Der Farb- und Stilberater Paulus, der uns gestern zum Ablegen von Gewohnheiten aufgefordert hat, die nicht zu Jesus und seiner Herrlichkeit passen, wiederholt heute seine Kleidungsempfehlung. Wozu er uns dabei rät, steht jeder und jedem von uns. Es passt zu dir und mir, weil es genauso aussieht wie bei Jesus (die Aufzählung der Wesensmerkmale entspricht exakt ihm). Diese „Jesus-Uniform" hat uns Gott mit viel Liebe genial auf den Leib geschneidert. Sie ist in unserer individuellen Größe vorhanden, wird nie zu weit oder zu eng und ist auch nie out. Allerdings reicht es auch hier nicht, sich einmal dafür entschieden zu haben. Die Entscheidung für die „Jesus-Uniform" muss jeden Tag neu getroffen werden. Wie wäre es deshalb, wenn wir Jesus bei jedem Anziehen ganz bewusst darum bitten, dass seine Liebe in und durch uns sichtbar wird? Und dann empfiehlt uns Paulus noch einige „Accessoires": von Jesus geschenkter Frieden im Herzen passt perfekt dazu. Der in Gottes Wort gegenwärtige Jesus als Mitbewohner ebenfalls. Und ein Lob- und Danklied auf den Lippen für das neue Outfit, auch das steht uns. Also egal, was und wo wir reden oder handeln: Der Markenname Jesus soll deutlich erkennbar sein.

Das merke ich mir: ________________________________

____

UNTERWEGS MIT GOTT 2

Kolosser 3,18-4,1 **8** Donnerstag

Paulus zeigt uns heute, wie man mit Blickrichtung Ewigkeit im neuen Jesus-Outfit konkret unterwegs ist. Er fordert zu einem Verhalten auf, das so gar nicht in die Welt und erst recht nicht in unsere Zeit zu passen scheint (bei Vers 18 bräche der Shitstorm der Feministinnen und Genderfreaks los, bei Vers 20 würden Kinder, Jugendliche und nicht zuletzt die Pädagogen steil auf die Barrikaden gehen und spätestens bei den Worten Sklaven und Herren hätte er den Rest der Bevölkerung gegen sich). Paulus scheint das egal zu sein, was andere tun oder davon halten. Er fordert in Federführung des Heiligen Geistes alle, die zu Jesus gehören, zu einem angemessenen Verhalten auf und heraus. Zu welcher Personengruppe gehörst du? Wie sieht das angemessene Verhalten von Jesus-Nachfolgern bei dir heute ganz konkret aus (egal, was andere dazu sagen oder darüber denken)? Vielleicht merkst du, dass das in den alten Klamotten nicht funktionieren wird. Gott sei Dank stattet uns Jesus jedoch mit einer neuen „Arbeitskleidung" aus. Dabei ist es egal, was du tust, wo oder wie du dein Geld verdienst oder deine Zeit verbringst: Tu es mit ganzem Herzen und mit Leidenschaft! Tu es mit einer dienenden Einstellung für Jesus, deinen HERRN!

Das merke ich mir: ________________________________

____

Freitag **9**

DU HAST GUT REDEN!

Kolosser 4,2-6

Gestern ging es um das Tun. Heute zeigt uns Gott durch sein Wort, was und wie man redet, wenn man mit Jesus lebt. Dabei geht es um den Dauerbrenner Gebet – also das Reden mit Gott. Kontinuierlich und wachsam soll es sein. Wer von uns ist nicht schon beim Beten eingeschlafen? Es geht jedoch wohl mehr darum, dass wir auf unsere Gebetsinhalte und -anliegen achten sollen. Und das aus einer dankbaren Haltung heraus – nicht nur für uns, sondern ganz besonders für diejenigen, die das Evangelium verkündigen und die um ihres Glaubens willen verfolgt oder eingesperrt sind. Lasst uns darin nicht müde oder nachlässig werden und Gott voll Vertrauen beim Wort nehmen! Danach thematisiert Paulus die Kommunikation mit anderen. Diese soll – besonders bei Nichtchristen – in Weisheit und Liebe freundlich sein – keinesfalls geschmacklos. Gut gesagt, Paulus, aber wenn du wüsstest, wie der oder die (Kommilitone / Kollege / Nachbar – Nichtzutreffendes bitte streichen) zu mir ist! Und Paulus so? „Lies doch nochmal Kolosser 3,17!“ Und dann noch die Herausforderung von Vers 5. In wie vielen Situationen werde ich auch heute wieder nicht wissen, was ich sagen oder antworten soll? Auch hier liegt für mich der Schlüssel im wachsamen Gebet. Komm, wir beten.

Das merke ich mir: ______________________________

____

Samstag **10**

GRUẞREICHER SCHLUSS

Kolosser 4,7-18

Als Gemeinschaftskind bin ich mit den obligatorischen Grüßen groß geworden. Bis heute kann ich es nicht lassen, jede Mail, jeden Brief (und fast jede WhatsApp-Nachricht) mit persönlichen Grüßen zu versenden. Paulus hat das auch gemacht. Der schrieb nicht einfach „MfG“ drunter. Es fällt auf, wer da alles grüßt und wer da alles gegrüßt wird. Dabei ist das Grußwort nicht die moderne Form der Christenverfolgung (wie es mitunter augenzwinkernd behauptet wird), sondern ein inniges Zeichen der Anteilnahme und der Verbundenheit. Wie gut, dass wir nicht allein unterwegs sein müssen, sondern dass Gott uns selbst begleitet und uns Brüder und Schwestern an die Seite stellt, die zusammen mit uns auf dem Weg sind! Das Grußwort an Epaphras, den Gebetskämpfer in Vers 12, fällt besonders auf. Der ringt mit seinen Gebetsanliegen ständig mit Gott. Das Glaubenswachstum seiner Glaubensgeschwister und das perfekte Erkennen des Willens Gottes sind ihm ein tägliches und heftiges Anliegen. Ein gutes Vorbild für uns, oder? Der persönliche Gruß an Archippus in Vers 17 ist mir wichtig geworden. Was Paulus da seinem Mitstreiter schreibt, möchte ich gerne auch auf mich und dich beziehen. Achten wir die und achten wir auf die, die gemeinsam mit uns unterwegs sind!

Das merke ich mir: ______________________________

____

BIBLISCHES BUCH

JOEL

Ziel des Buches: Die Menschen von Juda vor Gottes Gericht, das aufgrund ihrer Sünde bevorsteht, zu warnen und sie aufzufordern, sich wieder Gott zuzuwenden. Verfasser des Buches ist Joel, Sohn des Petuël. Datiert werden kann das Buch auf die Zeit, in der Joëls Dienst als Prophet vermutet wird, etwa zwischen 835–796 v. Chr. Hintergrund des Buches: Die Menschen aus dem Südreich Juda waren wohlhabend und selbstzufrieden geworden. Sie betrachteten Gott als Selbstverständlichkeit, wurden dadurch ichbezogen und wandten sich dem Götzendienst und der Sünde zu. Joël warnt sie, dass dieser Lebensstil unweigerlich Gottes Gericht nach sich ziehen würde.

ÜBERSICHT über das Buch

1. Der Tag der Heuschrecken (1,1–2,27)
2. Der Tag des Herrn (3,1–4,21)

Seit dem Garten Eden (vgl. 1. Mose 3) versuchen wir, selbstständig und ohne Gott zu leben, als ob wir Götter wären und unser Schicksal in der Hand hätten. Und Gott hat unseren Widerstand zugelassen. Aber bald wird der Tag des HERRN kommen.

Von diesem Tag spricht der Prophet Joël und er ist auch Thema seines Buches. An diesem Tag wird Gott alle Ungerechtigkeit und allen Ungehorsam richten.

Wir wissen nur wenig von Joël – lediglich, dass er ein Prophet und der Sohn von Petuël war. Er lebte möglicherweise in Jerusalem, weil seine Botschaft sich an Juda, das Königreich im Süden, richtet. Wer auch immer er war, Joël spricht, ohne ein Blatt vor den Mund zu nehmen und voller Überzeugung in diesem kurzen und packenden Buch. Seine Botschaft beinhaltet schlimme Prophezeiungen und Warnungen, aber sie ist auch voller Hoffnung. Joël stellt fest, dass unser Schöpfer, der allmächtige Richter, auch gnädig ist, und dass er alle segnen will, die ihm vertrauen.

Er beginnt mit der Beschreibung einer schrecklichen Heuschreckenplage, die das Land bedeckt und die Ernte auffrisst. Die Verwüstung, die diese Tiere hinterlassen, ist lediglich ein Vorgeschmack des kommenden Gottesgerichtes, des „Tages des Herrn". Deshalb fordert Joël die Menschen auf, sich von ihrer Sünde abzukehren und sich wieder Gott zuzuwenden.

In dieser Botschaft des Gerichtes und der Notwendigkeit, Buße zu tun, steckt gleichzeitig die Bekräftigung der Freundlichkeit Gottes und des Segens, den er all seinen Nachfolgern verspricht.

Beim Lesen dieses Buches erhalten wir einen Eindruck von Joëls Vision von der Stärke und der Macht Gottes und von Gottes letztem Gericht über die Sünde. Wir werden aufgerufen, uns dafür zu entscheiden, ihm zu gehorchen und Gott allein als unseren erhabenen Herrn anzubeten!

Zusammengestellt von Steffi Pfalzer

APOSTELGESCHICHTE

Die Apostelgeschichte ist ein Buch, in dem viel passiert: Zeichen und Wunder, tragische Todesfälle, denkwürdige Predigten, politische Verwicklungen und in all dem hat Lukas eine Absicht: Er will über den Lauf des Evangeliums Bericht erstatten. Der Ausgangspunkt war in Lukas 1 und 2 der Tempel, das Zentrum des alten Bundes. Das Ziel ist mit Apostelgeschichte 28 erreicht: Die Botschaft vom Gekreuzigten ist im Zentrum der damaligen Welt, Rom. Selbst Hindernisse, Rückschläge, Intrigen und sogar Hinrichtungen können dies nicht aufhalten. „Der Siegeslauf der Guten Nachricht" – so könnte man die Apostelgeschichte auch nennen. Gottes Geist besitzt wirklich verwandelnde Kraft: Aus Jüngern, die sich schüchtern hinter Schloss und Riegel verschanzen, werden mutige Zeugen; einer der erbittertsten Gegner, der viele Jesusleute auf dem Gewissen hat, gerät in eine Lebenskrise und wird zum größten „Missionar" der Christenheit. Apostelgeschichte 1,8 ist dabei Inhaltsangabe und Programm des Buches: „Wenn der Heilige Geist auf euch herabkommt, werdet ihr Kraft empfangen. Dann werdet ihr meine Zeugen sein – in Jerusalem, in ganz Judäa und Samarien und bis ans Ende der Erde. (BasisBibel) Dabei gliedert sich der Aufbau im Einzelnen so:

Kap. 1-2: Wie der Heilige Geist aus verschüchterten Jüngern unerschrockene Zeugen macht.

Kap. 3-7: Wie aus Einzelnen eine Gemeinde in Jerusalem wird.

Kap. 8-15: Wie das Evangelium die kulturellen Grenzen Israels überschreitet.

Kap. 16-21: Wie das Evangelium die Welt erobert.

Ab der Mitte des Buches gewinnt man den Eindruck, es handle sich um eine Paulusbiografie. Er steht ganz im Mittelpunkt. Lukas berichtet, was er tat und sagte, mit wem er zusammenarbeitete und auch, wie er wieder und wieder vom Tode gerettet wurde. Endlich ist Paulus, der Weltenmissionar, in Rom, und nun erwartet man, dass über seinen weiteren Werdegang berichtet wird. Aber für Lukas ist das der Höhepunkt, dass mit dem Weltenmissionar Paulus das Evangelium im Zentrum des heidnischen Imperiums ankam. Damit endet das Buch.

Zum Weiterdenken:

Gott bezieht Menschen mit ein, um seine Liebe weiterzutragen. Nicht funktional, sondern personal. – Betet während des Lesens der Apostelgeschichte immer wieder für Missionare, Evangelisten und geistliche Leiter, dass sie nicht durch Rückschläge oder persönliche Anfeindungen resigniert aufgeben, sondern Gott sie jeden Tag neu als seine Zeugen ermutigt.

Johannes Wegner
Pfarrer in Wurmberg und Neubärental
E-Mail: Johannes.wegner@elkw.de

KW 20 bearbeitet von Pierre Scherwing,
Mitarbeiter für junge Erwachsene im
Kirchenbezirk Bautzen-Kamenz,
01900 Großröhrsdorf
E-Mail: pierre.scherwing@gmx.de

BIST DU VOR- ODER ZERRBILD?

Psalm 45

Ein königliches Hochzeitslied? Sicherlich fern unserer Lebensrealität. Dennoch, die Schätze der Bibel erschließen sich manchmal erst, wenn wir dranbleiben. Mit den schönsten und schillerndsten Eigenschaften wird uns hier ein König vor Augen gemalt. Ein Superheld und Vorbild! Stell dir vor, dieser Psalm beschreibt dein Leben: weise Worte (V.3), herzergreifende Taten (V.6), Werte, nach denen sich Menschen sehnen und Menschen, die Gott liebt (V.8).Natürlich darf auch gute Musik (V.9) in deinem Umfeld nicht fehlen. Viele junge Menschen wollen in ihrem Leben etwas mit Sinn und gutem Einfluss tun. Dieser Wunsch ist weder selbstsüchtig noch egoistisch. Unser Leben darf und soll Früchte tragen, so wie der König stolz auf seine Kinder ist (V.10-17). Doch so perfekt wie hier alles im Psalm steht, gleicht mein Leben doch eher einem Zerr- als einem Spiegelbild. Doch Rettung naht: Wir sind in diesem Bild keine Könige, sondern Königskinder. Nur Jesus erfüllte diesen Psalm perfekt. Aber im Vertrauen zu ihm können wir Tag für Tag dazulernen, z. B. im Gebet: Was möchtest du besser können? Stehen Kämpfe an? Oder welcher noch so kleine Anlass wäre es Wert, in dieser Woche gefeiert zu werden? Damit andere, auch durch uns, Jesus kennenlernen (V.18).

Das merke ich mir: ____________________

____

____

WOCHENSPRUCH

Ist jemand in Christus, so ist er eine neue Kreatur; das Alte ist vergangen, siehe, Neues ist geworden.
2. Korinther 5,17

Was für ein Vorschlag gegen den Pessimismus in unserer Zeit. Denn was Gott tut, ist gut. Dafür möchte ich offen sein. Auch, wenn etwas neu und ungewohnt scheint.
Pierre Scherwing

Montag **12**

VON DEN PLAGEN ZUM KLAGEN

Joel 1,1-20

Und auf einmal sind wir mittendrin in der Geschichte. Stell dir vor, du stehst mitten in diesem Szenario. Heuschrecken zerstören in mehreren Schüben das ganze Land. Wirklich nichts ist mehr gut. Fröhliche Menschen suchst du vergebens (V.12). So tiefgreifend ist das Leid über Land und Leute gekommen. Joel erklärt nicht, warum alles so passiert ist. Die Menschen damals dachten die bisherigen Geschichten ihres Volkes immer mit (V.2-3). Und schon einmal hatte Gott ein Land durch Heuschrecken gestraft (2. Mose 10). Damals hatte Gott so seine Leute aus Ägypten gerettet und ihnen den Weg in die Freiheit gezeigt. Aber nun richtet sich die Plage gegen sie. Gott selbst spricht durch Joel (V.1) und Joel will wachrütteln. Die Menschen sollen klagen und sich mit ihrem Leid an Gott wenden. Denn der „Tag des HERRN" kommt. Das ist sein großes Thema. Gott wird einmal alle Menschen zur Rechenschaft ziehen. Mich stellt das auf den Prüfstand. Auch als erretteter Christ werde ich mich vor Gott für mein Leben verantworten müssen. Joel warnt. Und Warnhinweise können retten, z. B. mit riesigen roten Pfeilen vor steilen Kurven, über die man sonst hinausschießen würde. Wenn du willst, bitte Gott heute, dir zu zeigen, wo du auf dem Irrweg unterwegs bist.

Das merke ich mir: ______________________________

____

Dienstag **13**

WENN GOTT NOCH MÄCHTIGER IST

Joel 2,1-11

Wie der schrille Ton der Katastrophen-App klingen Joels Worte. Als wären die bisherigen Szenen nicht schon schlimm genug, wird es nun noch krasser. Aus Heuschreckenherden werden todbringende Armeen. Als Bewohner dieser Stadt muss es einem die Kehle zuschnüren bei all dem Feuer, der Dunkelheit und der Angst. So schrecklich ist der Tag des HERRN. Ein Flächenbrand aus Zerstörung und Chaos. Das genaue Gegenteil zum Garten Eden (V.3). Mehr verkehrte Welt geht gar nicht. Und dann mutet uns Joel noch mehr zu: Gott ist nicht etwa entsetzt. Nein. Joel beschreibt Gott als Anführer dieser Schreckensszenarien. Gut so: Die Welt, so kaputt sie auch sein mag, ist Gott nicht aus der Hand geglitten. Nicht der Zufall oder der Mensch werden sie zum Ende bringen, sondern Gott allein. Ein erschreckendes, aber auch ein starkes Bild. Dabei hallt Vers 11 bei mir nach. Wenn Kriegsbilder sprachlos machen, hat Gott die Sprache nicht verloren. Gott handelt, indem er spricht. So bewegt er Engelsfüße und Menschenherzen. Durch Jesus weiß ich, dass Gott mich nicht vernichten will. Dann ist es doch auch gut, wenn seine Worte mich treffen und ihre Wirkung entfalten können. Lass dich also treffen: durch Bibelverse und Predigten, im Hören auf Jesus und Menschen.

Das merke ich mir: ______________________________

____

WEIL UMKEHR EIN STARKES ZEICHEN IST

Joel 2,12-17

Mittwoch **14**

Moment mal! Bin ich in der Zeile verrutscht? Gott vergibt? Rückblick: All die dunklen Bilder der letzten Tage zeigen, wie schrecklich die Welt ohne Gott wird. Genau das meint Sünde. Die Welt wird hässlich und dunkel, bis keiner mehr was zu lachen hat. Daran sind wir Menschen schuld, in Familien und Firmen, in Klassenzimmern und Kirchen. Damals und heute. Gott sieht das und leidet. Aber anstatt uns zu zerstören, wirbt ER für einen Neuanfang. Gott ringt um uns und unsere Herzen. Denn in uns muss es neu werden, damit es um uns herum neu werden kann. Das Zerreißen der Kleider war damals das übliche Zeichen für Trauer, Schuldeingeständnis und den Wunsch zur Veränderung. Ein großes Zeichen in einer Zeit, in der du Klamotten nicht einfach für ein paar Euro kaufen konntest. Dass es aber nicht nur ein äußeres Problem ist, macht Vers 13 deutlich. In das offene Herz soll diese gute Botschaft fallen: Gott drückt nicht einfach ein Auge zu. Mit derselben Kraft, mit der Gott die Welt zerstören kann, räumt er die Schuld aus dem Leben aller, die ihn von Herzen um Vergebung bitten. Joel ruft dafür alle Menschen zusammen. An wen könntest du dich wenden, um loszuwerden, was dir auf dem Herzen liegt? Egal was ist, Gott ist geduldig und gütig mit dir.

Das merke ich mir: ______________________________

____

LEIDENSCHAFTLICH FÜR LAND UND LEUTE

Joel 2,18-27

Donnerstag **15**

„Da will ich noch mal gnädig sein“, so die Politesse etwas gönnerhaft zu mir, als ich aus dem Supermarkt stürme und ihr versichere, nur kurz die Parkuhr vergessen zu haben. Ganz anders wird Gott durch Joel beschrieben. Leidenschaftlich fiebert er mit seinen Leuten mit. So voller Herzblut war übrigens auch sein Zorn. Aber eben auch sein Mitgefühl. Die große Geschichte Gottes mit seinen Menschen ist hier episodenhaft gut zu entdecken. Gott identifiziert sich mit SEINEM Land und SEINEN Leuten. Er liebt sie. Er möchte bei ihnen wohnen. Was für ein starkes Zeichen der Verbundenheit! Gott lässt es nicht kalt, wie es seiner Erde geht. In dieser Linie stehen auch sein Richten und Mahnen. Um es etwas menschlich zu sagen: Was Gott tut, tut er mit brennendem Herzen. Wenn er einen Becher füllt, fließt er über. Die Natur lässt er vielfältig aufblühen. Sein Segen ist so viel reicher, als wir es oft wahrnehmen. Sorgen kommt er zuvor, indem er wieder und wieder sagt: „Fürchte dich nicht!“ Er kümmert sich um deine Schuld, aber auch darum, wo du dich schämst oder Angst hast. Umfassend und liebevoll – so ist der Gott der Bibel. Wo entdeckst du Gottes Fürsorge? Wofür kannst du ihn loben? Führe es dir heute vor Augen und schreibe es vielleicht mal auf.

Das merke ich mir: ______________________________

____

Freitag 16

HEILIGER GEIST FÜR ALLE – WIRKLICH?

Joel 3,1-5

Der heutige Abschnitt wird häufig in den Gottesdiensten an Pfingsten gelesen. Denn Petrus zitiert ihn in Apostelgeschichte 2,17ff. Für Petrus haben diese „letzten Tage" vor Gottes großem Gericht mit Ostern begonnen. Denn bei der Kreuzigung verfinsterte sich die Sonne, bei der Auferstehung Jesu bebte die Erde. Nun erfüllt Gott Juden und später auch Nicht-Juden mit seinem Geist. Menschen unterschiedlicher Völker erkennen Jesus als den Namen, der Rettung bringt, und kommen zum Glauben. Ich finde es erschreckend, wie das Thema „Heiliger Geist" uns Christen manchmal spaltet. Dabei verheißt Joel das genaue Gegenteil. Unabhängig von Geschlecht, Alter und sozialem Hintergrund teilt Gott seinen Geist aus. Auch auf die, die ich nicht gut riechen kann, oder die, die ich völlig aus dem Blick verloren habe. Uns verbindet der Glaube an Christus und nicht das Mittelklasse-Einkommen. Diese Zusage ist vielleicht auch eine Zumutung. Sie fordert uns heraus. Fühlen sich z. B. ausgegrenzte Menschen bei uns wohl und werden Teil von uns? Wenn durch Gottes Geist sogar alte Menschen nochmal zu träumen wagen (V.1), warum sollte Gott das unmöglich sein? Gott möchte alle Menschen zu sich rufen. Ich will darauf vertrauen, dass er mich dafür gebrauchen kann.

Das merke ich mir: ____

Samstag 17

WIE EINMAL „ALLES GUT" WIRD

Joel 4,1-21

Das Ende des Joelbuches beschreibt zugleich das finale Ende der Zeit. Joel heißt „Jahwe ist Gott". Gott wird alle Völker zu einem großen Gericht versammeln und sie werden ihn als Gott erkennen (vgl. Offb 5,13). Dann wird für immer Frieden sein. Im Text geht der Blick von Israel aus. Es ist Gottes auserwähltes Volk. Gott richtet alle, die Gottes Augapfel (Sach 2,12) angetastet haben. Gottes Zorn darüber, dass seine Geschöpfe, egal aus welcher Nation, versklavt und zum (Lust-)Objekt degradiert werden, ist heute angebrachter denn je. Jeder Einsatz, der hilft, dass es nicht so weit kommt, ist gut. Organisationen wie IJM (International Justice Mission) setzen sich genau für dieses Anliegen ein. Es lohnt sich, sich über sie zu informieren. Denn wenn in Vers 10 Pflugscharen zu Schwertern geschmiedet werden, soll das bewusst beim Lesen ins Stolpern bringen. Um Gerechtigkeit muss gekämpft werden. Den größten Kampf dafür hat Jesus aufgenommen. Er überbietet Joels Endzeit-Schau, indem er für die Schuld ALLER Menschen stirbt. Noch einmal wird Jesus auf diese Erde kommen (1.Kor 15,20ff). Er wird die Sichel schwingen (Offb 14) und ALLES gerecht machen. Dieser Hoffnung leben wir entgegen. Wo kannst du dich konkret für Gerechtigkeit einsetzen?

Das merke ich mir: ____

KW 21 bearbeitet von Ingo Müller,
Referent für Teenagerarbeit und Team-EC
beim Deutschen EC-Verband, 34134 Kassel
E-Mail: Ingo.Mueller@ec.de

PERSPEKTIVE: SONNENAUFGANG

Psalm 30

In der Hirnforschung sprechen die Wissenschaftler von einem Zustand der Kohärenz, wenn alles wunderbar, zufriedenstellend und in Ordnung ist. Doch dieser Zustand von Glückseligkeit in unserem Kopf ist eher Ausnahmezustand. Oder? Die Experten der Neurowissenschaft sagen, es geht auch gar nicht anders. Wir könnten unser Glück nicht fassen, wenn es dauerhaft da wäre. Auch der Beter des Psalms singt aus dem Glücksmoment heraus noch von seiner Notsituation, die ihm gerade weit weg erscheint. Im Hochgefühl seiner Euphorie wirkt die Leidenszeit nur wie ein Augenblick oder wie eine kurze Nacht. Tatsächlich vergeht so mancher Ärger über Nacht und am nächsten Morgen sieht die Welt anders aus. Vor allem die kleinen Sorgen vertreibt die ruhige Nacht. Sie trägt dazu bei, dass sich Dinge im Kopf sortieren, Gedanken runterfahren und sich eine Perspektive des Neuanfangs ergibt. Wir können symbolisch bei jedem Sonnenaufgang die schöpferische Energie Gottes erleben, die uns neue Chancen und neue Hoffnung in unserem Leben vor Augen malt. Denken wir jetzt noch an einen Ostermorgen oder an eine Bootsfahrt im Leben der Menschen aus der Bibel, die noch in der Morgensonne Jesus am Ufer sehen, der gerade auferstanden ist.
Danke, dass du, Gott, in meinem Leben wirkst und ich es sehen kann.

Das merke ich mir: ______________________

____

____

WOCHENSPRUCH

Singet dem Herrn ein neues Lied, denn er tut Wunder.
Psalm 98,1

Lied: FJ6! Nr. 72

Zum „Prüfen und Behalten" gehören für mich u. A. Ideensammeln, Potenzialentfaltung, ein ganzer Wanderrucksack voll nützlicher Tools sowie Werte und Ressourcen.

Ingo Müller

Montag 19

DAS NÄCHSTE KAPITEL BRICHT AN!

Apostelgeschichte 1,1-14

Mit der Apostelgeschichte bricht das nächste Kapitel an. Lukas schreibt, wie es mit Jesus weitergeht und es geht ihm explizit darum, dass es eine Geschichte mit Jesus ist, nicht eine ohne Jesus. Denn elementarer Bestandteil seines Denkens ist, dass er in der Apostelgeschichte weiterhin beschreibt, was Jesus tut und lehrt. Natürlich nicht in dem Sinne wie in den Evangelien, wo Jesus leibhaftig mit den Menschen unterwegs war. Aber schon in den Evangelien zeichnet sich ein Weg ab, der Jesu Kraft und Wirken multipliziert. Bei der Aussendung der Jünger z. B. sollen eben viele Menschen gleichzeitig von Jesus hören. Um das zu erreichen, stattet Jesus seine Jünger für diese Missionsreise mit einer besonderen Macht aus. In der Apostelgeschichte wird diese Rolle der „Heiliger Geist" übernehmen. Lukas ist der Heilige Geist so wichtig, dass er ihn gleich erwähnen muss. Ein Heiliger Geist, der den immer noch lebendigen Jesus in unser aller Leben erfahrbar macht. Daher lesen wir in den nächsten Tagen mit dieser Brille: Der auferstandene Jesus lebt wirklich und wirkt weiterhin in unserem Leben. Der Heilige Geist macht es möglich. Das Leben mit Jesus ist nicht vorbei. Die Fortsetzungsgeschichte beginnt für die ersten Christen und uns gerade erst.

Das merke ich mir: ______________________________

____

Dienstag 20

WIEDER ZWÖLF

Apostelgeschichte 1,15-26

Einen geliebten Menschen zu verlieren, ist nicht leicht. Die Jünger suchen nach Erklärungen dafür, dass Judas nicht mehr einer von ihnen ist. Mit ihm waren sie Jahre unterwegs. Sie haben alle erlebt, wie Jesus sie auserwählt hat. Judas war ein Teil davon und nun müssen sie Abschied nehmen, vermutlich von einem Freund, zumindest von einem Weggefährten. Bei der Suche nach den Antworten halten sie sich an zwei Dinge: an das Wort Gottes (für die Jünger damals das 1. Testament der Bibel) und ans Gebet. Sie erkennen Ansatzpunkte des Verstehens, auch wenn es schwer ist. Das macht den Schmerz und die tragische Situation nicht weniger schwierig. Aber es hilft, wenn wir Erklärungen finden. Jetzt war es aber kein Zufall, dass die Jünger zu zwölft waren, denn wie könnte der Plan Gottes weiter ausgeführt werden, wenn die zwölf Stämme Israels nicht wieder durch zwölf Jünger dargestellt werden. Zahlen hatten damals deutlich mehr Symbolkraft als heute. Daher lassen sie das Los entscheiden und Matthias wird der Neue. Gemeinsam machen sie sich auf die Suche, was sie nun tun sollen.
Was liegt bei dir an? Warte geduldig darauf, was Gott mit dir vorhat.

Das merke ich mir: ______________________________

____

VORSTELLUNGSKRAFT

Apostelgeschichte 2,1-13

21 Mittwoch

Das Pfingstfest umfasste damals schon Festtage, bei denen sich die Menschen an Gottes Plan für sein Volk erinnerten. Daran, dass Gott sie auserwählt hatte. Vor diesem Hintergrund hat auch Pfingsten für uns heute nochmal mehr Bedeutung, als „nur" der Ursprung der ersten Gemeinden, der Pfingstbewegung oder der Ausschüttung des Heiligen Geistes zu sein. Denn der Heilige Geist wurde an alle Anwesenden des Pfingstfestes ausgegossen. Die besondere und göttliche Kraft steht nun nicht mehr exklusiv wenigen zur Verfügung, sondern jedem, der dem Heiligen Geist Raum im Leben gibt. Zeigen wird sich das bei jedem sehr unterschiedlich. Diese Kraft steht auch uns heute zur Verfügung. Und wozu? Wir erinnern uns an die Menschen damals: ja, genau, um Gottes erlöstem Volk einen Weg zum Leben zu zeigen. Aber natürlich kann Pfingsten nicht auf einen Wirbelsturm von vor tausenden Jahren reduziert werden. Es geht vielmehr darum, dass wir den Wind in unserem Leben spüren und er in uns ein Feuer entfacht. Als Gemeinschaft dürfen wir die Kraft des Himmels auf der Erde erleben, sie prägen und vermitteln. Spüre heute den himmlischen Wind in deinem Gesicht, die Wärme des Feuers in dir und gib dem Heiligen Geist Raum, dir in deinem Leben den Weg zu weisen.

Das merke ich mir: ______________________________

____

WELTBEWEGENDE ERKLÄRUNGSNOT

Apostelgeschichte 2,14-21

22 Donnerstag

Die Menschen wirkten vermutlich eher wie nach einer Feier mit viel Alkohol. Petrus sah sich in Erklärungsnot und er fand Gehör. Wenn ich mir das vorstelle, egal wie geisterfüllt die Situation auch war, würde man uns heute vermutlich erst recht belächeln. Die Menschen damals hielten aber in ihrem Alltag tatsächlich ständig Ausschau nach Verheißungen, die sich aus ihrer Bibel bewahrheiteten. Hungrig nach Antworten und offen auch für die skurrilsten Deutungen. All das, was für uns rational schwierig ist, war damals gerade bei der breiten Bevölkerung noch nicht so verkopft kompliziert. Falls du bereit bist, dich mutig auf ein Experiment einzulassen, dann herzliche Einladung dabei zu sein: Was ist, wenn es wahr ist? Was ist, wenn wir tatsächlich Gottes Geist in uns haben? Was ist, wenn wir „Weltbewegendes" erleben können? Denn rekapitulieren wir noch einmal kurz, woher die Kraft kommt: Jesus, der Sohn Gottes, kommt auf die Welt, stirbt nicht wie ein König und ist dennoch einer, er überwindet den Tod, zeigt uns ein Leben mit Auferstehungshoffnung. Puhh, das klingt weltbewegend! Und diese göttliche Kraft wird jetzt als Heiliger Geist auf alle Menschen übertragen. Das ist „weltbewegend" und vielleicht bewegt es auch deine Welt.

Das merke ich mir: ______________________________

____

Freitag 23

Erklärende Rückschau

Apostelgeschichte 2,22-36

Durch die Rückschau auf das Erlebte erklärt Petrus, dass Jesus tatsächlich der von ihnen erwartete König ist. Die Jünger sind Zeugen vom Sterben und Auferstehen. Das Zitat aus dem Psalm von David erwähnt er, weil damit deutlich wird, dass David jemanden gemeint haben muss, der damals noch nicht lebte. Inmitten all den verschiedenen Sprachen und all dem geisterfüllten Chaos erklärt Petrus hier Zusammenhänge, damit die Menschen auch kognitiv mitkommen und verstehen, was passiert. Damit sie die Verknüpfungen zwischen den alten Schriften, die ihnen so wichtig waren, den Verheißungen und dem Leben Jesu sehen. Jesus ist tatsächlich dieser Messias, von dem wir träumen und den wir uns wünschen. Petrus will hier deutlich machen, dass Jesus auf dem Höhepunkt seiner Rettungsmission starb, und dass Gott diese zunichtemachende Macht auf sich selbst nimmt. Jesus ist wieder bei Gott und genau deswegen gibt es jetzt den Heiligen Geist. In der Rückschau macht vieles mehr Sinn. Wie geht es dir, wenn du auf dein Leben und wichtige Lebenssituationen zurückschaust? Wo hat Gott in dein Leben eingegriffen? Wo hat dir jemand erklärt, wie etwas zu verstehen war? Wo hast du rückblickend Gott zuletzt erlebt?

Das merke ich mir: ______________________________

Samstag 24

Herr der Katastrophe

Apostelgeschichte 2,37-41

Petrus erklärt hier nicht die Theologie des Kreuzes. Es sind keine komplizierten und abstrakten Theorien. Es ist eher ein sehr konkretes Bewusstsein. Wir stehen kurz vor einem Desaster. Wir rasen komplett in die falsche Richtung und es geht da nur den Abhang runter. Es gibt aber einen, und das kann Petrus nun erkennen und weitergeben, der diesen Weg in den Abgrund aufhalten kann. Er stellt sich in den Weg und rettet uns. Der Weg, den Jesus vorgegangen ist, ist ein Weg, der komplett anders aussieht und der Heilige Geist begleitet uns an Jesu Stelle auf diesem Weg. Petrus nennt dies hier Umkehr. Eine Umkehr, die wir selbst nicht machen können. Dafür steht Jesus da, reicht uns die Hand und wir können sie gerade noch so beim Herunterrasen ergreifen und damit einen Richtungswechsel für unseren Lebensweg bewirken. Wir können Vergebung erfahren und von nun an die Gaben des Heiligen Geistes nutzen. Denn ab jetzt sind wir quasi mit Jesus auf einem neuen Weg. Das symbolisiert die Taufe. Das Schöne ist, dies gilt uns allen! Allen Menschen, Frauen und Männern, Armen und Reichen, People of Colour und Weißen, einfach jedem Menschen in jeder Lebenslage, der Jesus in sein Leben lässt.

Das merke ich mir: ______________________________

KW 22 bearbeitet von Stephan Münch,
Gründer des Orientierungsjahres Lebenstraum
(www.dein-lebenstraum.com), 97215 Uffenheim
E-Mail: stephan.muench@dein-lebenstraum.com

Lied: FJ6! Nr. 7

WOCHENSPRUCH

Gelobt sei Gott, der mein Gebet nicht verwirft noch seine Güte von mir wendet.
Psalm 66,20

EIN LÄCHELN IN GOTTES GESICHT

Psalm 67

In diesem Psalm wird deutlich, worum es Gott eigentlich geht: Liebe, Rettung, Gerechtigkeit und Ehrfurcht. Über Gottes Gesicht geht ein liebevolles Leuchten, wenn er uns anschaut (V.2). „Er lasse sein Angesicht leuchten über dir“ – immer, wenn ich diese Worte am Ende eines Gottesdienstes höre, stelle ich mir vor, wie ein Lächeln über Gottes Gesicht huscht, wenn er mich sieht. Gott will Rettung und Heil, das wird an Israel deutlich (V.3). Deshalb sollen Gott „alle Völker“ loben und anbeten (V.4+6), wenn sie auf Israel und seine Geschichte schauen. Ebenso dürfen „alle Völker“ jubeln, jauchzen und sich freuen, dass Gott Gerechtigkeit schafft (V.5). Warum das? Wir Menschen sehnen uns danach, dass Unrecht wiedergutgemacht wird. Ungerechtigkeit am Arbeitsplatz, in der Familie oder in der Schule ist kaum zu ertragen. Von daher ist es gut zu wissen: Gott wird eines Tages wirklich Gerechtigkeit schaffen und dafür sorgen, dass Unrecht wiedergutgemacht wird. Und am Ende des Psalms steht die Ehrfurcht (V.8). Ehrfurcht ist eine Haltung Gott gegenüber, die sowohl Bewunderung als auch Erschrecken zum Ausdruck bringt.

Kleiner Tipp: Mach dir heute bewusst, dass Gottes liebevolles Lächeln auf dir ruht.

Das merke ich mir: ____________________

____

____

Abends vor dem Einschlafen habe ich mir angewöhnt: Ich will zurückschauen und Gott danken. Auch wenn der Tag beschissen war. Irgendwas Gutes findet sich immer.

Stephan Münch

Montag 26

Gemeinde – Hoffnung der Welt

Apostelgeschichte 2,42-47

Als ich Ende der 1990er Jahre Theologie studierte, las ich voller Staunen von einer Gemeinde in den USA, die sich diese Zeilen aus Apostelgeschichte 2 als Vorbild genommen hatte: die Willow Creek Community Church in South Barrington / USA. Von dieser Gemeinde aus entwickelte sich eine weltweite Bewegung, weil Gemeinde bis heute diese Grundlagen haben sollte: Regelmäßig kommen Menschen zusammen und hören Predigten von Menschen, die Jesus persönlich kennen. Sie treffen sich in Hauskreisen, essen gemeinsam und feiern zusammen das Abendmahl. Sie beten gemeinsam. Wenn jemand in der Gemeinde in Not ist, verkaufen die anderen Hab und Gut, um ihnen zu helfen und sie zu unterstützen. Die Gemeinde lebt wie eine große Familie. Die Folge davon ist: Die ganze Stadt schaut auf diese Gemeinde und kommt aus dem Staunen nicht heraus. Was ist das nur für eine unglaublich Gruppe! Wie ein Magnet zieht diese Gemeinde Menschen an und regelmäßig kommen Menschen dort zum Glauben. Sehnst du dich nach so einer Gemeinde? Dann fang an, heute so zu leben: Gründe einen Hauskreis, werde Teil einer Gebetsgruppe, tue Gutes mit deinem Geld. Investiere in Menschen und Gemeinde, denn deine Gemeinde vor Ort ist die Hoffnung der Welt!

Das merke ich mir: ______________________________

____

Dienstag 27

Neue Barrierefreiheit

Apostelgeschichte 3,1-10

Da ist ein Mann mit einer schweren Behinderung. Sein Leben ist demütigend, frustrierend und stumpfsinnig. Seit Jahrzehnten besteht sein Lebensinhalt darin, zu warten, dass jemand ihm ein paar Cent hinwirft. Die beiden Jünger sehen ihn an (dieser Begriff wird öfters in der Bibel verwendet – z. B. Mk 10,21) und fordern ihn auf: „Schau uns an!“ Blickkontakt wird hergestellt. Eine beiderseitige Beziehung. Aber das, was der Gelähmte erwartet, bekommt er nicht. Die ersten Worte müssen sehr enttäuschend für ihn gewesen sein: „Silber und Gold haben wir nicht!“ Aber als die Jünger zu ihm sagen: „Im Namen von Jesus Christus steh auf und geh“, da springt er auf, läuft und hüpft herum. Die Menschen im Tempel können es nicht fassen: Verwunderung und Entsetzen erfüllt die Menschen, die das sehen! Wenn Gott übernatürlich eingreift, entstehen Staunen, Ablehnung, Faszination, Entsetzen. Drei Gedanken: 1. Gott will, dass wir öffentlich unseren Glauben leben. 2. Wichtig ist, Menschen persönlich zu sehen, Beziehung herzustellen, Bedürfnisse wahrzunehmen. 3. Gott greift übernatürlich ein. Er will auch dich heute gebrauchen, dass du in seinem Namen handelst: durch ein Gebet, durch einen Segen, vielleicht sogar durch ein Heilungsgebet.

Das merke ich mir: ______________________________

____

KRASSE PREDIGT

Apostelgeschichte 3,11-26

Nach der Heilung des stadtbekannten Bettlers strömen Massen an Menschen im Tempel zusammen. Und Petrus fängt an zu predigen und er verkündigt das Evangelium: Es geht nicht um uns, wir haben nichts dazu beigetragen (V.12), es geht um Gott und um seinen Sohn Jesus Christus. Seine Herrlichkeit soll sichtbar werden (V.13)! Der Gelähmte wurde gesund, weil Jesus Glauben in ihm geweckt hatte (V.16). Und dann wird Petrus richtig krass: Er beschuldigt die umstehenden Menschen, dass sie Jesus ans Kreuz gebracht haben (V.14+15). So würden Gottes Verheißungen erfüllt: Der Sohn Gottes wird leiden (Jes 53). Auch Mose hätte bereits von einem „Propheten wie mich" gesprochen, der eines Tages kommen soll (V.22 / vgl. 5.Mose 18,15-19). Und schließlich wurde zu Abraham gesagt: „Durch dich sollen alle Völker auf Erden gesegnet werden" (V.25). Petrus sagt am Schluss: Diese Worte sind heute Wirklichkeit geworden. Und ihr seid die ersten, die das hören dürfen und sich zu Jesus bekehren (V.26). Durch die Predigt kommen unglaublich viele Menschen zum Glauben. Kapitel 4,4 spricht von 5000 Männern!
Eine Frage: Sollten wir heute auch krasser predigen und öffentlich Heilungen anbieten? Schreib mir doch ne E-Mail, was du darüber denkst!

Das merke ich mir: ______________________________

____

KÖNIG DER WELT?

Psalm 47

Gott ist König über die ganze Welt. Das ist die Botschaft des Psalms. Sichtbar regiert er auf unserem Planeten (V.3). Diese Aussage hat sich in den letzten 2000 Jahren mehr und mehr bewahrheitet. Immer mehr Nationen wurden vom Glauben an den Gott der Bibel geprägt und verändert – bis in die höchsten Regierungskreise hinein (wie es in V.10 heißt). Weil Gott König ist, deshalb sollen wir laut jubeln, in die Hände klatschen (V.2) und vor allen Dingen singen – singen – singen! Fünfmal werden wir in den Versen 7 und 8 zum Singen aufgefordert. Von daher freue ich mich, dass manche Lobpreissongs auf YouTube zig Millionen Klicks aufweisen. Hammer! Wir sind auf einem guten Weg. Aber an einer Stelle bin ich ins Stocken geraten. Wenn es hier heißt: „Gott ist König über die ganze Welt, über alle Völker" (V.8+9) – warum gibt es dann so viele Kriege? Warum gibt es so viel Ungerechtigkeit? Während ich das schreibe, ist der Ukraine-Krieg seit vielen, vielen Monaten in vollem Gange. Warum schreitet Gott nicht ein, obwohl Millionen von Menschen für den Frieden in dieser Region beten? Ich kann diese Frage nicht beantworten. Aber ich will gerade heute an Himmelfahrt weiter beten, weiter glauben, dass Gott sich am Ende als der Sieger erweist.

Das merke ich mir: ______________________________

____

Freitag 30

WIDERSTAND IST NORMAL

Apostelgeschichte 4,1-12

Dort, wo Gottes Geist wirkt, regt sich Widerstand. Wo es geistliche Bewegung gibt, da gibt es auch immer Gegenbewegung. Schon mehrmals habe ich erlebt, dass vor einer Veranstaltung, wo das Wort Gottes verkündigt werden sollte, heftige Probleme für einzelne Mitarbeiter auftauchten. Kopfschmerzen, Übelkeit, versagende Technik, Streit usw. Und wenn 5000 Menschen zum Glauben kommen (V.4) – das wird der Feind nicht kampflos hinnehmen. Und so werden Petrus und Johannes vor die geballte geistliche und weltliche Macht Jerusalems zitiert (V.7). Dieses Tribunal hatte vor wenigen Wochen bereits Jesus ans Kreuz gebracht. Und sie stellen die alles entscheidende Frage: „Woher kommt diese Kraft, die Menschen heilt, die Herzen verändert, die die Massen bewegt?" Man spürt zwischen den Zeilen pure Angst, dass ihnen ihre Macht zwischen den Fingern zerrinnt. Und die Antwort von Petrus bestätigt all ihre Befürchtungen: „Die Heilung und die Predigt geschahen im Namen von Jesus Christus!" (V.10). Sein Name verändert alles. Der Name Jesus Christus stellt weltliche Macht und religiöse Überzeugung auf den Kopf (V.11). In den nächsten Jahrhunderten erlebte das Evangelium einen beispiellosen Siegeszug über die ganze Welt, trotz aller Widerstände – bis heute.

Das merke ich mir: ______________________________

____

Samstag 31

SCHLÜSSEL FÜR DAS EVANGELIUM

Apostelgeschichte 4,13-22

Beim Lesen dieser Situation muss ich unwillkürlich lächeln: Die Ratsältesten würden gerne der neuen Bewegung einen Riegel vorschieben – aber sie können es nicht. Die Unerschrockenheit der einfachen Jünger ist für sie so verblüffend, dass sie nichts dagegen sagen können (V.14). Und durch den Mann, der 40 Jahre (!) sichtbar vor der Tempeltür saß – und nun offensichtlich geheilt ist – verliert jede Argumentation ihre Wirkung. Also bleibt ihnen nur noch eins: den beiden Jüngern zu drohen! Sie wollen sie mundtot machen. Aber die Drohung verfehlt ihr Ziel: „Wir können es doch nicht lassen, von dem zu reden, was wir gesehen und gehört haben" (V.20). Die junge Bewegung der Jesus-Gläubigen geht also zunächst ungehindert weiter. Als ich so über den Text nachdachte, wurde mir deutlich: Einer der Schlüssel für die Akzeptanz des Evangeliums in der Öffentlichkeit war die Heilung des Gelähmten an der Tempeltür (V.16+22). Und ich fragte mich: Wäre es heute nicht auch wichtig, dass öffentlich bekannte Menschen übernatürliche Dinge erleben und davon erzählen, so dass es jeder mitbekommt? Liegt vielleicht darin unsere Kraftlosigkeit, weil wir gar nicht mehr damit rechnen, dass Gott Dinge tut, die über unsere Vorstellung hinausgehen?

Das merke ich mir: ______________________________

____

KW 23 bearbeitet von Christian Petersen,
Leiter EC-Freiwilligendienste, 34134 Kassel
E-Mail: christian.petersen@ec.de

VERTRAUEN
Psalm 27

Es lohnt sich, diesen Psalm mehr als nur einmal zu lesen. David schreibt sehr ehrlich, dass das Leben nicht immer einfach ist, sondern es Phasen gibt, in denen der Sturm von allen Seiten hereinbricht. Er betet diesen Psalm fast schon trotzig. Er will sich der schier ausweglosen Situation nicht einfach ergeben. Er verweigert der Situation die Macht über sein Leben, indem er ganz bewusst Gottes Macht über sein Leben ausspricht. Er hat Gott schon so oft in der Vergangenheit erfahren. Er hat erlebt, was es heißt, wenn Gott eingreift und handelt. Und diese Erfahrung ruft er sich ins Gedächtnis. Und er fordert Gott heraus ihm zu helfen, indem er ihn daran erinnert, dass er sein Beistand, sein Anwalt ist. Und am Ende des Psalms ermahnt und ermutigt er sich selbst, an Gott dranzubleiben und weiter zu hoffen, dass Gott handelt.
Weißt du noch, wann und wie Gott in deinem Leben gehandelt hat? Ich finde es wichtig, diese Momente festzuhalten, um sich in einer anderen Situation daran zu erinnern und neuen Mut zu bekommen. Nimm dir etwas Zeit und erinnere dich. Halte diese Situationen immer wieder innerlich fest. Und wenn es so weit ist, dann kannst du den Psalm mit diesen Erinnerungen beten.

Das merke ich mir: ______________________

____

____

MONATSSPRUCH JUNI

MIR ABER HAT GOTT GEZEIGT, DASS MAN KEINEN MENSCHEN UNHEILIG ODER UNREIN NENNEN DARF.

Apostelgeschichte 10,28

„Prüft alles", bedeutet für mich: Prüft wirklich ALLES. Nicht nur die Dinge und Überzeugungen, von denen man sich bisher noch keine Meinung gebildet hat.

Christian Petersen

WOCHENSPRUCH

Christus spricht: Wenn ich erhöht werde von der Erde, so will ich alle zu mir ziehen.
Johannes 12,32

2 Montag

MUT

Apostelgeschichte 4,23-31

Sofort nach ihrer Freilassung gehen Petrus und Johannes wieder zur Gemeinde. Völlig logisch, dort ist ihr Platz. Und dann beten sie, zum Teil die Worte aus Psalm 2. Und dann gehen sie sehr direkt in die aktuelle Situation. Sie bringen Gott aber nicht nur ihre Sorge, sondern sie bitten ihn sehr konkret um Hilfe. Kein Gerede um den heißen Brei. Kein „es wäre schön" oder „wenn du magst". Nein, sie bitten deutlich darum, dass Gott sehr sichtbar durch Krankenheilung und Wunder wirkt. Und Gott reagiert handfest mit einem spürbaren Erdbeben. Die Gemeinde war so fest davon überzeugt, dass Gott wirkt, so erfüllt vom Heiligen Geist, dass sie absolut keine Bedenken hatte, dass Gott übernatürlich handelt. Mich fordert diese Art zu beten heraus. Ich verstecke mich da lieber hinter vorsichtigeren Formulierungen. Aber warum eigentlich? Ich glaube, dass ich Angst davor habe, enttäuscht zu werden, wenn Gott nicht so krass handelt. Angst davor, vor anderen dumm dazustehen und mich lächerlich zu machen. Und auf der anderen Seite bewundere ich Menschen, die so offensiv beten, die so stark vertrauen. Vielleicht sollte ich es ab und an drauf ankommen lassen und schauen, was passiert.

Das merke ich mir: ______________________________

____

3 Dienstag

EIN HERZ UND EINE SEELE

Apostelgeschichte 4,32-37

Kannst du dich noch daran erinnern, wie es war, als du JA zu Jesus gesagt hast, an diese Zeit der „ersten Liebe"? Und jetzt stell dir vor, der ganzen Gemeinde geht das zeitgleich so. Alle sind bis über beide Ohren so sehr von Jesus erfüllt und voller Liebe, dass für etwas anderes überhaupt kein Raum bleibt. Alles andere verblasst hinter dieser ersten Liebe. Jeder möchte nur das Beste für den anderen. Jeder ist darauf bedacht, liebevoll mit dem anderen umzugehen. Jeder ist sofort bereit, den anderen zu unterstützen, wenn er es braucht. So verkaufen sie ihre Häuser. Übrigens war dies eine sehr gute Idee, denn nur wenige Jahre später eroberten die Römer Jerusalem und zerstörten die Stadt und die Häuser wurden dadurch wertlos. Ich frage mich ernsthaft, was passieren würde, wenn wir diese erste Liebe wieder erleben würden.

Schließe die Augen und stelle dir ganz detailliert vor, wie es damals war, als du Jesus kennengelernt hast, deine ersten Schritte mit ihm gegangen bist. Wie bist du morgens aufgestanden? Was hast du damals getan, um Jesus deine Liebe zu zeigen? Wie hast du seine Liebe erlebt? Spür dem einen kleinen Moment nach und dann rede mit Jesus und schau, was passiert.

Das merke ich mir: ______________________________

____

EHRLICH UNTERWEGS

Apostelgeschichte 5,1-11 **4** Mittwoch

Dieses Erlebnis finde ich heftig. Jetzt mal ganz ehrlich: Muss es gleich Tote geben, nur weil ein paar Geldstücke nicht abgegeben wurden? Warum reagiert Gott da so krass? Und, war es überhaupt Gott, der da aktiv eingegriffen hat? Gute Frage. Vielleicht war der Schreck auch nur so groß, weil der Betrug aufgeflogen ist. Eigentlich geht es bei der Begebenheit um Ehrlichkeit. Hannanias und Saphira machen nichts anderes als viele andere auch. Sie verkaufen ihren Besitz und spenden das Geld. Niemand hat ihnen befohlen, dies zu tun. Aber vielleicht war ihr innerer Druck so groß, auch dazu zu gehören, dass sie sich entschlossen haben, ihr Grundstück zu verkaufen. Und auch hier hätten sie nicht den ganzen Erlös abgeben müssen. Niemand hätte sie dazu gezwungen. Sie fühlten sich aber trotzdem dazu verpflichtet, dies vorzugeben. Ich frage mich, woher dieser Druck kam. Warum mussten sie gegen ihre innere Überzeugung handeln? Warum konnten sie nicht ehrlich sein vor sich und den anderen? Und wo stehe ich in derselben Gefahr? Wo möchte ich mehr darstellen, als ich eigentlich bin? Gott liebt mich genauso, wie ich bin. Ich muss nichts vorspielen. Ich darf echt sein vor ihm.

Das merke ich mir: ______________________________

____

SIE SEHEN UNS

Apostelgeschichte 5,12-16 **5** Donnerstag

Kannst du dir vorstellen, was da in Jerusalem los gewesen sein muss? Ja, man hatte etwas Furcht, aber man schätzte die ersten Christen sehr. Sie redeten nicht nur frommes Zeug, nein, ihr Leben passte dazu. Sie predigten von Jesus, der Wunder tat, der Kranke gesund gemacht hatte und genau das sahen die Leute auch tatsächlich. Sie hörten nicht nur davon, dass Jesus Liebe ist, sondern sie sahen gelebte Liebe in der Gemeinde. Und dieser echte und authentische Lebensstil veranlasste viele Menschen dazu, ihr Leben Jesus zu geben und sich der Gemeinde anzuschließen. Sie nahmen zum Teil weite Strecken auf sich, um etwas von dieser Kraft Gottes abzubekommen. Ich möchte dich herausfordern, einmal dein Leben als Christ zu betrachten. Wie ist das eigentlich bei dir, in deiner Gemeinde, deinem Jugendkreis? Leben du das, was du predigst? Können andere sehen, was du predigst? Und woran genau sehen sie es? Was würdest du dir wünschen, woran andere erkennen, dass du zu Jesus gehörst? Und was würde dich bei anderen überzeugen, wenn sie sagen, sie gehören zu Jesus?
Nimm dir etwas Zeit, um darüber nachzudenken und mit Jesus darüber zu sprechen.

Das merke ich mir: ______________________________

____

6 Freitag

MAN MUSS GOTT MEHR GEHORCHEN

Apostelgeschichte 5,17-33

Oh man, in der Haut der Gefängniswärter möchte ich ehrlich gesagt nicht gesteckt haben. Da macht man seinen Job pflichtbewusst und ordentlich und trotzdem steht man am Ende ganz schön dumm da und kann nicht erklären, wie ein paar Gefangene verloren gehen konnten. Aber, besonders heftig ist es, dass diese Gefangenen nicht das Weite gesucht haben, sondern sehr mutig, nur wenige Meter entfernt, munter weiter predigten. Ihnen den Mund zu verbieten – ein unmögliches Unterfangen. Was tun sie, als sie vor dem Hohen Rat stehen und ihnen mal wieder verboten wird, dass sie von Jesus erzählen? Ja klar, sie erzählen erstmal munter von Jesus. Ihr „man muss Gott mehr gehorchen als den Menschen" hallt in mir nach. Wie gehe ich eigentlich damit um, wenn mir jemand sagt, dass ich doch bitte den Mund halten und nicht von Jesus reden soll? Schweige ich oder sind mir die Menschen so wichtig, sehe ich sie mit Gottes liebenden Augen, dass ich weiterreden muss? Vielleicht fällt dir das Reden schwer. Und unter Druck dann sicher noch viel schwerer. Aber du kannst beten, du kannst freundlich sein und ganz praktisch Jesu Liebe weitergeben. Also tue es!

Das merke ich mir: ______________________________

____

7 Samstag

LEBEN UND STERBEN

Apostelgeschichte 5,34-42

„Denn ich möchte nur für etwas leben, für das ich auch sterben würde." Die Apostel haben hautnah erfahren, was es heißt, ganz real mit dem Tod bedroht zu werden. Ihr Leben hing an einem seidenen Faden. Für Gamaliel war es wichtig, dass Gottes Wille geschieht. Seine persönliche Einschätzung nebensächlich. Für ihn ist spielt einzig und allein eine Rolle, dass Gott selbst zeigen kann, ob er hinter diesen komischen Christen steht oder aber eben auch nicht. Er möchte Gott nicht ins Handwerk pfuschen und so plädiert er dafür, die Apostel laufen zu lassen und zu schauen, wie Gottes Plan mit ihnen aussieht. Okay, natürlich erst nach einer gehörigen Abreibung. Die Apostel hatten sicherlich Schmerzen vom Auspeitschen. Aber sie nehmen diese Schmerzen gerne in Kauf. Sie haben erlebt, wirklich erfahren, wofür sie es tun. Gibt es in deinem Leben etwas, für das du gerne Schläge auf dich nimmst, weil es dir so wertvoll ist? Ist Jesus so ein Grund? Du darfst ehrlich sein! Wenn du jetzt nicht Ja sagen konntest, dann ist das völlig okay. Denn dieses Maß an Hingabe erfordert sehr viel Vertrauen und geht nicht einfach so. Aber du kannst Jesus immer mehr kennenlernen und prüfen, ob er es wert ist.

Das merke ich mir: ______________________________

____

KW 24 bearbeitet von Ulrich Mang,
Referent für Sozial-Missionarische Arbeit
beim Deutschen EC-Verband, 34134 Kassel
E-Mail: ulrich.mang@ec.de

ALLEIN AUS GNADE!

Psalm 118,1-14

Dieser Psalm gehört zu meinen Lieblingspsalmen, da er Gottes unendliche Liebe und Treue zu den Menschen beschreibt. Der Psalmist beginnt mit den Worten: „Dankt dem Herrn! Denn er ist gut. Für immer bleibt seine Güte bestehen“ (V.1).

Diese sehr eingängigen Worte erinnern mich an etwas, dass ich in der Hetze meines Alltags zwar oft höre, es aber zu wenig das Herz erreicht: dass nämlich Gottes Güte und Gnade niemals enden! Der Psalm spricht dann von einer persönlichen Erfahrung des Schreibers mit Gott (V.5). Das hier erzeugte Bild des Psalms beschreibt für mich etwas sehr Grundsätzliches meiner Nachfolge, dass Gott meine Gebete hört und mich aus meinen Nöten befreit und mir weiten Raum schenkt. Ich lerne vom Psalmschreiber neu, welches Geschenk es ist, dass wir zu Gott rufen können und er uns hört! Daran knüpft auch Vers 8 an, in dem zu lesen ist: „Es ist besser, beim HERRN Zuflucht zu suchen, als sich auf Menschen zu verlassen.“ Diese Worte erinnern mich daran, dass Menschen mich enttäuschen können, dass aber Gott mich niemals enttäuscht und mein Zufluchtsort ist: Auf Gott ist Verlass und ich möchte in der neuen Woche vom Psalm lernen, dass es sich lohnt, all mein Hoffnung und mein Vertrauen allein auf Gott zu setzen.

Das merke ich mir: ______________________

____

____

8

Pfingstsonntag

Lied: FJ6! Nr. 184

WOCHENSPRUCH

Es soll nicht durch Heer oder Kraft, sondern durch meinen Geist geschehen, spricht der Herr Zebaoth.
Sacharja 4,6

Das klingt so einfach, ist es aber für mich nicht, da schnell meine eigenen Kriterien gelten. Deshalb wünsche ich mir zum Prüfen Gottes Hilfe!
Ulrich Mang

9 Pfingstmontag

GOTT IST TREU!

Psalm 118,15-29

Der heutige Bibelabschnitt führt den Psalm von gestern fort und ermutigt mich, daran zu denken, wie wichtig es ist, inmitten aller Herausforderungen Gottes Treue und Hilfe anzuerkennen und ihm dafür zu danken. Im ersten Abschnitt des Psalms – ab den Versen 15-21 – erkenne ich den Dank und die Freude, die der Schreiber ausdrückt: Die Gerechten werden Gottes Macht und Hilfe bezeugen. Deshalb ruft er auch dazu auf, in das Haus des Herrn einzutreten und ihm dort für seine rettende Hand zu danken. Ich spüre, wie der Psalm mich herausfordert, anderen Menschen von den Taten Gottes in meinem Leben zu erzählen und Gott dadurch gleichzeitig zu preisen. Vers 17 sagt: „Ich werde nicht sterben, sondern leben und erzählen, was der Herr getan hat!" – Ich merke, wie mir dieser Vers in „leichten Zeiten" meiner Nachfolge ganz einfach über die Lippen geht, wie er mir allerdings in „schweren Zeiten" im Hals stecken bleibt! – Dennoch lenkt der Psalmist meine Gedanken auf das viel Entscheidendere, dass Gott selbst in schweren Zeiten immer noch da ist und Hoffnung und Ermutigung schenken möchte. Psalm 118 erinnert mich daran, Gottes Treue wahrzunehmen. Wie kannst du heute Morgen deinen Fokus wieder neu auf Gott ausrichten?

Das merke ich mir: ______________________________

____

10 Dienstag

GEMEINDE DAMALS? – GEMEINDE HEUTE?

Apostelgeschichte 6,1-7

Der heutige Bibelabschnitt spielt sich in den frühen Tagen der Gemeinde Jesu ab, als die Zahl der Gläubigen immer größer wurde. Die Apostel hatten die Gemeindeleitung übernommen und verkündeten den Menschen das Evangelium. Doch mit dem Wachstum der Gemeinde kamen auch neue Aufgaben auf sie zu: Einige Witwen wurden nicht mitversorgt (V.2), was für Unmut sorgte! Die Apostel erkannten aber auch, dass sie nicht in der Lage waren, sich gleichzeitig um das Predigen des Wortes Gottes und die tägliche Versorgung der Witwen zu kümmern. Deshalb riefen sie die Gemeinde zusammen und schlugen vor, sieben Männer auszuwählen, die sich speziell um die Versorgung der Bedürftigen kümmern sollten. Schaue ich mir diesen Abschnitt an, wirkt die Gemeinde sehr modern, dass die Wahl der Mitarbeiter der Gemeinde überlassen wurde. Auch wenn wir heute in den wenigsten Gemeinden noch Witwenspeisungen anbieten, lerne ich, wie vielfältig das Gemeindeleben ist und wie viele Aufgaben im Reich Gottes zu erledigen sind. Dazu ist jedes einzelne Gemeindeglied wichtig, dass neben aller Arbeit Zeit bleibt für die Gemeinschaft unter Gottes Wort. Was denkst du über einen „DANKE-Abend" in deiner EC-Jugendarbeit/Gemeinde?

Das merke ich mir: ______________________________

____

STEPHANUS – VORBILD DES GLAUBENS

Apostelgeschichte 6,8-15

Mittwoch 11

Welches Glaubensvorbild hast du? Höre ich den Namen „Stephanus", muss ich zunächst immer an ein Lied aus der Jungschar denken: „Lass mich an dich glauben, wie Stephanus es tat ..." Unser Text beschreibt, wie dieser vor dem Hohen Rat angeklagt wird. Diejenigen, die ihn anklagen, behaupten, dass er gegen das Gesetz und den Tempel Gottes spricht (V.13). Doch anstatt sich zu verteidigen oder zu leugnen, dass er ein Anhänger Jesu ist, zeigt Stephanus nicht nur seine tiefe Verbundenheit zu Jesus, sondern auch den Mut, die Wahrheit zu verkünden, auch wenn es unpopulär ist. Dabei ist er nicht allein, sondern Gottes Geist gibt ihm Weisheit und Kraft! Manchmal tue ich mich schwer, über meinen Glauben zu reden, selbst wenn ich keine Konsequenzen zu fürchten habe. Blicke ich dann noch über meinen Tellerrand hinaus, stelle ich fest, dass es meinen Geschwistern in Indien und Nepal ganz anders geht. Sie gehen teilweise mit einem sehr großen Glauben in Gespräche und bezeugen – wie Stephanus – auf ihre Art den Glauben an den Auferstandenen. Da werden meine eigenen Zweifel klein! – Wo kannst du heute für das Zeugnis der Christenheit – besonders in herausfordernden Situationen – beten?

Das merke ich mir: ______________________________

____

STEPHANUS & ABRAHAM – SPIEGELBILD

Apostelgeschichte 7,1-16

Donnerstag 12

Ganz grundsätzlich erzählt Stephanus die Geschichte des Volkes Israel. Dabei betont er die Führung Gottes und beginnt mit Stammvater Abraham und fährt im Anschluss mit dessen Nachkommen fort. Er hebt hervor, wie Gott Abraham aus Mesopotamien geführt hat und ihm das Land Kanaan als Erbe versprochen hat. Er berichtet, dass Abraham kein eigenes Land besaß und einen Sohn namens Isaak hatte, den er zu opfern bereit war. Er betont auch, dass Gott Josef, den Sohn Jakobs, mit seiner Familie nach Ägypten geführt hat, und dass sie alle dort viele Generationen lang als Fremde in einem fremden Land lebten. Doch Gott war immer bei ihnen und erfüllte seine Verheißungen, indem er das Volk Israel befreite und nach Kanaan zurückführte. Die Schilderungen halten mir beim Lesen einen „Spiegel" vor. Auch mir gilt, dass Gott für mich in meinem Alltag da ist! Allerdings merke ich auch immer wieder, wie ich so handle, als ob ich allein „unterwegs" wäre. Möglicherweise ist dir dieses Gefühl auch nicht unbekannt. Daher: Lass dich heute Morgen herausfordern! Wie kannst du heute weniger auf das „Allein-unterwegs-Sein", sondern mehr auf Gottes Gegenwart setzen? Wie kann ein solcher Tag heute für dich aussehen?

Das merke ich mir: ______________________________

____

Freitag 13

STEPHANUS & MOSE – GESCHICHTE GOTTES

Apostelgeschichte 7,17-29

Irgendwie meine ich beim Lesen des Textes, dass ich heute im Alten Testament unterwegs bin, allerdings sind wir noch immer inmitten der Rede des Stephanus. Dieser Abschnitt beschreibt, wie die israelitische Gemeinschaft in Ägypten zunächst stark und fruchtbar ist. Sie hat jedoch auch mit Unterdrückung zu kämpfen. Mose wird als eine zentrale Figur in dieser Geschichte eingeführt. Er wird in der königlichen Familie Ägyptens aufgenommen, wächst aber später in der Wüste auf. Als er erwachsen ist, fühlt er sich dazu berufen, sein Volk aus der Sklaverei zu befreien. Er tötet einen ägyptischen Aufseher, der einen Israeliten misshandelt. Daraufhin muss er aus Ägypten fliehen, um sein Leben zu retten. Ich finde diese Passage faszinierend, da Lukas den Mose als den Befreier des Volkes in Gefangenschaft beschreibt. Zugleich spart er nicht die Realität des Mose aus, dass dieser einen schweren Fehler begeht, indem er einen Ägypter umbringt. Und wie wir aus der gesamten Mose-Erzählung wissen, war das nicht der einzige Fehler gegenüber Gott. Dennoch nutzt Gott hier einen Menschen als Leiter und um an seiner Zusage der Treue festzuhalten. – Und das ist auch heute noch so: Gott schreibt großartige Geschichten mit fehlerhaften Menschen.

Das merke ich mir: ____________________

____

Samstag 14

STEPHANUS UND ICH – LEBEN AUS GNADE

Apostelgeschichte 7,30-43

Im heutigen Abschnitt berichtet Stephanus von der Begegnung Moses mit Gott am brennenden Dornbusch und der Berufung, das Volk Israel aus Ägypten zu führen. Stephanus betont, dass Mose zunächst ablehnt und sich seiner eigenen Unfähigkeit bewusst ist. Trotzdem wird Mose von Gott beauftragt, erhält von ihm Zeichen und Wunder, um das Volk zu überzeugen, dass er wirklich von Gott gesandt ist. Stephanus erklärt weiter, wie Mose das Volk aus Ägypten führt. Trotzdem lehnt das Volk Israel Mose oft ab und wendet sich immer wieder anderen Göttern zu, weshalb es durch Gott gestraft wird: Es weigert sich, den wahren Gott anzubeten! Wo ist die Konstante? – Diese Frage steht heute im Hintergrund des Bibelabschnittes. Die Deutung des Stephanus betont die Schwäche des Menschen, an Gott zu glauben. Obwohl Gott Zeichen und Wunder vollbringt und das Volk Israel immer wieder voranführt, wendet sich das Volk ab und verehrt andere Götter. Zu gern wäre ich anders als das Volk und würde Stephanus sagen: Ich folge Gott und bin treu! Diese Geschichte lehrt mich, Jesus darum zu bitten, meine Herzenshaltung der seinen ähnlicher zu machen. – Dies ist ein Prozess der persönlichen Veränderung, über dem aber immer steht: „Du lebst aus meiner Gnade!“

Das merke ich mir: ____________________

____

KW 25 bearbeitet von Dr. Jan Reitzner,
Vikar der ev.-luth. Kirchengemeinde Bexhövede,
27612 Loxstedt
E-Mail: janreitzner@web.de

VON DER KLAGE ZUM LOB IN SEKUNDEN!

Psalm 13

„Wie lange noch? Es ist einfach unerträglich. Alle meine Feinde machen sich über mich lustig. Hallo Gott? Hast du mich etwa ewig vergessen?" So deutlich klagt David Gott an. Er kann einfach nicht verstehen, warum Gott nicht eingreift. Auch ich seufze innerlich und könnte Bücher füllen mit solchen Geschichten. Aber David hört nicht auf, mit Gott zu ringen. Immer wieder erinnert er ihn an seine Güte. Und Gott hilft! Vielleicht dauert es länger, als wir uns das wünschen. Aber vergessen hat er uns keinen Augenblick. Und dann lacht das Herz vor Freude! Ich finde es einfach Wahnsinn, wie schnell David von der heftigen Klage in wenigen Zeilen zum überschwänglichen Lob kommt. Bei ihm lagen vielleicht Jahre dazwischen, aber bei uns sind es nur Sekunden. Das überfordert mich manchmal emotional: Beim Lesen komme ich nicht so schnell hinterher. Meine Stimmung ist noch voll im Keller und – zack! – bricht David in Jubel aus. Die Psalmen waren aber auch das Gebetsbuch von Jesus. Lies den Psalm nochmal gemeinsam mit ihm! Niemand war so von Gott verlassen. Und niemand hatte ein so krasses Comeback an Ostern. Seitdem darfst du wissen: Gott hat mich nicht vergessen! Das bleibt wahr, auch wenn ich es manchmal gerade nicht fühle.

Das merke ich mir: ____________________

____

____

WOCHENSPRUCH

Heilig, heilig, heilig ist der Herr Zebaoth, alle Lande sind seiner Ehre voll!
Jesaja 6,3

Lied: FJ6! Nr. 175 Sonntag **15**

Prüft alles und behaltet das Gute!
1. Thess 5,21

Wann war dein Glaube das letzte Mail beim TÜV? Ich hole mir meine göttliche Prüfplakette bei der Bibel ab: die einzig verlässliche und ehrliche Werkstatt!

Jan Reitzner

Montag 16

WER HAT HIER DEN TEMPEL GELÄSTERT?

Apostelgeschichte 7,44-53

Ganz am Ende einer Verteidigungsrede kommt das Schlussplädoyer: Wird sich der Angeklagte schuldig bekennen? Stephanus hat einen weiten Bogen über die ganze biblische Heilsgeschichte gespannt, um sich zum Vorwurf zu äußern, er habe sich über den Tempel lustig gemacht (Apg 6,13). Jetzt wird deutlich: Er plädiert auf „nicht schuldig". Denn wo ist Gott eigentlich? Gewiss: Er war in der Stiftshütte. Er war im Tempel. Er ist aber doch in der ganzen Schöpfung – und selbst die ist ihm zu klein! Der Schöpfer ist doch immer noch größer als seine Schöpfung. Dann geht der Angeklagte auf einmal in die Offensive. Der Hohe Rat kommt selbst auf die Anklagebank. „Ihr meint, ich hätte den Tempel Gottes gelästert? Nein! Ihr habt den Tempel Gottes ermordet!" Er steht vor den Leuten, die auch Jesus zum Tod verurteilt haben. Dieser Jesus war aber der einzig gerechte Mensch, der je auf Erden gelebt hat. In ihm lebte Gott, wie in der Stiftshütte oder im Tempel. Ja, vielmehr: Er ist Gott. Deshalb haben alle Propheten von ihm gesprochen. Würdet ihr doch nur auf die Bibel hören! Die haltet ihr aber nur scheinbar in Ehren. Den Geist der Bibel aber lasst ihr nicht in eurem Herzen wohnen. Mit tödlichen Folgen ...

Das merke ich mir: ______________________________

____

Dienstag 17

AUFERSTANDEN – UND AUFGESTANDEN!

Apostelgeschichte 7,54 – 8,3

Als Jesus vor dem Hohen Rat stand, hatte er gesagt: „Ab jetzt sitzt der Menschensohn zur Rechten Gottes" (Lk 22,69). Eine ungeheure Provokation. Damit hatte er beansprucht, nicht bloß ein gewöhnlicher Mensch zu sein, sondern der Menschensohn aus Daniel 7, der am Ende zum Gericht kommen wird. Und wer zur Rechten einer Person sitzt, verfügt über ihre ganze Macht. Jesus ist der allmächtige Weltenrichter am Ende der Zeiten. Das war damals für den Hohen Rat zu viel. Auch bei Stephanus drehte sich alles um die Frage: Wer ist Jesus? Seine Antwort war klar: der einzig Gerechte (V.52). Schon das konnten die Richter kaum ertragen. Dann aber bekam Stephanus eine Vision, die es in sich hatte: Jesus sitzt nicht bloß ruhig beim Vater – er ist aufgestanden! Er beginnt schon in dieser Welt mit seinem Gericht. Er langweilt sich nicht passiv bei einem himmlischen Bankett. Er ist voller Leidenschaft auf der Seite seiner Gemeinde! Trotzdem stirbt Stephanus und die christliche Gemeinde wird erbittert verfolgt. Aber Gott bleibt der Herr der Geschichte! Stephanus durfte in die himmlische Heimat. Und die Verfolgung bewirkt, was weder der Missionsbefehl noch Pfingsten erreichten: Christen erzählen endlich auch außerhalb Jerusalems von Jesus!

Das merke ich mir: ______________________________

____

DAS EVANGELIUM IN GEFAHR!

Apostelgeschichte 8,4-25

Mittwoch **18**

Jesus hat selbst kein Buch geschrieben oder in den Sozialen Netzwerken eine Timeline hinterlassen. Es hat ihn auch kein Kamerateam begleitet. Die Evangelien sind erst Jahre später geschrieben worden. Zwar hatten ihn hunderte Menschen als Auferstandenen gesehen, aber nur eine kleine Zahl hatte seine ganzen Predigten gehört. Da war die große Frage: Was ist eigentlich „christlich"? Das gilt besonders für die frischbekehrten Bewohner von Samaria. Jesus war oft dort gewesen und sicher nicht unbekannt, aber alles wussten sie eben auch nicht. Nach dem Missionseinsatz von Philippus bestätigen die Apostel aus Jerusalem durch ihre Handauflegung die Gemeinschaft mit den Neu-Bekehrten. So empfangen sie auch den Heiligen Geist und das Pfingstwunder wiederholt sich auch bei dieser Bevölkerungsgruppe. Sie gehören zum Leib Christi dazu! Dennoch war das Evangelium in Gefahr. Simon der Zauberer wollte gar den Heiligen Geist für Geld kaufen! Was für ein krasses Missverständnis. Gott sei Dank konnten die Apostel da eingreifen. Aber was machen wir heute ohne sie? Wir greifen zur Bibel. Was die Apostel für die ersten Gemeinden waren, ist heute das Neue Testament für uns. Die Evangelien und die Briefe sind ja der Kern der apostolischen Predigt.

Das merke ich mir: ______________________________

____

AUSGESCHLOSSEN – ODER GOTTES KIND?

Apostelgeschichte 8,26-40

Fronleichnam | Donnerstag **19**

Bisher sind die Apostel in Jerusalem, in Judäa und in Samarien gewesen. Das waren alles mehr oder weniger jüdische Gebiete rund um Jerusalem. Aber was ist eigentlich mit einem äthiopischen Finanzminister: Gehörte der auch zum Volk Gottes? Als Heide hätte er maximal den Vorhof des Tempels betreten dürfen. Aber nicht einmal das! Weil er so wichtig und einflussvoll war, hatte er sich kastrieren lassen müssen. Sonst wären seine Nachkommen für den König selbst zu gefährlich geworden. Als „Verschnittener" durfte er den Tempel nicht einmal betreten (5. Mose 23,2). Für ihn gab es keine Chance, zum Judentum überzutreten – oder auch nur Gaststatus in den Synagogen zu bekommen. Trotz seines Reichtums und seiner Macht war er ein Ausgeschlossener. Frustriert hatte er sich eine Rolle mit dem Jesaja-Buch gekauft. Aber nicht einmal die konnte er richtig verstehen … Gott hatte jedoch einen anderen Plan für ihn. Ganz zu Beginn der Apostelgeschichte war davon die Rede, dass die gute Nachricht „bis an die Enden der Erde" gebracht werden soll. Deshalb schickt Gott nun Philippus, öffnet dem Finanzminister durch ihn die Augen und nimmt ihn mit der Taufe als sein Kind an. Der reiche Finanzminister hat so den wertvollsten Schatz der Welt gefunden …

Das merke ich mir: ______________________________

____

Freitag 20

ÜBERRASCHT VON GOTT?!

Apostelgeschichte 9,1-9

Seine Eltern waren im Ausland zu Vermögen gekommen. Ihr Sohn absolvierte die teure Ausbildung zum Zeltmacher. Sie vererbten ihm sogar das kostbare römische Bürgerrecht, das mit allerlei Privilegien verbunden war! Aber sie verleugneten ihre jüdische Herkunft nicht. Sie lebten auch fern von Jerusalem ganz bewusst ihren Glauben. Sie gehörten zu den wenigen Israeliten, die noch wussten, zu welchem Stamm sie gehören: Benjamin. Ihren Sohn benannten sie nach dem großen König Saul und schickten ihn auf die teure Schule nach Jerusalem: zum großen Rabbi Gamaliel! Der engagierte Theologe aus gutem Elternhaus bewährt sich und bekommt in jungem Alter schon eine wichtige Aufgabe direkt vom Hohen Rat übertragen: Er soll diese seltsame Sekte verfolgen, die sich um den Nazarener gesammelt hat. Dabei geht er besonders gründlich und grausam vor. Als er hört, dass die Irrlehre sich gleich einem Flächenbrand ausbreitet, reist er nach Damaskus.

Und dort geschieht es! Gott ist ganz anders, als er es sich je erträumt hat. Vielleicht kommst du aus einer frommen Familie und hast viel von Gott gehört: Bist du bereit, dich noch von Gott überraschen zu lassen?

Das merke ich mir: ______________________________

____

Samstag 21

WIE SCHNELL VERGIBST DU?

Apostelgeschichte 9,10-19a

Ananias Skepsis ist total verständlich. „Dieser Saulus? Ernsthaft? Der hat doch eben noch uns alle ins Gefängnis gebracht. Den soll ich jetzt sogar aktiv suchen? Wirklich? Ich bin doch nur ein einfacher Jünger ... Wäre das nicht eher die Aufgabe für einen echten Apostel?“ So ähnlich hätte ich wohl gedacht. Gott wiederholt seinen Befehl, aber mit einem wichtigen Zusatz: Saulus wird merken, wie viel er leiden muss. Dieser letzte Gedanke ist wohl ausschlaggebend gewesen. Auch Ananias hat vermutlich in seinem Umfeld schon oft erlebt, was mit Menschen passiert, die Jesus kennengelernt haben. Wie schnell sie ausgelacht werden. Wie sie gute Freunde verlieren. Wie manche von ihnen sogar ins Gefängnis müssen. Und dieser Saulus soll jetzt sogar öffentlich verkündigen? Er ist Gottes Werkzeug sogar vor Königen? Dann wird das Leid gewiss nicht ausbleiben. Deshalb macht er sich auf den Weg. Saulus hatte sich schon drei Tage so verhalten, als ob er tot wäre: drei Tage, ohne zu trinken! Das gilt auch heute als die maximale Zeitspanne, die jemand ohne Flüssigkeit überleben kann. Doch der einfache Jünger kommt und tauft den letzten Apostel. Er empfängt den Heiligen Geist, wird von Neuem geboren – und eine Geschichte voller Freude im Leid beginnt!

Das merke ich mir: ______________________________

____

KW 26 bearbeitet von Maria Breßler,
Ansprechpartnerin für die PEC Pfadfinderarbeit,
Pädagogin Freiwilligendienste, Sachbearbeitung
Jungschar, 34121 Kassel
E-Mail: maria.bressler@ec.de

WOCHENSPRUCH
Christus spricht zu seinen Jüngern: Wer euch hört, der hört mich; und wer euch verachtet, der verachtet mich.
Lukas 10,16

AKTION UND REAKTION

Psalm 28

Kennst du das? Du schreibst an jemanden per WhatsApp eine echt wichtige Botschaft. Du siehst einen grauen Haken: Okay, Nachricht wurde verschickt. In der Regel sofort der nächste graue Haken: Nachricht beim Empfänger angekommen. Und dann wartest du, dass die beiden Haken blau werden. Wenn sie das geworden sind, dann erwartest du eine Reaktion. Schließlich war es ja eine wichtige Frage und du brauchst echt dringend eine Antwort. Und dann passiert nichts. Also so gar nichts. Ganz ehrlich, ich bleibe da nicht tiefenentspannt. Ich frage mich dann ganz schnell, woran es liegt, habe ich vielleicht was falsch gemacht? Es geht mir zumindest nicht wirklich gut damit. David ist hier auch ganz schön am Zweifeln und bedrängt Gott, dass dieser doch bitte unbedingt antworten soll. Das Schlimmste für ihn wäre ein Schweigen Gottes. Unglaublich, wie überschwänglich David sich freut, als Gott ihm antwortet. Plötzlich ist die Welt wieder in Ordnung. Gott hat ihn nicht verlassen.
Spannend finde ich auf der einen Seite Davids Vertrauen in Gott, dass er alles gut machen wird und auf der anderen Seite diese Ungeduld, dass Gott endlich antworten soll. Beißt sich das? Gottvertrauen und Ungeduld? Ich denke nein. Wie siehst du das?

Das merke ich mir: ______________________

____

____

Offen, ehrlich und unvoreingenommen die eigenen Positionen ernsthaft hinterfragen, bedeutet Freiheit in Christus zu spüren.
Maria Breßler

23 Montag

EIN LAUTES, BRENNENDES HERZ

Apostelgeschichte 9,19b-31

Faszinierend, wie Gott seine Mannschaft zusammenstellt. Wie er weiß, welche Persönlichkeiten er für welche Aufgaben braucht. O ja, Saulus ist laut. Also so richtig laut. Er ist ein Mann der Tat. Von langem Rumsitzen und Grübeln hält er nichts. Kaum, dass er wieder sehen kann, lässt er sich taufen und beginnt fast noch in nassen Klamotten zu predigen. Dabei ist es ihm ziemlich egal, was die Leute sagen. Er hat eine Botschaft, er hat DIE Botschaft und die muss raus: SOFORT! Leidenschaft gepaart mit Tat. Ja, Saulus verwirrt. Auch das macht er mit Vollgas. Er verwirrt die Juden, er verängstigt die Jünger, denen er vor kurzer Zeit noch an die Gurgel wollte, weil er plötzlich ein sehr eifriger Bruder in Christus ist. Egal, wo er auftaucht, er ist laut, lebendig und er verwirrt, gerät in Lebensgefahr und muss erstmal untertauchen. Vielleicht bist du selbst auch nicht leise, sondern man hört dich, bevor man dich sieht und dir wurde schon gesagt, dass du leiser sein sollst. Du bist genau richtig! Gott braucht dieses Laute, dieses offensichtliche Brennen für ihn. Und wenn du eher leise bist, dann ermutige heute die, die laut sind und Christus auf diese Art verkündigen. Wir brauchen beides.

Das merke ich mir: ____

____

24 Dienstag

EINFACH MAL MACHEN

Apostelgeschichte 9,32-43

Als Jesus Simon zum Jünger berief, sah er dessen Potenzial und wusste, wie wertvoll es für sein Reich ist. Petrus ist unglaublich impulsiv. Lange über etwas nachdenken – nicht sein Ding. Petrus macht. Er steigt ohne Nachdenken aus einem Boot und läuft übers Wasser. Er schlägt ohne Nachdenken einem römischen Soldaten ein Ohr ab. Ohne Nachdenken verspricht er Jesus, diesen nicht zu verleugnen. Und jedes Mal braucht er Jesus, damit dieser ihn aus dem Chaos rettet, das er angestellt hat. Und gleichzeitig erlebt Petrus hier die größten Abenteuer und lernt, dass es sich absolut lohnt, auf Jesus zu vertrauen, dass er am Ende alles gut macht. Und so denkt Petrus auch nicht lange nach, als er dem seit 8 Jahren gelähmten Äneas sagt, dass er aufstehen soll. Ganz impulsiv haut er das raus. Und kurze Zeit später geht er noch einen Schritt weiter. Dieses Mal ist es eine Totenauferweckung. Petrus wälzt keine Bücher, gründet keinen Arbeitskreis. Er macht einfach. Hätte auch arg peinlich ausgehen können. Vielleicht bist du auch impulsiv und handelst manchmal, bevor du nachdenkst. Danke, dass du dich von Gott einsetzen lässt und so Gottes Liebe ausbreitest. Und wenn nicht, dann feiere heute jemanden, der impulsiv ist und so Gottes Reich baut.

Das merke ich mir: ____

____

Geht nicht – gibt's nicht

Apostelgeschichte 10,1-23a

Mittwoch **25**

Ich liebe diesen Text. Ich liebe es, wie viel Liebe und Freiheit Gott hat, die er uns schenken möchte. Lies mal, wie sich Jesus verhält, wenn er Menschen begegnet. Er sieht immer den Einzelnen, dessen Situation, dessen Bedürfnisse, und es ist ihm egal, was die Zuschauer denken und erwarten. Deren Erwartungen enttäuscht er nämlich regelmäßig und begegnet seinem Gegenüber immer so, wie es das braucht. So auch hier, Gott sieht das Herz von Kornelius. Er sieht dessen Liebe und Hingabe und er liebt ihn einfach. Dummerweise ist Kornelius aber kein Jude und somit eigentlich außen vor. Interessiert dies Gott? Nö! Er steht da sehr souverän drüber. Gott macht sich richtig Mühe und timed da auf sehr hohem Niveau. Während Kornelius schon seine Männer losgeschickt hat, weiß Petrus noch von nichts. Aber Gott hat einen Plan, den er passgenau umsetzt. Dieser funktioniert nur, weil keiner der Beteiligten aus Protest die Mistgabeln und Fackeln rausholt, um jemanden zum Scheiterhaufen zu führen, der da ja offensichtlich hingehört, weil er gegen geltendes Recht verstößt. Nein, allen Beteiligten ist das, was Gott sagt, viel wichtiger als Regeln und Gesetze. Greifst du zur Mistgabel oder lebst du Jesu Liebe und Freiheit?

Das merke ich mir: ______________________________

____

Einfach mal machen

Apostelgeschichte 10,23b-33

Donnerstag **26**

Ich feiere diese Geschichte. Irgendwie weiß keiner so richtig, warum er was genau so macht, wie er es macht. Aber irgendwie wissen alle, dass es ganz genau so sein muss. Da wird nicht lange diskutiert, es wird auch nicht der oberste Synagogenvorsteher angerufen. Nein, es wird einfach gemacht, was Gott aufs Herz legt. Kornelius, der auf Gottes Wort Männer losschickt, warum auch immer. Petrus, der eine Erscheinung hat und daraufhin genau diese Männer, entgegen allen Gesetzen, nicht nur in sein Haus lässt, sondern ihnen auch noch folgt, ohne zu wissen, warum. Und dann kommt Petrus bei Kornelius an und fragt, was er denn dort soll. Tja, Kornelius weiß es ehrlicherweise auch nicht so recht. Er weiß nur, dass Petrus eine Botschaft von Gott hat. Und alle Augen sind auf Petrus gerichtet. Ich finde es mega herausfordernd, einfach das zu tun, was Gott sagt, ohne genau zu wissen, was passieren wird. Aber, ich feiere es jedes Mal, wenn ich es wage. Kennst du die Stimme des Heiligen Geistes, die dir manchmal etwas sagt? Zum Beispiel etwas wie: „Hey, sprich bitte den und den an" oder „Hey, gib der Person dort was von mir." Lässt du dich herausfordern und machst das? Sei heute einfach mal mutig und höre auf diese Stimme.

Das merke ich mir: ______________________________

____

Freitag 27

RAUMERWEITERUNG

Apostelgeschichte 10,34-48

„Jetzt begreife ich wirklich ..." Mich fasziniert Petrus Ehrlichkeit und Offenheit. Nur dadurch kann Gottes Reich gebaut werden. Nur dadurch erfährt Petrus selbst und erfahren seine Zuhörer echte Freiheit. Petrus erhält die Freiheit, zu allen Menschen zu predigen, sich mit denen zu befreunden, die vor wenigen Stunden noch unberührbar waren. Die Mauern seines bisherigen Denkens sind gesprengt. Für die Menschen um Kornelius bedeutet dies ebenfalls Freiheit. Freiheit von ihrer Schuld, weil sie erfahren dürfen, was Jesus für sie getan hat. Und auch die jüdischen Begleiter von Jesus erfahren hier Freiheit. Sie sehen mit eigenen Augen, dass es Gott völlig egal ist, was die Traditionen und Konventionen sagen. Sie dürfen erleben, wie liebevoll und deutlich er allen Menschen begegnet. Gott macht keine Unterschiede. WIR sind seine geliebten Menschen, alle. Er will jedem Einzelnen so begegnen, wie er es braucht. Und so werden die Heiden genauso mit dem Heiligen Geist erfüllt wie vorher schon die Judenchristen.
Mal Hand aufs Herz: Ist es für dich wirklich okay, dass für Gott der einzelne Mensch so wichtig ist und er dafür den gesteckten Raum erweitert? Oder sind dir die oft von Menschen gemachten Grenzen wichtiger?

Das merke ich mir: ______________________________

____

Samstag 28

KOMMUNIKATION UND VERTRAUEN

Apostelgeschichte 11,1-18

Da kommt Petrus freudestrahlend und überwältigt von der Größe Gottes zurück und was passiert? Er bekommt einen ordentlichen Einlauf. So geht das nämlich schon mal nicht. Das gab es noch nie und es kann auf gar keinen Fall sein, dass Petrus einfach so zu Heiden geht. Wie kann er nur?!? Mich fordert die Reaktion von Petrus heraus: Wie hätte ich reagiert, wenn ich für etwas, was ja absolut richtig war, Ärger bekommen hätte? Okay, ich kenne es eigentlich ziemlich gut. Die Impulsivität, die auch Petrus hat, hat mich auch schon öfters in solche Situationen gebracht. Einfach, weil andere Menschen nicht die Hintergründe so schnell verstanden haben. Ich weiß nicht, ob Petrus innerlich getobt hat oder wirklich komplett ruhig geblieben ist. Auf jeden Fall ist es ihm wichtig, dass er die Jerusalemer Geschwister mitnimmt. Sie sollen genau wissen, von Anfang an, was geschehen ist. Sie sollen sich ein neues Urteil bilden dürfen auf Grundlage aller Fakten und nicht nur auf Grundlage dessen, was bei der Stillen Post am Ende übriggeblieben ist.
Für mich stellen sich zwei Herausforderungen: 1. Bleibe ich so lange offen, bis ich alle Informationen habe oder urteile ich voreilig? 2. Ist es mir wichtig, möglichst viele mitzunehmen, statt zu schmollen?

Das merke ich mir: ______________________________

____

KW 27 bearbeitet von Karin Schüttendiebel,
Filmbildungsreferentin, 31515 Steinhude
E-Mail: karin.schuettendiebel@ec.de

MENSCHENSKINDER!
Psalm 12

Das gute Miteinander ist vorbei! Die Gesellschaft zerfällt zunehmend! Vorbei ist es mit der Zuverlässigkeit! Das wird immer schlimmer! Hochaktuell dieser Psalm. Immer wieder. Man ist versucht, das Ganze endlich zu beenden und zu rufen „Menschenskinder! Nun ist aber mal gut!“ Können wir uns jetzt nach über 3000 Jahren (Entstehungszeit des Psalms) bitte mal wieder zusammenreißen? Auf das Gemeinsame besinnen, anstatt falsche Fakten (doppelzüngig) in die Welt zu setzen und anfangen, die eigenen Worte ernst zu nehmen (V.3) anstatt sie als Waffe einzusetzen (V.5)? Worauf und auf wen und vor allem auf wessen Worte kann man sich so überhaupt noch verlassen? Klare wahrhaftige Worte, rein wie Silber, werden hier allein Gott zugesprochen (V.7).
Die Verse 6-8 rufen ihn in die Rolle des Beschützers. Die Zeit ist aber scheinbar noch nicht reif: Vers 8 spricht zwar von einer definierten Zeitspanne – von einer Generation – und davon, dass Schutz „immer“ – also auch jetzt und damals – zuteilwird. Aber Vers 9 zeigt auf, dass die Zeit sich noch nicht gewendet hat. Plötzlich bricht der Psalm hier ab. Vielleicht sollte man ihn dann wieder von vorn beginnen mit dem Refrain: „Ach hilf doch, Herr!“ Achte heute auf deine Worte. Meinst du, was du sagst?

Das merke ich mir: ______________________

____

____

MONATSSPRUCH JULI

SORGT EUCH UM NICHTS, SONDERN BRINGT IN JEDER LAGE BETEND UND FLEHEND EURE BITTEN MIT DANK VOR GOTT!

Philipper 4,6

„Prüft alles“, setzt voraus, sich selbst mit „allem“ auseinanderzusetzen, anstatt sich auf vorgefasste Meinungen zu verlassen: der Inbegriff von Mündigkeit!

Karin Schüttendiebel

WOCHENSPRUCH

Christus spricht: Kommt her zu mir, alle, die ihr mühselig und beladen seid; ich will euch erquicken.
Matthäus 11,28

30 Montag

SEGENSVOLLE VERFOLGUNG?

Apostelgeschichte 11,19-30

Der Prophet im eigenen Land gilt nicht viel. Von daher ist es gut, mit der entsprechenden Berufung ausgestattet, in benachbarte Orte oder darüber hinaus zu gehen. Und dann hat man meistens daheim eine Gemeinde, die einem den Rücken stärkt und für einen betet. Hier allerdings ist die Gemeinde selbst zersprengt. Die einzelnen Mitglieder sind auf der Flucht, nachdem einer der Ihren hingerichtet wurde und sie allesamt auf der Liste der Verfolgten stehen. Was bereits das Ende der Kirche hätte sein können, verwandelt sich in Segen: Die Flüchtlinge verkriechen sich nicht einfach an fremden Orten, sondern verkündigen die Botschaft Gottes! Zunächst in ihrer Peer-Group (V.19), aber dann auch bei vollkommen Glaubensfremden in Europa (V.20). Halleluja! Ich bin sehr dankbar für dieses Churchplanting, das die Botschaft in greifbare Nähe brachte. Zwei Meilensteine der Kirchengeschichte werden hier in wenigen Sätzen dargestellt: Im großen Stil werden Menschen außerhalb des Judentums mit dem Evangelium bekannt gemacht und zur Nachfolge eingeladen und die Jünger haben jetzt einen Namen – sie werden erstmals Christen genannt (V.26). Wer sollte die Botschaft heute hören? Was bedeutet dir die Out-Dimension, die wir als EC-Verband in unserer DNA haben?

Das merke ich mir: ______________________________

____

1 Dienstag

TRAUMWANDLER

Apostelgeschichte 12,1-17

Es kam ihm vor wie ein Traum (V.9): Wenn du mit Christus unterwegs bist, bedeutet das nicht, dass dir der Bezug zur Realität verlorengeht. Vielmehr kannst du staunen oder glauben, dass du träumst, weil du Dinge erleben darfst, die du dir nicht vorstellen konntest. Die Befreiung von Petrus lässt sich in der geschilderten Weise kaum rational erklären. „Wir werden sein wie die Träumenden, die noch nicht fassen, was sie sehen." Diese Liedzeile von Peter Strauch ist angelehnt an Psalm 126, in dem es in der Luther-Übersetzung heißt: „Wenn der Herr die Gefangenen Zions erlösen wird, so werden wir sein wie die Träumenden." Und weiter heißt es: „Der Herr hat Großes an uns getan, des sind wir fröhlich. Herr, bring zurück unsere Gefangenen!" So ergeht es auch Rhode, die vor lauter Freude vergisst, das Nächstliegende zu tun, nämlich Petrus die Tür zu öffnen und ihn damit nach menschlichem Ermessen in Sicherheit zu bringen. Es ist unfassbar! Entgegen Jakobus, dem ein frühes Ende gesetzt wurde, wird Petrus vom vermeintlichen Todesurteil (V.1 ff.) befreit. Seine Zeit ist noch nicht gekommen. Davon ist die Gemeinde überzeugt und betet Tag und Nacht (V.5). Gebet wirkt und hat Kraft! Nimm nicht hin, was brutal real erscheint. Bete für Befreiung!

Das merke ich mir: ______________________________

____

WURM UND WEG!

Apostelgeschichte 12,18-25 **2** Mittwoch

Herodes Agrippa I. war ein Tyrann und Intrigant. Seinen Posten hat er nicht zuletzt dadurch erreicht, dass er gegen seinen Vorgänger (zugleich sein Schwager) vorging und erreichte, dass dieser verbannt wurde. Um sich „lieb Kind" mit den Bewohnern des hinzugewonnenen Herrschaftsgebietes Judäa zu machen, geht er brutal gegen die lästigen Christen vor und greift an der Wurzel des Übels an – bei den 12 Aposteln. Nachdem der erste bereits hingerichtet wurde (V.1) und Herodes den Marketingwert dieser populistischen Aktion begreift, lässt er direkt den nächsten Apostel festsetzen, was misslingt. Die „unachtsamen" Wachen lässt er in seiner ihm eigenen Art schließlich hinrichten. Er selbst stellt sich weiterhin als Lichtgestalt dar und weiß zu überzeugen: gottgleich, verehrungswürdig (V.21/22) lässt er sich gefallen, dass das Volk ihn erhebt. Dieses blasphemische Verhalten wird umgehend abgestraft (V.23). Welche Demütigung für einen Herrscher ohne Demut! Sein Leben wird von parasitären Würmern qualvoll beendet. Die Botschaft des wahren Gottes hingegen, die er versuchte einzudämmen, ist unaufhaltsam und die Missionare machen emsig weiter. Lass dich nicht entmutigen von lauten Stimmen, erzähle anderen von deiner Beziehung zu Gott!

Das merke ich mir: ______________________________

____

IM DUNKELN TAPPEN

Apostelgeschichte 13,1-12 **3** Donnerstag

Zum Handgepäck der frühen Apostel gehört auch eine Vollmacht Gottes: Durch sie wirkten sie Wunder oder bestraften, so wie hier den Zauberer Barjesus. Basierend auf Paulus eigener Biographie stellt sich die Frage, warum er mithilfe dieser Vollmacht seinem Gegenüber ausgerechnet das Augenlicht raubt (V.9-11). Der Zauberer versucht, das Anliegen seines Chefs, das Wort Gottes zu hören (V.7), zu vereiteln und zu verhindern, dass dieser zum Glauben findet (V.8). Dabei scheint er so „listig" (V.10) vorzugehen, dass ein Ignorieren nichts helfen würde. Im Vergleich zur Blendung von Barjesus zu Paulus eigener Blindheit (Apg 9) stelle ich drei Punkte fest: 1. Beide sind zuvor erfüllt von dem Drang, gegen den neuen Glauben anzugehen. 2. Barjesus weiß nicht, welcher Macht er gegenübertritt – er bleibt quasi im Dunkeln, während Paulus von Licht umgeben Jesus selbst begegnet, bevor er das Augenlicht verliert. 3. Die Blendung des Zauberers scheint zwar zeitlich begrenzt zu sein (V.11), doch er kann so lange nur im Dunkeln tappen. Paulus hingegen erhält Anweisung, etwas zu erwarten. Und so kommt es auch. Es fällt ihm wie Schuppen von den Augen (Apg 9,18) und er darf die Wahrheit erkennen. Gab es bei dir auch schon solche Momente der „Erleuchtung"?

Das merke ich mir: ______________________________

____

4 Freitag

RHETORIK MIT PAULUS 101

Apostelgeschichte 13,13-25

Der heutige Text ist eine gute Lehrstunde der Rhetorik. Welche Worte würdest du erwarten, wenn jemand aufgefordert wird, Ermutigendes zu teilen (V.15)? Etwas Persönliches? Einen Zuspruch? Schon mit der Anrede eint Paulus seine Zuhörer (V.16) und appelliert zum Zuhören. Im zweiten Satz nimmt er sich durch das „uns" selbst mit hinein und damit auch sein Anliegen und seinen Glauben. Wenn man „von Gott erwählt" (V.17) ist, finde ich das schon sehr ermutigend. Dazu kommt ein Blick auf die Geschichte des Volkes mit Gott, seiner Stärkung (großes Volk, starke Hand, V.17) und seiner Treue (Dauer an Jahren, V.18/19). Nebenbei öffnet Paulus den Generationenreigen, um die Abstammungslinien bis hin zu Jesus aufzuzeigen und tritt damit den Beweis an, dass Christus zum einen einer der Ihren ist und zudem das Versprechen Gottes einlöst (V. 23). Zu guter Letzt tritt er etwaigen Zweiflern entgegen, indem er einen Zeugen (Johannes, den Täufer, V.25) zu Wort kommen lässt, dessen Worte klar machen, welchen Wert dieser Jesus hat. Hast du selbst schon mal eine Andacht oder sogar eine Predigt gehalten? Oder ist das vielleicht eine Gabe, die es noch zu entdecken gibt? Die Bibel ist auch hier ein guter Lehrmeister.

Das merke ich mir: ______________________________

____

5 Samstag

EIN GOTT SEINEM VOLKE

Apostelgeschichte 13,26-43

Die Juden sind das Volk Gottes und in diesem Text oder vielmehr in dieser Predigt von Paulus wird deutlich, dass sich die gute Botschaft insbesondere an diese richtet. Die an den Gott Israels glauben, sind diejenigen, für die diese Rettungsmission in Form der göttlichen Menschwerdung überhaupt gestartet wurde (V.26)! Paulus wird als einer der Ihren nicht nur angehört, sondern aufgefordert, Worte der Ermutigung (V. 15) und noch mehr davon (V.42) mit der jüdischen Gemeinde zu teilen. Neben all der berichteten Anstrengung und Anfeindung in den vergangenen und folgenden Texten, treffen wir hier auf eine Situation der Ruhe, der Neugier und des Wohlwollens. Auch Worte, die auf Widerstand stoßen könnten (V.40/41), scheinen keinen Protest oder Unmut auszulösen, sondern auf fruchtbaren Nährboden zu fallen. Der Heilige Geist wirkt hier in seinem Volk, denn Paulus und seine Begleiter stehen nicht in einem Evangelisationszelt, sondern in einer Synagoge.

So hart, wie die Fronten sich manchmal im eigenen Kopf zusammenpuzzeln, sind sie gar nicht: Ein Teil des Volkes hört die Gute Nachricht Gottes mit offenen Ohren und Herzen.

Das merke ich mir: ______________________________

____

KW 28 bearbeitet von Andrea Kasper,
Stellvertretende Vorsitzende des
Deutschen EC-Verbandes, 75177 Pforzheim
E-Mail: andrea.kasper@ec.de

WOCHENSPRUCH
Der Menschensohn ist gekommen, zu suchen und selig zu machen, was verloren ist.
Lukas 19,10

6 Sonntag Lied: FJ6! Nr. 80

10.000 GRÜNDE

Psalm 103

„Lobe den Herrn meine Seele, und vergiss nicht, was ER dir Gutes getan hat" (V2). Diese Worte von König David stehen auf einer alten Tafel, die an der Fassade unseres Wohnhauses angebracht ist. Wann immer ich an diesen Worten vorbeigehe, sie mir beim Ausparken in den Blick fallen, muss ich daran denken, wie viel Gutes Gott in meinem Leben bereits getan hat. Ich bin beschenkt mit meiner Familie, meinen Freunden, meiner Gemeinde, unserer EC-Jugendarbeit, mit der Bibel und mit einem lebendigen Gott, der Einfluss auf meinen Alltag nimmt. Es ist der Gott, der jeden einzelnen Menschen kennt und zutiefst liebt (vgl. Ps.139). Seine Gnade und Vergebung stehen über unserem Leben, jeden Tag – ohne Zweifel (V.3f). Es ist der Gott, der heilt (V.3), der Gerechtigkeit schafft, in welchem Kontext auch immer wir sie erbeten (V.6), und dessen Kraft in unserer Schwäche sichtbar werden kann (vgl. 2.Kor.12,9). David hat die Wahrheit dieser Worte selbst erfahren, und das wünsche ich uns auch. In dem Lied „10.000 Gründe" heißt es: „Komm und lobe den Herrn, meine Seele sing. Bete den König an. Sing wie niemals zu vor, nur für IHN und bete den König an!" Was sind heute ganz konkret deine Gründe, Gott zu loben? Bete den König an und sage sie IHM.

Das merke ich mir: ____________________

____

____

Gott ist gut! (Lk18,19)
Ich behalte IHN!
Für immer und ewig!
Andrea Kasper

7 Montag

BEAUFTRAGT

Apostelgeschichte 13,44-52

„Geht hinaus in die ganze Welt und ruft alle Menschen dazu auf, meine Jünger zu werden!“ (Mt 28,19). Jesus selbst beauftragt damals wie heute. Sein tiefster Wunsch ist es, dass alle Menschen gerettet werden und zur Erkenntnis der Wahrheit kommen (1.Tim 2,4). So groß ist seine Liebe zu jedem einzelnen. Paulus selbst lebt diesen Auftrag zielstrebig und kompromisslos. Er, der Jesus in einem Licht begegnet (Apg 9), wird von ihm zum Licht für alle Völker gemacht, damit die Welt den Retter erkennt (V.47). Und das tut sie. Die Menschen in Antiochia machen sich auf den Weg, um Gottes Worte zu hören (V.44). Es sind die Heiden, die diese dankbar annehmen. Tiefe Freude erfüllt sie, und es kommt zu Entscheidungen für ein Leben mit Jesus (V.48). Diese Entscheidungen auch heute in unseren Jungscharen, Teenkreisen, im privaten Umfeld zu erleben, ermutigt mich immer wieder, den Auftrag, den Jesus uns gibt, wahrzunehmen und mich in unserer EC-Jugendarbeit einzubringen. Es lohnt sich so sehr! Und doch wird es auch heute noch Menschen geben, die Jesus ablehnen, die gegen uns Christen agieren, die den Glauben ins Lächerliche ziehen (V.45.50). Dann gilt es zu beten und zu vertrauen, dass Gott immer noch einen Weg hat, um diese Menschen zu erreichen.

Das merke ich mir: ______________________________

____

8 Dienstag

VERTRIEBEN

Apostelgeschichte 14,1-7

Menschen auf der Flucht, auf Grund der Tatsache, dass sie entschieden für Christus leben. Paulus und Barnabas werden aus Antiochia vertrieben und flüchten in die ca. 100 km entfernte, wirtschaftlich bedeutsame Stadt Ikonion (Apg 13,50f). Vertrieben und doch entschieden. Ihr Auftrag ist weiterhin klar: „Die Welt“ – Juden und Heiden – braucht Jesus, Gottes Sohn. Paulus und Barnabas suchen zunächst die Synagoge auf, um bei den Menschen anzuknüpfen, die die Geschichten des AT bereits kennen und auf den Messias warten. Dieses Warten hat durch JESUS ein Ende gefunden, das gilt es weiterzusagen, und die Menschen sind offen. Juden beginnen zu glauben und nicht nur sie (V.1). Es kommt erneut zu Widerständen und doch predigen die beiden Männer furchtlos und in aller Öffentlichkeit (V.3). Sie haben ein großes Vertrauen in Gottes Hilfe und doch kommt der Tag, an dem Paulus und Barnabas sich dafür entscheiden, die Flucht zu ergreifen (V.6+7). Damals wie heute werden Christen weltweit verfolgt, misshandelt, vertrieben. Open Doors berichtet darüber (www.opendoors.ch). Lasst uns Gottes Welt im Blick haben, beten und Gottes Zeichen und Wunder erwarten (V.3b). „Werde wach und stärke das Übrige, das im Begriff ist zu sterben“ (Offb 3,2).

Das merke ich mir: ______________________________

____

VERGÖTTERT

Apostelgeschichte 14,8-20a **9** Mittwoch

Alles beginnt in Lystra mit „Evangelisation" unter den Heiden (V.9). Eine Synagoge sowie Juden werden nicht erwähnt – aber ein von Geburt an gelähmter Mann, der in irgendeiner Art und Weise glaubt, dass ihm geholfen werden kann (V.10). Und jetzt wird Realität, was Jesus zuvor versprochen hat: „Wer an mich glaubt, wird die gleichen Taten vollbringen wie ich – ja sogar noch größere" (Joh 14,12). Paulus fordert den Mann auf: „Stell dich hin! Und er sprang auf und ging umher!" (V.10). Die Menschen werden Zeuge eines Wunders und ordnen es in ihren Glauben ein: Die Götter „Zeus" und „Hermes" sind in der Gestalt von Paulus und Barnabas zu ihnen gekommen, das muss mit Opfergaben gewürdigt werden (V.13.18). Paulus und Barnabas werden regelrecht vergöttert. Sich derart feiern zu lassen, wäre eine Möglichkeit gewesen, aber die beiden weisen mit aller Entschiedenheit von sich weg, hin zu dem einzig wahren lebendigen Gott, dem sie dienen (V.14-17). „Alles zur Ehre meines Herrn!", so hieß es am Ende des EC-Bekenntnisses. Wenn uns Dinge gelingen, unsere Gaben sichtbar werden, Wunder geschehen und Gebete Antwort finden, dann ehrt es Gott, wenn wir ihm dafür danken, ihn loben und Zeugnis darüber geben. Nicht ich, sondern GOTT durch mich.

Das merke ich mir: ______________________________

____

BEFÄHIGT

Apostelgeschichte 14,20b-28 **10** Donnerstag

Die EC-Weltverbandstagung 2023 fand unter dem Motto: „Empower: Make the planet shake!" statt. Ziel: junge Menschen befähigen, Glauben zu leben und die „Welt" zu verändern. Auch Paulus und Barnabas haben dies zum Ziel. Trotz schrecklichster Erfahrungen, Rufmord, Verfolgung, Steinigung kehren sie nach Lystra, Ikonion und Antiochia zurück (V.21) und ermutigen die Christen, im Glauben zu bleiben (V.22.27). Auch dann, wenn es hart auf hart kommt. Menschen werden von Paulus und Barnabas eingesetzt, Gemeinde zu leiten (V.23), im Blick zu haben, was dran ist, Strukturen zu schaffen. Verantwortung wird hier übertragen. Wenn das in unserer EC-Jugendarbeit, in unseren Gemeinden gelebt wird, wenn wir Menschen befähigen, Aufgaben zu übernehmen und verantwortlich auszuführen, dann verändern wir die „Welt". Zum einen meint dies die „Welt" der Menschen, die Aufgaben übernommen haben. Wir können uns ausprobieren, dazu lernen, wachsen, zum Segen werden. Zum anderen wird die „Welt" der Menschen verändert, die davon profitieren, dass andere bereit sind, sich einzusetzen. Gemeindeleben wäre nicht möglich ohne den großartigen Einsatz von Menschen. Wir sind Befähigte und sollen andere befähigen. Das hat Jesus uns vorgelebt.

Das merke ich mir: ______________________________

____

Freitag 11

HINTERFRAGT

Apostelgeschichte 15,1-21

Gemeinden entstehen und Fragen kommen auf, hier z. B.: „Werde ich durch eine Beschneidung, wie im Mose-Gesetz gefordert, gerettet oder nicht?" Ein Streit über diese Thematik ist die Folge (V.2) – und jetzt? Glaubensfragen können das Potenzial haben, dass wir uns im wahrsten Sinne des Wortes zu Tode diskutieren oder im Streit auseinandergehen. Paulus, Barnabas, die Apostel und Ältesten machen es anders. Gemeinsam setzen sie sich an einen Tisch und ringen im Glauben um eine Antwort (V.4-21). Jesus und seinen Umgang mit den Menschen verlieren sie dabei nicht aus dem Blick und so können sie Petrus und Jakobus, die an der harten Diskussion Beteiligten, mit „liebe Brüder" ansprechen (V.7b.13b). Achtung und Wertschätzung des anderen gehen nicht verloren. In unseren Gemeinden und Jugendarbeiten gibt es auch einige Themen, die es in sich haben, z. B. Sex vor der Ehe oder nichtchristliche Partner. Was ist der richtige Weg? Etwas zu hinterfragen, sich mit der Bibel auseinanderzusetzen, an einem Tisch um Antworten zu ringen, ist wichtig und führt dazu, dass wir sprachfähig werden. Dazu kann ich uns nur ermutigen. Und doch gilt es, in einem respektvollen und von Jesus geprägten Denken, Reden und Handeln dem anderen zu begegnen.

Das merke ich mir: ____________________

____

Samstag 12

GESTÄRKT

Apostelgeschichte 15,22-35

In Jerusalem kommt es zu einer Einigung über die Streitfrage der „Beschneidung". Die „Tischgemeinschaft" unter der Leitung des Heiligen Geistes (V.28) wird aufgehoben. Silas, der später Paulus auf seiner zweiten Missionsreise begleitet (V.40), und Judas werden nach Antiochia gesandt. Der Beschluss liegt vor: Heidenchristen sollen nicht unter dem Gesetz zusammenbrechen. Durch Jesus sind wir gerettet (V.11.28). Die Gemeinde in Antiochia wird versammelt, noch immer herrscht Verwirrung. Die Menschen hören die klaren Anweisungen und es ermutigt sie, mit Freude weiterzugehen. Sie sind als Heidenchristen noch nicht lange mit Jesus unterwegs, aber ihr Glaube wird durch die „Glaubensbrüder", wie sie hier immer wieder genannt werden, gestärkt und geprägt (V.31-33). „Besser zusammen" – im Glauben unterwegs sein. Wie wertvoll ist es, Kids, Teens, junge Erwachsene, die noch nicht lange Christen sind, auf ihrem Weg zu begleiten. Unsere Aufgabe in den verschiedenen Kreisen darf es immer wieder sein, gemeinsam die Bibel zu lesen, Fragen zu diskutieren, sich mit aktuellen Themen auseinanderzusetzen und für den Weg mit Jesus zu begeistern, denn der Heilige Geist wirkt in und durch uns. Was für ein Vorrecht!

Das merke ich mir: ____________________

____

BIBLISCHES BUCH

PHILIPPERBRIEF

ÜBERBLICK

Besonders Philipper 2,6-11 fordert zum Nachdenken heraus: Jesus Christus stieg von der höchstmöglichen Ebene, der Welt Gottes, auf die niedrigst denkbare menschliche herab. Er wurde nicht nur Sklave, sondern starb den schändlichen Tod am Kreuz. Doch Gott hat ihn erhöht. Ihm werden sich alle Knie beugen, alles wird ihm untertan sein. Diese Kraft, die gerade in der Erniedrigung liegt, durchzieht den ganzen Brief. Obwohl im Gefängnis und von vielen Seiten bedrängt, ist Paulus ruhig und gelassen. Fast schon ungeschützt lässt er die Philipper an dem teilhaben, was ihn bewegt, an seinen Gedanken über Leben und Tod, an dem, was ihn antreibt (3,10 f.): „(Christus) möchte ich erkennen und die Kraft seiner Auferstehung und die Gemeinschaft seiner Leiden und so seinem Tode gleich gestaltet werden, damit ich gelange zur Auferstehung von den Toten." Wenn einer so klar das Ziel vor Augen hat, wenn das Leben Christus und Sterben Gewinn ist (1,21), dann wird auch klar, warum der Philipperbrief so von Freude durchzogen ist. Äußerlich gibt es ja wenig Grund dazu: Paulus sitzt im Gefängnis mit ungewissem Ausgang, Christen aus der Gemeinde droht vielleicht ein ähnliches Schicksal (2,28) und schon pochen Irrlehrer an die Türen. Doch der Apostel freut sich, obwohl er doch rein äußerlich betrachtet gar keinen Grund dazu hätte. Paulus' Freude ist also im wahrsten Sinne des Wortes seine Freude „im Herrn", eine Freude darüber, dass Gott die Dinge lenkt und sich die Fäden nicht aus der Hand nehmen lässt. Der Apostel weiß, dass ihm nicht nur sein Prozess „zum Heil ausgehen wird" (1,19) – egal, ob er mit Freispruch oder Tod enden wird. Er freut sich auch darüber, dass Gott Neid, Streitsucht und Eigennutz als Triebkräfte zur Verkündigung des Evangeliums nutzt (1,15.17). Der Gedanke an die eigene Ehre liegt also hinter ihm, Paulus ist nur die Verkündigung des Evangeliums wichtig. Das feste Vertrauen auf Gott ist auch der Grund, warum Paulus angesichts der Probleme den Mut nicht verliert. Er weiß, dass Gott seine Hand auf die Gemeinde gelegt hat, und dass er sein Ziel mit ihr erreichen wird, denn was Gott anfängt, das wird er auch vollenden (1,6; 2,13).

WEITER GEDACHT

Paulus hat nur noch das Ziel vor Augen und sieht die Hand Gottes in allem, was ihm widerfährt. Als Vorbild fordert er die Philipper auf, es ihm nachzutun. Gerade darin liegt die große Herausforderung dieses Schreibens. Vertrauen wir, wie der Apostel, auf die Kraft Gottes, die sich in der Erniedrigung zeigt?

Dr. theol. Thomas Weißenborn, Stellvertretender Direktor am Marburger Bibelseminar (MBS)
E-Mail: thomas.weissenborn@m-b-s.org

4. MOSE (NUMERI)

Das 4. Buch Mose erzählt, wie sich die Israeliten auf den Einzug in das von Gott versprochene Land vorbereiten, wie sie sündigen und bestraft werden und wie sie sich auf einen erneuten Versuch vorbereiten. Verfasser ist Mose, die zeitliche Einordnung: 1450–1410 v. Chr.

ÜBERSICHT über das Buch:

Teil 1: VORBEREITUNG AUF DIE REISE (1,1–10,10)
1. Erste Zählung in Israel
2. Rolle der Leviten
3. Reinheit des Lagers
4. Orientierungshilfen für die Reise

Teil 2: ERSTE ANNÄHERUNG AN DAS VERHEISSENE LAND, (10,11–14,45)
1. Das Volk beklagt sich
2. Mirjam & Aaron widersetzen sich Mose
3. Spione stiften zum Widerstand an

Teil 3: WANDERUNG DURCH DIE WÜSTE (15,1–21,35)
1. Zusätzliche Vorschriften
2. Aufstand führender Männer gegen Mose
3. Pflichten der Priester und Leviten
4. Die neue Generation

Teil 4: ZWEITE ANNÄHERUNG AN DAS VERHEISSENE LAND (22,1–36,13)
1. Geschichte von Bileam
2. Israels zweite Volkszählung
3. Anweisungen für Opfer
4. Rache an den Midianitern
5. Das Gebiet östlich des Jordans
6. Das Lager in den Ebenen von Moab

Zu Beginn des Buches lagert das Volk am Fuß des Berges Sinai. Es hat Gottes Gesetze erhalten und bereitet sich auf die Wanderung vor. Doch dann beginnt das Jammern. Gott straft einige, verschont aber das Volk, weil Mose darum bittet. Dann kommt das Volk in Kadesch an. Spione werden nach Kanaan geschickt, um die Stärke des Landes zu beurteilen. Zehn von ihnen kommen mit furchterregenden Geschichten zurück. Nur Kaleb und Josua ermutigen das Volk, das Land einzunehmen (13,30). Der Bericht stößt auf taube Ohren. Aufgrund ihres Unglaubens erklärt Gott, dass die gegenwärtige Generation den Einzug in das versprochene Land nicht erleben wird. Deshalb beginnt die „Wanderung". Während der Wüstenwanderung kann man ein wiederkehrendes Muster von Schimpfen, Trotz, Strafe und Tod erkennen. Dann beginnt das Warten: Warten, bis die alte Generation gestorben ist, und Warten, ob die neue Generation Gott voller Glauben gehorchen kann.

Das 4. Buch Mose endet, wie es begonnen hat: mit Vorbereitung. Die neue Generation wird gezählt und geheiligt. Nach dem Sieg über zahlreiche Heere siedeln sie sich östlich des Jordans an. Dann stehen sie vor ihrer größten Prüfung: der Überquerung des Flusses und der Einnahme des Landes, das Gott versprochen hat.

Zusammengestellt von Steffi Pfalzer

KW 29 bearbeitet von Andreas Schmierer,
Pfarrer und Studienassistent, 72072 Tübingen
E-Mail: a.schmierer@bengelhaus.de

WOCHENSPRUCH

Einer trage des andern Last, so werdet ihr das Gesetz Christi erfüllen.

Galater 6,2

GOTT SORGT FÜR GERECHTIGKEIT!

Psalm 7

David ist zutiefst beunruhigt. Er wird beschuldigt, ist sich aber keines Fehlverhaltens bewusst (V.4-6). Die sich wiederholenden Angriffe von Saul und seinen Männern setzen David zu. Anstatt jedoch jetzt seine Steinschleuder auszupacken und sich auf eine Konfrontation einzulassen, wählt David einen anderen Weg: Er wendet sich mit seinem Klagelied an Gott. „HERR, mein Gott“, sagt er und legt damit ein Bekenntnis ab. Bei diesem Gott findet er Zuflucht, ihm traut er zu, ihn zu beschützen (V.2). Entscheidend ist, dass Gott mein Herz sieht (V.10) und nicht nur das, was vor Augen ist (1. Sam 16,7). Gott ist gerecht und er wird richten (V.12). Diese Gewissheit hilft David, nicht selbst zur Vergeltung anzusetzen und sein Unverständnis und seine Wut vor Gott auszuschütten (V.7-10; 15-17).

Die sachgemäße Antwort auf Gottes gerechtes Handeln ist der Lobpreis (V.17). Allein Gott garantiert, dass am Ende die Gerechtigkeit wiederhergestellt wird. Mich fordert der Psalm heute auf, herausfordernde Situationen, in denen ich mich zu Unrecht beschuldigt fühle, Gott zu überlassen und ihn für mich streiten zu lassen (vgl. 2. Mose 14,14).

Wo bist du versucht, reflexartig (mit Worten) zurückzuschlagen, wenn du dich angegriffen fühlst?

Das merke ich mir: ____________________

____

____

Die Jahreslosung fordert mich heraus, nicht einfach zu glauben, was gepredigt und gelehrt wird, sondern selbst zu prüfen, um mündig und lebendig als Christ zu leben.

Andreas Schmierer

Montag 14

STREIT UNTER MISSIONAREN

Apostelgeschichte 15,36 – 16,5

Zwischenmenschliche Konflikte gibt es auch in der Urgemeinde! Nicht immer waren die Menschen dort ein Herz und eine Seele! Barnabas wollte seinen Neffen Johannes Markus mitnehmen (V.37). Für Paulus war das ein No-Go: Immerhin hatte jener die beiden in Pamphylien im Stich gelassen (V.38). Dicke Luft! Wie sollte es weitergehen? Es brauchte Zeit, bis Paulus anderen wieder Johannes Markus empfehlen konnte und Gras über die Sache gewachsen war (vgl. 2. Tim 4,11). Die „heftige Auseinandersetzung" (V.39) kannte nur eine Lösung: Abstand auf Zeit. So wie Abraham und Lot auch getrennte Wege gegangen sind. Paulus dagegen bricht mit Silas auf. Ihm vertraut er. In Lystra hat Paulus einen anderen Mann als weiteren Begleiter im Blick: den jungen Timotheus. Er wird Paulus auf der zweiten und dritten Missionsreise begleiten (Apg 19,22). Wie ein Vater kümmert sich Paulus fürsorglich um seinen neuen Begleiter, was in den beiden Timotheus-Briefen sichtbar wird. Welche Meinungsverschiedenheiten machen dir in der Gemeinde zu schaffen? Gibt es Momente, wo es in der Gemeinde kein „Weiter so" mehr gibt und neue Wege einzuschlagen sind? Bitte Gott, dass Konflikte nicht nur Scherben hinterlassen, sondern ein neuer Aufbruch möglich wird!

Das merke ich mir: ______________________________

____

Dienstag 15

PLANÄNDERUNG!

Apostelgeschichte 16,6-15

Paulus und seine Mitstreiter machen sich auf den Weg. Doch es läuft nicht, wie gedacht. In die Provinz Asia sollen sie nicht gehen (V.7). Gottes Geist hält sie davon ab. Also gehen sie auf anderem Weg weiter. Ein weiteres Mal werden sie korrigiert und ihre Reiseroute führt nicht nach Bithynien, sondern direkt ans Meer in die Stadt Troas (V.8). Von dort führt der Weg die Missionare Richtung Norden über die Insel Samothrake bis nach Philippi in Makedonien. Was ein bisschen wie eine missglückte Reiseplanung aussieht, ist in Wahrheit Gottes Plan, der dafür sorgt, dass das Evangelium nach Europa kommt. Was für ein Geschenk! In Philippi angekommen, suchen die beiden Kontakt zu den Frauen, die sich an einer jüdischen Gebetsstätte versammelt haben (V.13). Lydia, eine Purpurhändlerin, wird das Herz geöffnet, als sie Paulus zuhört. Sie überlegt nicht lange und lässt sich taufen. Lydia wird zur ersten Christin in Europa und wir dürfen dankbar sein, dass Gottes Geist Paulus und seine Wegbegleiter nach Makedonien geführt hat. Kann ich die Türen in meinem Leben, die Gott schließt, als seine liebevolle Wegführung sehen? Kann ich gleichzeitig vertrauen, dass er dennoch Gutes für mich (und andere) bereithält?

Das merke ich mir: ______________________________

____

ES IST KRAFT IM NAMEN JESU

Apostelgeschichte 16,16-24

Mittwoch **16**

Erneut sind Paulus und seine Mitstreiter unterwegs zur Gebetsstätte der Juden. Dabei fällt ihnen eine Frau auf. Die Dienerin ist von einem Wahrsagegeist besessen (V.16). Wie sich dieser genau äußert, erfahren wir leider nicht. Sicher ist jedoch: Finanziell war dieser Geist eine lukrative Sache für die „Besitzer", also die Sklavenhalter. Für Paulus wird die Frau jedoch zur Belastung. In der Regel fliehen Dämonen vor Jesus, bei Paulus ist es umgekehrt: die Frau läuft ihnen „viele Tage" (V.18) nach. Die Ausbreitung des Evangeliums kann dieser dämonische Geist nicht verhindern. Kraftvoll tritt Paulus ihm entgegen und befiehlt „im Namen Jesu" (V.18), dass die Frau befreit wird. Sofort ist die Frau frei vom Geist und ihre Herren sind ihres Geschäftes beraubt. Ein wütender Mob geht auf Paulus und Silas los. Man wirft ihnen Volksverhetzung vor (V.20f). Misshandlungen und Schläge sind die Folge, obwohl beide treu ihren Glauben bekannt haben. Gebet: Jesus, hilf mir heute, deiner Macht zu vertrauen und treu zu deinem Wort zu stehen – auch wenn mir das Nachteile und Schwierigkeiten einbringt. Schenke mir den Mut, Hoffnung und Befreiung im Namen Jesu über dem Leben von anderen Menschen, die du mir aufs Herz legst, auszusprechen. Amen.

Das merke ich mir: ____________________

____

LOBPREIS UM MITTERNACHT

Apostelgeschichte 16,25-40

Donnerstag **17**

Die Haltung von Paulus und Silas beeindruckt mich: Obwohl die Lage absolut aussichtlos scheint, halten die beiden an Gott fest. Und sie stimmen sogar Loblieder auf Gott an – mitten in der Nacht (V.25). Was für eine „Und-dennoch"-Haltung der beiden Christen. „Trotzdem bleibe ich immer bei dir", heißt es in Psalm 73,23. Lobpreislieder singen und die Hände heben, wenn es einem gut geht, ist leicht, aber an Gottes Güte, seiner Heiligkeit und Größe festzuhalten, wenn ich selbst tief im Leid stecke, ist eine ganz andere Sache. Während des Lobgesangs kam ein Erdbeben. Die Gefängnistüren sprangen auf, die Ketten fielen ab. Der Gefängniswärter bekam es mit der Angst zu tun. Doch alle Gefangenen blieben da. Erst will er sich das Leben nehmen, dann fällt er vor Paulus und Silas nieder und stellt die entscheidende Frage (V.30). Die neue Erkenntnis des Glaubens hat unmittelbare Konsequenzen: Er wäscht den Männern ihre Wunden, lässt sich taufen und teilt mit ihnen Tischgemeinschaft. Unglaublich, was aus dem Lobpreis um Mitternacht entstehen durfte! Barmherziger Gott, ich bitte dich: Schenke mir ein demütiges Herz, das dich ehrt und erkennt, wie wertvoll es ist, dich kennen zu dürfen. Lass uns deine Herrlichkeit sehen – auch im Leiden. Amen.

Das merke ich mir: ____________________

____

Freitag 18

GEMEINSCHAFT DER HEILIGEN

Philipper 1,1-11

Paulus steigt mit großen Worten in den Brief an die Philipper ein! Sein Schreiben ist an jene gerichtet, die „durch Jesus Christus zu den Heiligen gehören“ (V.1). Beim Wort „Heilige“ bekommen manche jedoch Stirnrunzeln: Wie kann ein Mensch „heilig“ sein? Die Antwort: gar nicht! Heiligkeit können wir uns darum weder erarbeiten noch verlangen. Sie geschieht eben durch Christus und ist kein Verdienst. Heiligkeit ist der Grund dafür, weshalb Adam und Eva aus dem Garten Eden vertrieben wurden: In der Gegenwart des heiligen Gottes ist kein Platz für Unreinheit. Deshalb schickt Gott seinen Sohn Jesus, um durch seinen Tod und seine Auferstehung uns wieder in die Beziehung mit ihm zu führen. Die Gemeinschaft der Heiligen, die durch Jesus zur Gemeinde dazugehören, stärkt Paulus, der im Gefängnis sitzt (V.7). Gottes Geist schafft die Verbindung. Die Freude über seine Glaubensgeschwister sprudelt förmlich über (V.8) und führt Paulus ins Gebet: mit Dank und der Bitte um Reife im Glauben (V.9). Bist du dankbar für die Gemeinschaft der Christen, in die du gestellt bist? Vielleicht magst du eine Dankes-Challenge starten und für die kommende Wochen jeden Tag Gott für 3 Personen aus deiner Gemeinde, deinem Jugend- oder Hauskreis danken?

Das merke ich mir: ______________________________

____

Samstag 19

NIEMAND KANN DAS EVANGELIUM STOPPEN

Philipper 1,12-18a

Es erscheint paradox. Paulus ist überzeugt: Durch seine Gefangenschaft haben sich neue Möglichkeiten der Verbreitung des Evangeliums aufgetan: bei denen, die im Gefängnis mit Paulus zu tun haben (V.12) und bei den Christen, die durch Paulus‘ mutiges Auftreten und Einstehen für Christus selbst ermutigt werden, ihren Glauben „ohne Furcht“ zu bezeugen (V.14). Mich beeindruckt, wie Gott selbst die sicherlich nicht einfachen Umstände eines Gefängnisaufenthalts nutzen kann, um seine Botschaft der Liebe und Versöhnung zu verbreiten und zugleich Paulus geistlich zu stärken. Gott kann die widrigsten menschlichen Umstände gebrauchen. Selbst sie können ihn nicht von seinen Plänen voller Hoffnung und Zukunft für uns abbringen (Jer 29,11). Paulus ist von Gott zur Verteidigung des Evangeliums (V.16) berufen. Aus diesem Grund sieht er auch weniger sich selbst als das Evangelium angeklagt. Wo kann ich heute einem Menschen von Gottes rettender Liebe und der Chance auf einen Neuanfang erzählen? Bete um eine Gelegenheit dafür sowie für unsere Glaubensgeschwister, die aufgrund ihres Glaubens an Jesus bedrängt, diskriminiert, verfolgt oder gar mit dem Tode bedroht werden. Möge Gott ihnen ganz nahe sein, ihnen Weisheit, Kraft und Trost schenken!

Das merke ich mir: ______________________________

____

KW 30 bearbeitet von Lukas Güth,
Jungschar- und Teenagerreferent im
EC Nordheide und in der LKG Brackel,
21438 Brackel
E-Mail: lukas.gueth@ec-niedersachsen.de

WOCHENSPRUCH
Aus Gnade seid ihr selig geworden durch Glauben, und das nicht aus euch: Gottes Gabe ist es.
Epheser 2,8

Sonntag 20

Lied: FJ6! Nr. 138

DER GOTT DER UNTERDRÜCKTEN

Psalm 26

Zu Unrecht angeklagt. Vor Gericht, doch unschuldig!? So muss es wohl der Person gegangen sein, die diesen Psalm zuerst gebetet hat. In der größten Verzweiflung wendet sie sich an JHWH, an Gott, der versprochen hat, mit seinem Volk zu sein. Vor ihm beteuert der Angeklagte seine Unschuld und bittet Gott, dass er ihn zu seinem Recht kommen lässt. Hier geht es nicht um jemanden, der versucht, besonders gut dazustehen und sich einen Schulterklopfer von Gott abzuholen. Diese Person erlebt wohl großes Unrecht und sieht keine andere Möglichkeit mehr, als dieses Gebet so zu formulieren. Ungerechtigkeit ist heute wie damals ein großes Thema. Menschen, die andere Menschen erniedrigen, um selbst groß rauszukommen, gibt es genug. Viele Menschen haben keine Stimme und werden unterdrückt. Daher ist es umso beeindruckender, dass der, der alle Macht hat, sich genau zu diesen Unterdrückten stellt. Auch wenn Gott nicht immer so eingreift, dass sich deren Situation schlagartig verändert, ist er doch ein Gott, der für seine Menschen da ist, sie tröstet und ihnen festen Boden unter den Füßen schenkt. Mit unserem Gott stehen wir auf sicherem Grund. Er lässt uns nicht fallen. Leider erleben das viele nicht. Bitte Gott für die Unterdrückten dieser Welt.

Das merke ich mir: ____________________

____

____

Indem ich mich an Jesus orientiere, werde ich das Gute für mein Leben und für das Leben anderer entdecken. Ein wichtiger Schritt, um gute Entscheidungen zu treffen.
Lukas Güth

Montag 21

WIN-WIN-SITUATION

Philipper 1,18b-26

Paulus sitzt im Gefängnis. Der Ausgang des Prozesses ist noch offen. Entweder, er bekommt die Todesstrafe oder er wird freigelassen. Eigentlich eine Situation, in der man verzweifelt darauf hoffen würde, freigelassen zu werden. Aber Paulus ist voller Freude. Aus seiner Sicht befindet er sich in einer WIN-WIN-Situation. Entweder er stirbt und ist dann bei Jesus, was das Beste überhaupt wäre, oder er wird freigelassen und ist weiterhin auf der Erde mit Gottes Geist und für ihn unterwegs. Für Paulus ist klar: Sein Leben gehört Jesus. Ja, Christus ist das Leben für ihn. Paulus' Identität ist so fest in Jesus verankert, weil er weiß: Jesus hat sein Leben in der Hand und er wird es auch gut mit ihm machen. Er weiß sowieso, was am besten für ihn ist und wie er ihn gebrauchen will. Dieses Vertrauen auf Jesus verändert seine Wahrnehmung der Situation und macht ihn gelassen und zuversichtlich. Deshalb macht ihm der Tod auch absolut keine Angst. Denn er weiß, dass er dann ganz bei Jesus sein darf und es bei ihm kein Leiden mehr gibt. Das macht auch uns Mut, uns ganz auf Jesus zu verlassen und ihm die Kontrolle über unser Leben zu überlassen. Sag ihm das gerne heute: Jesus, ich will dir vertrauen und gebe dir die Kontrolle über diesen Tag.

Das merke ich mir: ____________________

____

Dienstag 22

DEM EVANGELIUM GEMÄß LEBEN

Philipper 1,27 – 2,4

Paulus beginnt diesen Abschnitt mit: „Eins ist wichtig". Der Satz, der darauf folgt, kann wie eine Überschrift für den Abschnitt gelesen werden, der im Anschluss ausgeführt wird. Paulus ermutigt die Menschen aus Philippi, dem Evangelium gemäß zu leben und ihm Ehre zu machen. Das Evangelium ist die „Gute Nachricht von Jesus Christus". Damit ist alles gemeint, was Jesus Christus für uns Menschen getan und sich durch ihn für uns verändert hat. Dass sich Gott selbst klein macht, Mensch wird und alle Schuld, Scham und Verletzungen auf sich nimmt, um für uns Menschen zu sterben, um dann durch seine Auferstehung darüber zu triumphieren, ist die beste Nachricht überhaupt. Denn das gibt mir die Gelassenheit und den Trost, den Paulus auch hatte. Er hat erlebt, dass er auch in Krisenzeiten von Jesus gehalten wird, der das aus eigener Erfahrung kannte. Deshalb ermutigt Paulus die Philipper, sich an diese Gute Nachricht zu halten und darauf zu vertrauen, dass Jesus auch mit ihnen durch ihre Krisenzeiten gehen wird. Dabei ist es vor allem wichtig, als Gemeinschaft zusammenzustehen und füreinander da zu sein. Challenge für heute: Für wen kannst du heute da sein, der vielleicht auch eine Krise erlebt? Wie kannst du ihm/ihr etwas Gutes tun?

Das merke ich mir: ____________________

____

WWJD – WHAT WOULD JESUS DO?

Philipper 2,5-11

Mittwoch **23**

„Was würde Jesus tun?", das ist die Frage, die Paulus den Philippern für ihren Umgang miteinander mitgibt. Wie das aussieht, beschreibt er an Jesu Leben. Jesus wusste, wer er ist, und was sein Auftrag ist. Weil ihm das so klar war, musste er sich nie vor anderen beweisen. Deshalb hat er nicht mal an seiner göttlichen Gestalt festgehalten, sondern ist Mensch geworden. Er ist vom Himmel herabgestiegen und auf Augenhöhe gekommen. Er ist uns Menschen zum Gegenüber geworden und hat uns gezeigt, wie wahres Leben aussieht. Ein Leben, in dem ich nicht auf mein Recht pochen muss, sondern darauf vertrauen darf, dass Gott alles zurechtbringen wird. Das macht mich frei, meinen Mitmenschen zu lieben, ihn anzunehmen, wie er ist und ihm zu dienen. Jesus hat das vorgelebt. Er ist wortwörtlich zum Diener für seine Freunde geworden, um ihnen die Füße zu waschen. Einer davon hat ihn wenig später für Geld verraten. Jesus wusste das und hat ihm trotzdem die Füße gewaschen. Das als Beispiel zu nehmen, klingt krass. Aber Paulus fordert auch uns heraus, uns von Jesu Liebe und seinem Blick auf diese Welt leiten zu lassen. Daher kann dein heutiges Gebet sein: „Jesus, fülle mich mit deiner Liebe – für dich, für meine Mitmenschen und für mich selbst."

Das merke ich mir: ______________________________

____

ALLES GEBEN – ALLES EMPFANGEN

Philipper 2,12-18

Donnerstag **24**

Leben mit Jesus ist spannend. Es ist aufregend, weil er mit uns durch alle Höhen und Tiefen geht und uns das Leben in Fülle schenkt. Gleichzeitig ist es auch spannungsvoll, da es Spannungen mit sich bringt, die sich nicht einfach auflösen lassen. Paulus ermutigt die Philipper, alles daran zu setzen, an Jesus dranzubleiben und an ihm festzuhalten, auch wenn sie es richtig mit der Angst zu tun bekommen. Gleichzeitig ist aber Gott derjenige, der das Wollen und die Umsetzung in uns bewirkt. Das klingt widersprüchlich, aber das zeichnet das Geheimnis des Lebens mit Jesus aus: Wir können nichts ohne Gott vollbringen und er will es nicht ohne uns tun. Weil Gott in uns alles bewirkt, sollen wir uns nicht zurücklehnen, sondern alles daransetzen, ein Leben nach seinem Willen zu gestalten, damit andere durch uns Jesus in dieser Welt erkennen. Ganz nach dem Motto von gestern: Was würde Jesus tun? Auch wenn Paulus dazu aufruft, sein Leben fehlerfrei zu gestalten, geht es dabei nicht um Perfektion. Wir dürfen alles geben, weil wir alles von Jesus empfangen. Das bedeutet auch, dass wir von ihm Vergebung empfangen und aus dieser leben. Mindset für heute: Du lebst aus dem Empfangen. Deshalb gib alles für Jesus. Er sorgt für das Gelingen.

Das merke ich mir: ______________________________

____

Freitag 25

Besser zusammen

Philipper 2,19-30

Paulus wirkt manchmal vielleicht wie ein Einzelkämpfer, weil er ab der Apostelgeschichte die prägende Gestalt des Neuen Testaments ist. Aber das war er ganz und gar nicht. Er hatte ein großes Beziehungsnetz und mehrere besonders enge Vertraute, wie z. B. Timotheus, der wie ein Sohn für ihn war. Aber auch Epaphroditus, der aus Philippi zu Paulus gesandt wurde, ist für Paulus „Bruder, Mitarbeiter, Mitstreiter und Helfer in der Not". Paulus weiß, wie wertvoll solche vertrauensvollen Beziehungen sind. Im Gefängnis hat er sonst niemanden, der mit ihm auf einer Wellenlänge ist. Deshalb lässt er Timotheus auch noch nicht so gerne gehen, auch wenn ihn brennend interessiert, wie es der Gemeinde in Philippi geht. Für Paulus ist klar, dass wir als Christen gemeinsam unterwegs sind und einander brauchen. Wir brauchen die Ermutigung und Ermahnung anderer Jünger und Jüngerinnen von Jesus. Es tut gut, miteinander Freud und Leid zu teilen, sich über die Erfahrungen und Fragen im Leben mit Jesus auszutauschen sowie miteinander und füreinander zu beten. Christliche Freundschaften sind ein Privileg. Falls du noch keine Menschen hast, mit denen du dich über deinen Glauben austauschen kannst, schau doch mal nach einem EC in deiner Nähe (auf ec.de).

Das merke ich mir: ______________________________

____

Samstag 26

Was wirklich Wert hat

Philipper 3,1-11

Nichts hat auch nur ansatzweise den Wert für unser Leben wie Jesus. Das macht Paulus hier mehr als deutlich. All das Gute, das er bisher in seinem Leben erlebt hat, ist nichts im Vergleich zu dem, was er jetzt mit Jesus erlebt. Kein gutes Elternhaus, keine große Beliebtheit, keine Feier, kein Besitz, kein Geld der Welt kommen da ran. Nicht mal die Gefangenschaft kann daran etwas ändern. Das finde ich so krass. Paulus sitzt aufgrund seines Glaubens im Gefängnis und sagt trotzdem: Mein größter Gewinn ist es, Jesus Christus, meinen Herrn, zu kennen. Denn für ihn ist klar: Jesus hat des Entscheidende in seinem Leben schon getan. Sein Leben ist schon gelungen, denn dieses Leben, was ihm Jesus schenkt, hat eine ganz neue Qualität. Er weiß, dass es nicht auf ihn ankommt, sondern auf Jesus, der schon alles für ihn getan hat. Das bestimmt seinen Wert, seine Identität, sein Leben. Nicht irgendein äußeres Merkmal oder irgendwelche Eigenschaften, die Paulus vorweisen kann. Dein Leben ist schon gelungen, weil Jesus auch für dich das Entscheidende schon getan hat. Für Paulus haben sich dadurch die Maßstäbe in seinem Leben komplett verändert. Überleg mal: Was würde sich verändern, wenn du dein Leben konsequent aus dieser Perspektive betrachtest?

Das merke ich mir: ______________________________

____

KW 31 bearbeitet von Matthias Kerschbaum,
Generalsekretär im CVJM Baden, 76703 Kraichtal
E-Mail: matthias.kerschbaum@cvjmbaden.de

Lied: FJ6! Nr. 116

MEIN GOTT IST GRÖßER

Psalm 21

Gott ist stärker als alle bösen Mächte und sogar größer als unsere Vorstellungskraft. Er ist der Herr über unser Leben und zugleich der Herr über die ganze Welt. Daran erinnert uns der Psalm, insbesondere in solchen Situationen, die uns Angst machen, und wo wir uns klein und ohnmächtig fühlen. Dabei können wir uns selbst auch sehr gut zusetzen. Denn manchmal tun wir uns einfach nicht gut.
Im 1. Johannesbrief heißt es einmal, dass sogar unser Herz uns so sehr unter Druck setzen kann, dass uns kaum noch Luft zum Atmen bleibt (vgl. 1. Joh 3,20). Die gute Nachricht lautet, dass uns Gott damit nicht allein lässt. Er ist stärker und noch mehr für uns, als wir es selbst sind. Dafür setzt er sein Leben ein und lädt uns damit zu einem befreiten Leben ein.
Wie wäre es, die Dinge und Menschen, die dir das Herz eng machen, heute bewusst beim Namen zu nennen und dir selbst zu sagen: Gott ist stärker! Dieses Experiment bezieht alle Selbstvorwürfe mit ein und vertraut sich dem „Ja“ Gottes über unserem Leben an. Stimme gerne mit ein in das Gebet: „Herr, ich vertraue Dir und Deiner Stärke.“

Das merke ich mir: ______________________

____

____

MONATSSPRUCH AUGUST

GOTTES HILFE HABE ICH ERFAHREN BIS ZUM HEUTIGEN TAG UND STEHE NUN HIER UND BIN SEIN ZEUGE.

Apostelgeschichte 26,22

Der Vers betont die eigene Gestaltungsmacht.
So können wir unser Leben und das von anderen zum Besseren verändern.

Matthias Kerschbaum

WOCHENSPRUCH

So spricht der Herr, der dich geschaffen hat: Fürchte dich nicht, denn ich habe dich erlöst; ich habe dich bei deinem Namen gerufen; du bist mein!
Jesaja 43,1

Montag 28

HOFFNUNGSSTUR

Philipper 3,12-16

Beim Lesen des Bibeltextes kommt mir direkt ein Vers aus dem Alten Testament in den Sinn. „Mit meinem Gott kann ich über Mauern springen" (Ps 18,30). Im Alltag ist diese Überzeugung stets gefährdet. Viele von uns kennen das nur zu gut. Das Leben ist manchmal gar nicht so einfach und das Zusammenleben bzw. -arbeiten noch viel schwerer. Das gilt auch für den Glauben und sogar für die christliche Gemeinschaft.

Paulus lädt zu einem Blick des Glaubens ein und möchte damit den Alltagstrott unterbrechen. Dieser Fokus soll uns bestimmen. Selbst dann, wenn wir mit dringenden und wichtigen Sachen beschäftigt sind, gilt es, das Wesentliche nicht aus dem Blick zu verlieren. Jesus. Paulus weiß um die Gefahr, dass wir das allzu schnell aus dem Blick verlieren können. Deshalb vergleicht er diese Ausrichtung auf das Wesentliche mit einem Wettkampf, der Training, eine gute Vorbereitung und den Willen ins Ziel zu kommen benötigt.

Lass uns gerne zusammen trainieren. Gut geht das jeden Sonntag im Gottesdienst mit anderen. Oder im Hauskreis oder beim Bibellesen oder im täglichen Gebet.

Das merke ich mir: ______________________________

____

Dienstag 29

EINFACH HIMMLISCH?!

Philipper 3,17-21

Wer oder was darf mein Leben bestimmen? Natürlich soll das Jesus sein. Zu ihm gehören wir und so wollen wir auch leben. Dennoch werden schnell andere Dinge wichtig. Meist fängt es mit dem Vergleichen an und schon kommt das Gefühl auf, dass man zu kurz kommen oder im Leben etwas verpassen könnte. Manch einen treibt diese Sehnsucht sogar so weit, dass er sich zu seinem Vorteil über die Interessen von anderen hinwegsetzt. Das klingt vielleicht etwas weit hergeholt und doch fängt es schon beim Einkaufen an, dass wir täglich aufgrund unserer Unachtsamkeit über die fairen Interessen anderer hinweggehen. Fair einkaufen, ist häufig teurer.

Warum dieser Bezug? Die Suche nach dem eigenen Vorteil ist ein Teil von uns – unbedacht oder mit voller Absicht. Aus diesem Modus kommen wir leichter heraus, wenn wir uns daran erinnern, dass wir schon alles haben. Denn wir haben unsere feste Heimat im Himmel.

Unser Platz ist uns sicher. Mit dieser festen Gewissheit können wir anderen Menschen Vorteile für ihr Leben verschaffen. Lass uns gemeinsam üben, noch großzügiger zu werden.

Das merke ich mir: ______________________________

____

PURE FREUDE

Philipper 4,1-9

Mittwoch 30

„Freut euch!“ Ok. Kann man das befehlen? Anscheinend geht das. Paulus hält es für wichtig, deshalb motiviert er zu dieser Selbstaufforderung. Und als könnten wir es vergessen, sagt er es direkt noch einmal: „Freut euch!“ Diese Grundstimmung soll unser Leben als Christinnen und Christen bestimmen. Die Begründung ist für Paulus unbestritten klar. Wer zu Jesus gehört, der hat sein Leben sicher, sogar dann, wenn er stirbt. Dass wir zu Jesus gehören und unseren Platz bei ihm haben, ist im Himmel dokumentiert und schriftlich fixiert. Das kann uns niemand mehr nehmen. Auch wenn Paulus das schreibt, kennt er das volle Leben und weiß natürlich, dass es uns manchmal einfach schwerfällt, fröhlich durchs Leben zu gehen. Er hat ja wenige Zeilen vor der Aufforderung zur Freude zwei Menschen zur Versöhnung eingeladen, die sich offensichtlich streiten. Es sind zwei Frauen, die für den Glauben unterwegs sind. Also ein Streit unter Mitarbeitenden in der Gemeinde. So etwas ist nie schön, kommt aber gar nicht so selten vor. Der Streit soll beendet werden und dafür wird vorgeschlagen, externe Hilfe in Anspruch zu nehmen. Ein wichtiger Schritt zur Versöhnung und damit zu mehr Freude im Leben.

Das merke ich mir: ______________________________

____

GEMEINSAM GEHT ES BESSER

Philipper 4,10-23

Donnerstag 31

Hilfe anzunehmen, ist für viele nicht so leicht. Die Sorge, von der Gunst anderer abhängig zu sein, ist ein unschönes Gefühl. Wem gefällt das schon? Und dennoch sind wir Menschen auf Gemeinschaft angelegt. Wir brauchen einander, wir brauchen Freundschaften und manchmal benötigen wir auch Hilfe. In Deutschland ist sogar unser Staat auf Solidarität angelegt. Welch ein Geschenk. Niemand muss sich schämen in einer Gemeinschaft, die benötigte Unterstützung von anderen anzunehmen. Viele von uns können es leisten, anderen zu helfen. Es gibt vielleicht Situationen, da möchte man persönlich helfen, hat aber die Sorge, diese Hilfe könnte aus Scham nicht angenommen werden. Das Unwohlsein, die Sorgen, sich abhängig zu machen, oder das beklemmende Gefühl, es nicht verdient zu haben, tragen dazu bei, dass Hilfe nicht immer in Anspruch genommen wird. Helfen können wir mit Tatkraft, ganz praktisch in großen und kleinen Situationen oder mit Sach- und Geldspenden. Manche lassen Bedürftigen oder Bekannten auch einmal etwas anonym zukommen, damit diese frei sind, die Hilfe überhaupt annehmen zu können. Vielleicht kommt dir ja gerade ein Mensch oder eine Situation in den Sinn, bei dem bzw. der du helfen könntest.

Das merke ich mir: ______________________________

____

1 Freitag

GLAUBEN TEILEN

Apostelgeschichte 17,1-15

Die Weitergabe des Evangeliums kommt nicht bei allen gut an. Wo es aber geteilt wird, kommen Menschen zum Glauben an Jesus Christus. Jede und jeder von uns ist dazu eingeladen, von der Hoffnung, die in uns ist, etwas weiterzugeben (vgl. 1. Petr 3,15). Wenn diese Hoffnung im Leben von Menschen lebendig wird, dann erzählen sie meist selbst von dieser Erfahrung. Wenn einem etwas Gutes widerfährt, möchte man es gerne teilen. Für viele ist das in der Gemeinde ein guter Ort. Am Arbeitsplatz, beim Sport oder in der Schule ist das schon gleich etwas ganz anderes. In der Öffentlichkeit fällt es schwerer, weil ja niemand weiß, wie das Gegenüber darüber denkt. Ob es auf fruchtbaren Boden fällt oder Abwehr auslöst. Mit diesen Gedanken sind wir glücklicherweise nicht allein. Schon die ersten Christinnen und Christen kannten diese Überlegungen. Besonders vor Augen geführt werden uns diejenigen, die sich für ihren Glauben mutig in die Öffentlichkeit gestellt haben. Davon dürfen wir uns ermutigen lassen. Vielleicht musst du in diesem Moment auch an eine Person oder eine Situation denken. Dann schiebe sie nicht gleich beiseite, sondern versuche bei einer passenden Gelegenheit, liebevoll etwas von deinem Glauben preiszugeben.

Das merke ich mir: ____________________

____

2 Samstag

ÖFFENTLICHKEIT HERSTELLEN

Apostelgeschichte 17,16-34

Wenn wir über unseren Glauben sprechen, hat das Auswirkungen auf andere. Es macht einen Unterschied. Denn so werden Menschen auch heute noch Christen. Für Paulus ist es klar, dass er jede Chance nutzen möchte, um Menschen zu erreichen. Dabei geht er je nach Situation und Ort durchaus unterschiedlich vor. Er passt sich in Sprache und Vorgehen an. So lässt er sich auf seine Mitmenschen ein und nimmt sie ernst. Im Bibeltext wird deutlich, wie er die Vorstellungen der Athener aufnimmt, ohne sie zu verurteilen. Dabei führt er ihre Gedanken weiter, wandelt sie und führt dabei aus, wer Gott aus seiner Sicht ist. Er malt ihnen Jesus Christus vor Augen und erklärt, was er für ihn bedeutet. Paulus weist darauf hin, dass wir an Jesus erkennen können, wie Gott ist. Für uns bleibt Gott nicht anonym. Er gibt sich preis und macht sich verletzlich. Er setzt sein Leben für uns ein. Wir dürfen uns seiner Liebe sicher sein und er schenkt uns so ein Herz für uns selbst und für andere. Ein Kennzeichen dieser Liebe ist es, dass wir dieses Geschenk nicht für uns behalten, sondern mutig nach Wegen suchen, etwas davon weiterzugeben. Wie könnte das in den kommenden Tagen bei uns aussehen?

Das merke ich mir: ____________________

____

KW 32 bearbeitet vom Referententeam
des Dt. EC-Verbandes, 34134 Kassel
E-Mail: kontakt@ec.de

GOTT WIRD DAS ÜBERNEHMEN

Psalm 11

In diesem Psalm geht es um Menschen, die den sogenannten „Frommen“ an den Kragen wollen. Die 1. Reaktion ist Rückzug. Eine Empfehlung von Freunden, sich doch einfach an einem sichern Ort zurückzuziehen. Damals war das ein Versteck in einer Höhle in den Bergen. Ausweichen, Rückzug und in Deckung gehen, ist eine Option in Situationen, wo man angegriffen wird. Doch der Sänger entscheidet sich für einen anderen Zufluchtsort. Er weiß, dass er bei Gott geborgen ist. Bei ihm ist er sicher und seine Gewissheit geht noch weiter. Denn er weiß auch, dass er kein Urteil fällen muss. Er muss nicht zum bekannten Sprichwort „Angriff ist die beste Verteidigung“ übergehen. In tiefem Vertrauen auf Gott ist der Sänger sich sicher, dass Gott der Richter ist und nicht er. Wir sind von dem Bewerten und Verurteilen befreit. Wir müssen uns da keine Gedanken machen. Wir dürfen uns darauf verlassen, dass Gott es in seinem Sinne machen wird. Ob es so gewaltig kommen mag, wie die Schilderung in Psalm 11, die an Sodom und Gomorra erinnert, oder ob auch hier die Gnade diese vernichtenden Gedanken überwindet, bleibt offen. Jedoch darf sich jeder, der mit Gott unterwegs ist, genau dieser liebevollen Zusage Gottes gewiss sein.

(ingo.mueller@ec.de)

Das merke ich mir: ______________________

____

____

WOCHENSPRUCH

So seid ihr nun nicht mehr Gäste und Fremdlinge, sondern Mitbürger der Heiligen und Gottes Hausgenossen.
Epheser 2,19

Lied: FJ6! Nr. 36

4 Montag

MUTMACHWORT

Apostelgeschichte 18,1-22

„Hab keine Angst! Verkünde weiter die Gute Nachricht und schweige nicht! Ich bin bei dir, und niemand kann dir etwas anhaben. Viele Menschen in dieser Stadt sollen nämlich zum Glauben an mich kommen." Ich finde das Timing Gottes immer wieder genial. In der Mitte dieses Abschnitts heute bekommt Paulus diese Zusage zugesprochen. Zwischen einer gelebten Freundschaft mit Unterstützern, erlebter Ablehnung des Evangeliums, Menschen, die zum Glauben kommen und Menschen, die ihn vors Gericht schleppen. Anders als in der vorherigen Vision (16,9) sagt Gott Paulus nicht, dass er weiterziehen soll, sondern spricht ihm Mut zu und seine Unterstützung. Mitten im Leben – zwischen Erfolg und Rückschlägen spricht Gott diese Mutmachworte aus. Ich bin überzeugt, dass er das heute noch genauso tut. Und ich möchte lernen hinzuhören. Ich möchte nicht auf meine eigene Kraft setzen, sondern auf die Unterstützung Gottes vertrauen. Mir hat diese Geschichte Mut gemacht, dass Gott zur richtigen Zeit das Richtige zu uns sagt. Wenn du selbst schon ein „Mutmachwort" von Gott bekommen hast, dann erzähl anderen davon – das macht Mut. Und es zeigt uns, dass Gott auch heute ein Ermutiger ist. (andreas.mueller@ec.de)

Das merke ich mir: ______________________________

____

5 Dienstag

NICHT AUS EIGENER KRAFT

Apostelgeschichte 18,23 – 19,7

Apollos ist unterwegs, predigt, argumentiert und zeigt eine absolute Begeisterung für Jesus. Menschen kommen zum Glauben durch ihn. Aber in Apostelgeschichte 18,25 steht: „Er kannte nur die Taufe des Johannes." Genauso später als Paulus den Jüngern begegnet, die auch nur die Taufe des Johannes kennen und auf die Frage, ob sie denn mit dem Heiligen Geist getauft wurden, verblüfft antworten: „Wir wussten noch nicht mal, dass es einen Heiligen Geist gibt!" Die Taufe des Johannes war, kurz gesagt, eine Taufe, die zeigen sollte, dass man sein Leben zum Guten und Richtigen ändern möchte (19,4). Die Taufe auf den Namen von Jesus oder anders gesagt – des Heiligen Geistes – ist viel mehr. Sie beschreibt nicht nur den eigenen Willen zur Veränderung, sondern bringt zum Ausdruck, dass Jesus uns durch seinen Heiligen Geist verändert. Die Taufe darauf war das äußere Zeichen, dass man zu diesem großen Ja Gottes sein Ja, sein „Ich will mich von dir verändern lassen", gibt. Diese Kraft Gottes ist es, die mir Schuld vergibt, die mir hilft, an meiner Persönlichkeit zu arbeiten und nach Gottes Willen zu leben. Aus eigener Kraft kann ich das nicht, ich vertraue auf Jesus.
(andreas.mueller@ec.de)

Das merke ich mir: ______________________________

____

MISSION IST EIN MARATHON

Apostelgeschichte 19,8-22 **6** Mittwoch

In der Apostelgeschichte bekommen wir aufregende Einblicke in die evangelistischen Bemühungen der ersten Christen. Davon können wir viel lernen in Sachen Mission und Evangelisation. Paulus setzt dort an, wo bereits ein inhaltlicher Bezug vorhanden ist. Er geht in die Synagoge und versucht den Menschen dort das Evangelium zu erklären. Dieser Ansatz ist bis heute wichtig. Wir brauchen auch für die Menschen innerhalb der Jugend- und Gemeindearbeit evangelistische Angebote, in denen sie zugespitzt zum Glauben eingeladen werden. Evangelisation wendet sich nicht nur an die Ahnungslosen, sondern auch an die, die ein „Konfirmandenwissen" mitbringen. Klar wird auch: Evangelisation ist kein Sprint, sondern ein Marathon (V.8.10). Paulus zielt nicht auf die schnellen Erfolge, sondern ist auch bereit, den langen Weg mit Menschen zu gehen. Wenn es um Evangelisation geht, stoßen wir nicht nur auf Gegenliebe (V.9). Sowohl intern als auch extern stößt sie auch auf Widerstand. Manchmal braucht es einen eigenen Rahmen für evangelistische Bemühungen (V.9). Gottes Mission hat einen weiten Radius (V.10). Konkret: Wen kann ich heute in seinen evangelistischen Anliegen unterstützen? (klaus.goettler@ec.de)

Das merke ich mir: ____________________

____

ÜBERRASCHENDE WIRTSCHAFTSFLAUTE

Apostelgeschichte 19,23-40 **7** Donnerstag

Die Bußbewegung in Ephesus zieht Kreise. Die Menschen, die von Jesus ergriffen sind, verändern nicht nur ihr Denken, sondern auch ihr Handeln. Das hat wirtschaftliche Auswirkungen. Ein Besuch des Artemis-Tempels lief klassischerweise so ab: Einem Besuch des Tempels folgte der Besuch bei einer Tempelprostituierten. Als Erinnerung nahmen sich die Besucher dann ein kleines Souvenir mit. Durch die Erweckung brechen plötzlich Geschäftsbereiche ein. Menschen gehen nicht mehr in den Tempel, sondern folgen Jesus. Sie gehen nicht mehr zur Prostituierten, sondern kümmern sich um ihre Familie. Und auch der Souvenir-Umsatz bricht spürbar ein. Das ruft die Händler auf den Plan. Sie starten einen regelrechten „Shitstorm", der nur ein Ziel hat: der neuen Jesus-Bewegung den Garaus zu machen. Ein vernünftiges Gespräch ist nicht mehr möglich. Christen werden diskreditiert und angegriffen. Eine Menge Mitläufer sind am Start (V.32). Wo Jesus am Wirken ist, regt sich Widerstand. Angesichts dieser Geschichte bin ich erneut dankbar, dass wir im Grundgesetz die Meinungs- und Religionsfreiheit garantiert haben, damit in einem ordentlichen Rahmen diskutiert und gestritten werden kann.(klaus.goettler@ec.de)

Das merke ich mir: ____________________

____

8 Freitag

PROTOKOLLE SIND WICHTIG!

Apostelgeschichte 20,1-16

Mal wieder eine Bibelstelle, in der sehr genau und detailliert beschrieben wird, was eine Person gemacht hat. Wo sie war. Mit wem sie gesprochen hat. Und welche Feiertage gefeiert wurden. An mehreren Stellen in der Bibel werden solche mehr oder weniger ausführlichen Berichte aufgeführt. Mal sind es Stammbäume, mal Wegbeschreibungen oder eben die Missionsreisen des Paulus. Auf den ersten Blick scheinen diese Bibelstellen wenig spannend. Ich will doch lieber die feurige Predigt von Paulus lesen als seine Reisepläne. Auf der anderen Seite wollten die Autoren der Apostelgeschichte damit vor allem eines schaffen: Glaubwürdigkeit. Durch das Aufschreiben dieser Stationen sollte für viele nachvollziehbar und transparent gemacht werden: Der Paulus, der war wirklich unterwegs! Bewiesen wurde das dann durch das Aufschreiben der Ortsnamen oder der Personennamen. Und so bekommen auch solche scheinbar unwichtigen Bibelstellen ihren Wert, wollen uns etwas deutlich machen. Wo musst du manchmal vielleicht zweimal hinschauen, um den Wert von etwas zu erkennen? Was hast du, auch beim Lesen der Bibel, manchmal zu schnell als langweilig abgetan? (ruben.ullrich@ec.de)

Das merke ich mir: ______________________________

____

9 Samstag

PAULUS KENNT SEIN SCHICKSAL

Apostelgeschichte 20,17-38

Was für ein Mann! Immer wieder beeindruckt mich Paulus mit seinen klaren Worten. Mit seinen klaren Vorstellungen von dem, was kommen wird. Und mit seinem unbedingten Vertrauen in seinen Herrn, unseren Gott. Er macht eines klar: Er weiß, dass er alles gegeben hat. Zeit, Kraft, Tränen. Ja, sein ganzes Leben hat er dafür gegeben, Menschen zu Gott zu führen. Gerade deshalb konnte er ziemlich genau wissen, was ihn erwarten wird. Und das alles tut er im Hinblick auf die Gnade Gottes. Auf das liebevolle Hinwenden seines Herrn zu den Menschen. Sein größtes Anliegen ist es, Menschen zu dieser Liebe zu bringen. Egal ob Grieche oder Jude. Er wünscht sich nichts mehr, als das Menschen an dieser Gnade, an dieser Liebe teilnehmen können. Es ist also kein Wunder, dass die Gemeindeältesten am Ende in Tränen ausbrechen. Denn Paulus sagt ganz klar: Es wird kein Wiedersehen geben. Ich will von Paulus lernen. Lernen klar zu sein. In meinen Worten, in meinen Taten, aber auch in meiner Hoffnung. Wie ist das bei dir? Weißt du, woher du kommst? Weißt du, wohin du gehst? Weißt du, dass du ein geliebtes Kind Gottes bist? Ich hoffe, du kannst dieses Wissen in den heutigen Tag mitnehmen und ein Segen für die Menschen sein!(ruben.ullrich@ec.de)

Das merke ich mir: ______________________________

____

KW 33 bearbeitet von Thomas Seeger,
Teen- und Jugendreferent im EC-Nordbund,
22941 Bargteheide
E-Mail: referent@ec-nordbund.de

WOCHENSPRUCH
Lebt als Kinder des Lichts; die Frucht des Lichts ist lauter Güte und Gerechtigkeit und Wahrheit.
Epheser 5,8b.9

WER ZULETZT LACHT ...

Psalm 14

Heute wird für dumm gehalten, wer an Gott glaubt. Nur, wer nicht mehr weiterweiß, der klammert sich an Gott. König David sieht das genau andersherum. Dumm ist der, der Gott leugnet. Wer Verstand hat, der fragt nach Gott. Wer Verstand hat, der hat eine Ahnung, dass es etwas Größeres geben muss als den Menschen. Der Mensch ist als Ebenbild Gottes konzipiert und mit Entscheidungsfreiheit angelegt. Leider nutzen wir diese Freiheit, um zu schauen, wie weit wir uns von Gott entfernen können. Wie unabhängig wir sein können. So entfernen wir uns von Gott und vernachlässigen die Ebenbildlichkeit. Das ist alles andere als schlau. Denn so finden wir uns in einer immer egoistischeren Welt wieder, die an vielen Stellen weiß, was uns guttun würde, die das aber nicht mehr durchsetzen kann, weil Mehrheiten dazu fehlen. Entscheidungsträger haben zu oft den eigenen Vorteil im Blick. Und wer nicht nach Gott fragt, der vermutet auch, vor niemandem Rechenschaft ablegen zu müssen. Letztlich aber wird sich Gottes Plan durchsetzen. Es gibt Hoffnung für die Welt. Wer Verstand hat, fragt nach Gott. Denn wenn Gott sich einst in dieser Welt verherrlicht, werden die jubeln, die jetzt vielleicht nichts zu lachen haben. Sei nicht dumm und frag nach Gott.

Das merke ich mir: ______________________

____

____

Manches ist schon auf den ersten Blick verkehrt. Aber es ist erlaubt, Fehler zu machen. Deshalb darf man probieren. Und was sich bewährt, darf auch bewahrt werden.
Thomas Seeger

Montag **11**

SUCHEN UND AUFSUCHEN

Apostelgeschichte 21,1-14

Ist das nicht beeindruckend? Egal, wo Paulus hinkommt, trifft er Leute, die ihn herzlich aufnehmen. Das schien schon damals ein Vorrecht von Christen zu sein und bis heute ist das so geblieben. Da, wo Christen sich begegnen, treffen Geschwister aufeinander. Da ist ein Stück Heimat. Das ist lebens- und überlebenswichtig. Auf der Durchreise, nach einem Umzug, in einem neuen Lebensabschnitt. Paulus sucht diese Menschen und Gruppen gezielt auf. „Wir machten die Jünger in Tyros ausfindig." Später in Ptolemais: „Wir besuchten die Gemeinde dort." Und in Cäsarea suchten „wir das Haus des Philippus auf". Heute müssen wir nicht mehr lange suchen. Bei einem Umzug ist meine neue Adresse schon einer Kirchengemeinde parochial zugeordnet. Google weiß, wann und wo an meinem Urlaubsort ein Gottesdienst stattfindet. Und der EC-Kreis am neuen Studienort findet sich über StudieEC oder übers Internet. Nur: Suchen und aufsuchen sind zwei unterschiedliche Paar Schuhe ... Wie sieht es aus? Ist die Gemeinschaft mit Christen das Erste, was ich an einem neuen Ort aufsuche? Warum eigentlich nicht? Was kann denn wichtiger sein? Was brauche ich mehr? Wann bist du das nächste Mal unter Christen in deiner Umgebung?

Das merke ich mir: ______________________________

____

Dienstag **12**

GUTER RAT IST TEUER

Apostelgeschichte 21,15-26

Gestern haben wir von der christlichen Gemeinschaft gelesen, die Paulus so unendlich wichtig ist. Bisher unbekannte Menschen nehmen ihn als Bruder an, weil sie in Christus miteinander verbunden sind. Und als Paulus ihnen von seinen weiteren Reiseplänen nach Jerusalem erzählt, rät ihm jeder davon ab, aber niemand hält ihn auf. Sie warnen ihn. Und er weiß nicht zuletzt dadurch, worauf er sich einlässt. Er geht trotzdem und die Gemeinde bleibt mit ihm verbunden. Und auch in Jerusalem wird er von seinen Geschwistern herzlich aufgenommen. Aber auch sie warnen ihn. Sie warnen ihn vor. Vielen jüdisch geprägten Christen gefällt nicht, in welcher Freiheit er Heiden zu Jesus führt. Deshalb rät man ihm, sich für alle sichtbar, vorbildlich jüdisch-christlich zu verhalten. Damit soll er die aufgeheizten Gemüter beschwichtigen. Dieser Rat ist nicht besonders günstig. Er ist mit erheblichen Kosten verbunden. Aber wenn man so merkt, wie ernst Paulus den Glauben nimmt, ist es die Investition wert. Paulus stellt seine neu gewonnene Freiheit nie zur Schau. Sondern er verzichtet großzügig darauf, um die, die diese Freiheit noch nicht gewonnen haben, später gewinnen zu können. Was investieren wir, um andere für Christus gewinnen zu können?

Das merke ich mir: ______________________________

____

GENAUER HINSEHEN LOHNT SICH

Apostelgeschichte 21,27-40

Mittwoch **13**

Was für ein guter Tipp, sich vorbildlich zu verhalten. Aber der beste Plan hilft nichts, wenn er nicht funktioniert. Unser Leben redet lauter als unsere Worte. Aber wenn man nicht hinschaut, hilft auch das nichts. Manche sehen nur, was sie sehen wollen. Der Ruf eilt Paulus voraus und man vermutet, dass er seine heidnischen Freunde mit in den Tempel bringt. Der riesige Aufstand wäre bei genauerem Hinsehen völlig unbegründet gewesen. Paulus hätte inhaltlich wohl nichts dagegen, wenn unbeschnittene Heidenchristen auch in den Tempel gingen. Aber aus Rücksicht wäre er nie auf die Idee gekommen, sie mitzunehmen. Interessant, dass es gar nicht um die Griechen im Tempel geht. Paulus wird ergriffen und weil man ihn innerhalb des Tempels nicht vermöbeln darf, wird er kurzerhand rausgezogen. Die Türen werden hinter ihm verschlossen (obwohl der Grieche noch drin sein müsste ...). Es scheint also gar nicht um einen sachlichen Streit zu gehen, sondern es hat bereits eine Vorverurteilung gegeben. Das ist ein Problem. Unter Geschwistern sollten wir genauer hinsehen und hinterfragen, wie unsere Glaubensüberzeugungen zustande kommen, statt vorschnell Urteile zu fällen. Wem begegne ich nicht vorurteilsfrei? Und welchen Dialog sollte ich heute suchen?

Das merke ich mir: ______________________________

____

DER RICHTIGE PLATZ IM LEBEN

Apostelgeschichte 22,1-22

Donnerstag **14**

Wie finde ich meinen Platz im Leben? Nicht bei jedem sieht dieser Prozess so radikal aus wie bei Paulus. Aber an den Extremen lernt sich am besten: (1) Eine gute Ausbildung ist viel wert. Wer hat mich im Glauben geprägt? An welchen Personen orientiere ich mich bis heute? (2) Folge deiner Leidenschaft. Bleibe nicht in der Theorie stecken, sondern bringe deine (Glaubens-)Überzeugungen zum Ausdruck. (3) Lass dich korrigieren. Leidenschaft und Verbissenheit sind nicht dasselbe. Wir sollten offenbleiben, bisherige Gewissheiten und Ansichten zu überprüfen. Damit es uns nicht wie Paulus aus dem Sattel haut, ist die christliche Gemeinschaft enorm wichtig. (4) Jesus öffnet Augen. Wenn du Jesus neu in den Fokus rückst, können dir Dinge auffallen, die nicht so bleiben können wie bisher. Es kann sein, dass Jesus dein Leben (zumindest punktuell) auf den Kopf stellt. Bist du dazu bereit? (5) Mit seiner Vorgeschichte kann Paulus nicht dableiben, wo seine Wurzeln sind. Gott verleiht ihm Flügel und zeigt ihm Orte, wo er selbst immer wieder Anker werfen darf und wo er gleichzeitig anderen helfen kann, an Gott festzumachen. Wohin trägt es dich mit deinen Leidenschaften? Wie kannst du dort entschieden für Christus leben und auf ihn aufmerksam machen?

Das merke ich mir: ______________________________

____

Freitag **15**

BÜRGERRECHT RETTET LEBEN

Apostelgeschichte 22,23-30

Paulus wirbelt mit seinem Leben jede Menge Staub auf. Wer so bestimmt und leidenschaftlich auftritt, hat eine große Öffentlichkeitswirkung und spaltet damit vielleicht sogar die Gesellschaft. Das Ganze bleibt nicht nur ein geistliches Problem. Jetzt geht es Paulus dafür wortwörtlich an den Kragen. Sie wollen aus ihm herausprügeln, warum er die Gemüter so erregt. Sein römisches Bürgerrecht rettet Paulus im letzten Moment das Leben. Weil er Römer ist, darf man ihn nicht auspeitschen. Für dieses Bürgerrecht würden viele Leute viel Geld bezahlen. Paulus bekam es geschenkt. Jetzt bekommt dieser Vorfall doch wieder eine geistliche Dimension. Denn auch im geistlichen Sinn rettet das Bürgerrecht Leben. In Philipper 3,20 spricht Paulus vom himmlischen Bürgerrecht. Was würden Menschen für dieses Recht geben. Dafür, dass etwas von ihnen bleibt? Was würden Menschen darum geben, im Himmel beheimatet zu sein? Das wäre unglaublich. – Nein, wäre es nicht. Das kann und muss man glauben: Wir haben ein Bürgerrecht im Himmel. Diese Rettung kommt aus dem Himmel selbst. Jesus hat sie hier verkörpert. Und er hat uns eingeladen, sie zu glauben. Bürgerrecht rettet. Und dieses Bürgerrecht gibt es geschenkt! Lasst uns Staub aufwirbeln. Das müssen alle wissen.

Das merke ich mir: ______________________________

____

Samstag **16**

MUSSTE DIESE PROVOKATION SEIN?

Apostelgeschichte 23,1-11

Paulus hat sich nichts vorzuwerfen. Es ging ihm immer darum, vor Gott ein reines Gewissen zu haben. Viele schreckliche Dinge hat er getan. Jetzt, wo er es besser weiß, hat er sich geändert. Die Leute, denen er gegenübersteht, waren früher seiner Meinung. Seinen Sinneswandel konnten sie bisher nicht verstehen. Nun findet er sich in der Verteidigungsposition wieder. Schnell wird klar: Mit Argumenten kann er nicht überzeugen. Deshalb provoziert er seine Gegner bis aufs Blut. Er stellt sich mit ihnen gleich und spricht Themen an, über die es im jüdischen Rat keine Einigkeit gibt. Damit zeigt er auf, dass es nicht nur um seine Person Klärungsbedarf gibt. Die Frage nach der Auferstehung und ob es eine Realität jenseits unserer Wahrnehmung gibt, sind ganz zentrale Fragen. Wer nicht an die Auferstehung glauben kann, wird in Jesus nicht den Retter sehen können. Wer nicht denken kann, dass Gott einem auf außernatürliche Weise begegnet, der wird vom Rettungsangebot Jesu nicht profitieren können. Diese zentrale Frage wird nicht gelöst, indem man sich Paulus entledigt. Genau das zeigt Paulus mit seiner kurzen Rede auf. Diese Provokation ist wichtig. Denn daran hängt die Frage, ob ich an Jesus glauben kann. Kannst du?

Das merke ich mir: ______________________________

____

KW 34 bearbeitet von Frauke Westhäuser,
Sparkassenbetriebswirtin, 57078 Siegen
E-Mail: frauke.westhaeuser@gmx.de

DURSTLÖSCHER

Psalm 63

Durst ist ein Warnsignal unseres Körpers, um ihn vor dem Austrocknen zu schützen. Wenn wir im durstigen Zustand keine Flüssigkeit zu uns nehmen, sinkt zunächst der Blutdruck, nach und nach werden die Nieren in Mitleidenschaft gezogen, die Entgiftung funktioniert nicht mehr und das Herz hört auf zu schlagen. Schon wenige Tage ohne Wasser reichen aus, um uns in Lebensgefahr zu bringen. David befindet sich im übertragenen Sinne in genau einer solchen lebensbedrohlichen Lage. Vermutlich ist er auf der Flucht vor seinem Sohn Abschalom, der ihn als König stürzen will. Äußerlich und innerlich befindet er sich in einer Wüste. Nur Trockenheit und Perspektivlosigkeit. Gegen den Durst in der Wüste Juda hat er keine Gegenmittel. Aber gegen das geistliche Verdursten. Er sucht Gott (V.2), hält Ausschau nach ihm (V.3). Er gibt nicht auf und hat einen klaren Wunsch: „Ich will deine Kraft und Herrlichkeit erfahren“ (V.3). Und offensichtlich wird sein Verlangen gestillt. Sein Körper samt Händen und Lippen erwacht zu neuem Leben (V.4-6) und die anfängliche Klage verwandelt sich in Lobgesang.
Wie zeigen sich bei dir geistliche Durststrecken, und wie gehst du mit ihnen um?

Das merke ich mir: ______________________

____

____

WOCHENSPRUCH

Wem viel gegeben ist, bei dem wird man viel suchen; und wem viel anvertraut ist, von dem wird man umso mehr fordern.
Lukas 12,48

Gesagt zu bekommen, was gut und was falsch ist, ist zwar bequem. Selber prüfen und entscheiden zu können, ist jedoch ein Zeichen von zugetrauter Selbstverantwortung!
Frauke Westhäuser

Montag 18

DELEGIERTE ENTSCHEIDUNG

Apostelgeschichte 23,12-35

Pharisäer und Sadduzäer geraten wegen Paulus aneinander, so dass er aus Sicherheitsgründen zurück in die Festung gebracht wird. Einige Juden wollen das Verfahren beschleunigen und planen einen Anschlag. Doch Gott steht zu seiner Zusage, die er Paulus gegeben hat: Sein Leben ist noch nicht zu Ende. Er wird noch als sein Zeuge gebraucht (V.11). Und so hält er weiterhin schützend seine Hand über ihn und sorgt nicht nur dafür, dass Paulus' Neffe von dem geplanten Attentat hört, sondern öffnet auch Türen (V.16) und Ohren (V.19ff.). Aber statt den Attentätern Einhalt zu gebieten, soll nun der Statthalter Felix als sein Vorgesetzter und Verantwortlicher für die Rechtsordnung in Judäa das Urteil fällen. Die Sache scheint dem Kommandanten über den Kopf zu wachsen und er setzt alles daran, selbst heil aus der Angelegenheit zu kommen. Nichts darf dem Römer Paulus geschehen – das würde ihm während seiner Amtszeit nur schaden. Und so sorgt eine vierhundertsiebzigköpfige Armee für die sichere Begleitung des Gefangenen Paulus nach Cäsarea. Hier wartet die Verhandlung auf das Eintreffen der Ankläger und ihre Fortsetzung. Welche Zusagen Gottes ziehen sich durch dein Leben – gerade in Zeiten, in denen du unter massiven Druck gerätst?

Das merke ich mir: ______________________________

____

Dienstag 19

MANIPULIERTE ENTSCHEIDUNG

Apostelgeschichte 24,1-21

Paulus' Ankläger haben alles gut vorbereitet. Die Zusammensetzung des angereisten Gremiums ist durchdacht und Tertullus' Rede ist wohl überlegt. Mit seinen Schmeicheleien spricht er die Gefühle des römischen Bevollmächtigten an. Felix braucht nur einen Moment zuzuhören und die Sache wird ihm klar sein. Danach kann er sich wieder um die wirklich wichtigen Dinge kümmern. Der Mann, der hier vor ihm steht, ist zu vergleichen mit der Pest. Eine Krankheit, die bekämpft werden muss, damit sie sich nicht noch weiter ausbreitet. Es ist eindeutig, dass er ein gefährlicher Unruhestifter ist. Kann es einen noch größeren Verbrecher geben? Paulus hat keinen Anwalt und Redner an seiner Seite, sondern verteidigt seine eigene Sache. Der Grund seines Besuchs in Jerusalem ist der jüdische Brauch, im Tempel anzubeten (V.11) und Opfer zu bringen (V.17). Er dient dem „Gott unserer Vorfahren" (V.14), glaubt an die Inhalte der Heiligen Schrift und teilt mit seinen Anklägern die Hoffnung auf die Auferstehung. Der einzige Unterschied: Er bekennt, dass die Richtung, die innerhalb des Judentums als Sekte betrachtet und „der neue Weg" genannt wird, der Maßstab seines Handelns ist. Wie reagierst du, wenn du zu Unrecht beschuldigt wirst?

Das merke ich mir: ______________________________

____

VERTAGTE ENTSCHEIDUNG

Apostelgeschichte 24,22-27

Mittwoch **20**

Felix ist in der Zwickmühle. Wie schon Pilatus weiß auch er, dass Paulus nichts getan hat, für das er nach römischem Recht verurteilt werden kann. Doch würde er das zugeben, hätte er die Juden gegen sich. Ihre Gunst ist ihm wichtiger als das Recht. Die Folge: Er schiebt die Angelegenheit auf die zweijährige lange Bank. Insgeheim hofft er sogar, dass er noch seinen Vorteil daraus ziehen kann, was der Fall wäre, wenn Paulus seine Geldliebe befriedigt und sich freikauft. Indem Felix mehr von Paulus und seinem Glauben erfahren will, appelliert Paulus an sein Gewissen. Er spricht die wunden Punkte Gerechtigkeit, Enthaltsamkeit und das kommende Gericht an, ohne aber Felix' Lebenswandel direkt aufzunehmen. Gottes Wort trifft – auch ohne unser Dazutun. Normalerweise sollte Paulus Furcht empfinden, wenn er vor Felix steht. Doch jetzt sind die Rollen vertauscht. Felix kennt „den neuen Weg" durch Paulus' Erläuterungen gut, doch er ist ihm zu teuer. Er will sein altes Leben nicht aufgeben. Er müsste zu viel dafür lassen, und das will er nicht.

Welche Entscheidungen schiebst du vor dir her, weil du die Folgen fürchtest? Wie reagierst du, wenn dich die Wahrheit trifft?

Das merke ich mir: ______________________________

____

UN-ENTSCHIEDEN

Apostelgeschichte 25,1-12

Donnerstag **21**

Festus, der politische Führer in Cäsarea, macht seinen Antrittsbesuch bei den religiösen Führern in Jerusalem. Gute Beziehungen mit ihnen waren von großer Bedeutung für den Erhalt des Friedens in seinem Bezirk. Die führenden Priester versuchen, daraus ihren persönlichen Nutzen zu ziehen und Paulus endlich aus dem Weg zu räumen. Seit seiner Ankunft in Jerusalem war ihr Ziel immer sein Tod (21,27-31; 22,22; 23,10-15). Doch Festus kommt der Bitte, ihn an sie auszuliefern, nicht nach und macht deutlich, wo und von wem Gericht gesprochen wird. Die Verhandlung ähnelt stark der unter Felix: Anschuldigung, Verteidigung, mangelnde Beweise. Auch Festus wird klar, dass er es nicht mit einer staatsgefährdenden Person zu tun hat. Aber statt ihn freizulassen, will auch er das Problem loswerden und macht nun selbst den Vorschlag, die Verhandlung in Jerusalem fortzuführen. Ein gutes Verhältnis zu den Juden ist für ihn wichtiger, als einem Gefangenen Recht zu verschaffen, der Schwierigkeiten bereitet. Doch Paulus lässt sich nicht darauf ein, sondern beruft sich auf den Kaiser und erkennt damit den Weg Gottes mit ihm an, der ihn nach Rom führen wird (23,11).

Wie leicht fällt es dir, dich auf Gottes Wegführung einzulassen?

Das merke ich mir: ______________________________

____

Freitag 22

[IN-]KONSEQUENTE ENTSCHEIDUNG

Apostelgeschichte 25,13-27

Die Entscheidung, dass Paulus zum Kaiser nach Rom gehen wird, ist gefallen. Nun müssen die notwendigen Vorbereitungen getroffen werden. Festus' Problem ist, dass er einen geeigneten Grund finden muss, der den Transport dieses Gefangenen zum Kaiser rechtfertigt. Da kommt ihm der Besuch von Agrippa ganz recht. Er nutzt die Gelegenheit, den Fall Paulus in einer für ihn günstigen Weise und sich als Verteidiger des Rechts darzustellen. Dass es ihm dabei um die Gunst der Juden geht und Paulus ihn dafür auf versteckte Weise beschuldigt hat (24,9-11), unterschlägt er. Am nächsten Tag kommt es zu der ungleichen Begegnung: König Agrippa, seine Schwester und vermutliche Geliebte Berenike sowie Gefolge und Prominenz der Stadt treffen in ihrem ganzen Prunk auf den unscheinbaren Gefangenen Paulus. Nie zuvor hatte Paulus ein derartiges Publikum. Damit erfüllt sich Gottes Ankündigung in Kapitel 9,15, dass Paulus seinen Namen vor Königen bekannt machen wird. Wieder betont Festus Paulus' Unschuld, aber auch hier dominiert sein drohender Gesichtsverlust (sollte er keine stichhaltige Begründung für die Überführung an den Kaiser finden) sein Handeln. Wie schwer fällt es dir, entschlossen und mit allen Konsequenzen zu handeln?

Das merke ich mir: ______________________________

____

Samstag 23

ENTSCHIEDEN FÜR CHRISTUS

Apostelgeschichte 26,1-23

Erneut beteuert Paulus seine Unschuld und erzählt – auf sein jeweiliges Publikum angepasst – von seiner Bekehrungsgeschichte. Während er in Kapitel 22 vor den Juden stand, spricht er hier zu Agrippa, der das Judentum nur aus der Distanz kennt. Paulus ist einer aus dem jüdischen Volk, der es mit der Einhaltung der Gesetze sehr ernst nahm und nimmt, und der für sie sogar mit aller Gewalt eintrat. Mit dem gleichen Eifer berichtet er von dem, was Gott an ihm getan hat. Andere können eine solche persönliche Erfahrung ablehnen, aber niemand kann sie ungeschehen machen. Wie oft gibst du im Gespräch mit anderen Erkenntnisse und wie oft Erlebnisse weiter? Paulus erzählt davon, was er gepredigt hat. Es geht darum, dass Menschen in ihrem Denken umkehren und sich Gott zuwenden, sie ihn den Kurs ihres Lebens bestimmen lassen. Dies war der Grund dafür, dass die Juden ihn im Tempel ergriffen und versuchten, ihn zu töten (Kap.21). Paulus macht deutlich: Er hat nie etwas gesagt, was mit den Aussagen der Propheten und Moses nicht übereinstimmte. Zwei Jahre sitzt Paulus nun schon unschuldig im Gefängnis. Aber statt verzweifelt zu sein, weiß er sich von Gott geführt und getragen (V.22).

#Das merke ich mir: ______________________________

____

Lied: FJ6! Nr. 102

KW 35 bearbeitet von Lydia Wüst,
Diakonin, 47803 Krefeld
E-Mail: lydiawuest@online.de

WOCHENSPRUCH

Wohl dem Volk, dessen Gott der Herr ist, dem Volk, das er zum Erbe erwählt hat!
Psalm 33,12

GEBET MIT EWIGKEITSPERSPEKTIVE

Psalm 17

Dieser Psalm ist einer der wenigen, die als „Gebet“ gekennzeichnet sind. David schüttet Gott sein Herz aus. Er weiß, dass Gott ihn durch und durch kennt. Er befindet sich in einer scheinbar aussichtslosen Situation, aus der ihn nur Gott selbst retten kann. David ist sich sicher, dass er unschuldig verfolgt und bedrängt wird.
Aus Davids Leben fallen uns hier vielleicht seine Fluchten vor König Saul oder seinem Sohn Absalom als mögliche Anlässe zu diesem Psalm ein. Ähnlich wie David seine Gegner in Vers 14 beschreibt, tut es Paulus später in Philipper 3,19f: „Ihr Bauch ist der Gott, den sie verehren. [...] Sie haben nur das Irdische im Sinn!“ Nichts davon hat Ewigkeitswert. Sie müssen bei ihrem Tod alles ihren Nachkommen hinterlassen. Wie anders dagegen David. Er hat die Ewigkeit im Sinn und weiß um ein Leben nach dem Tod in Gottes „sättigender“ Gegenwart. Davids Art des Betens ermutigt mich, ebenfalls mit allen Nöten und Ängsten zu Gott zu kommen. ER hört, sieht und kennt mich. ER ist mächtiger als jeder „Feind“. Ich darf hoffnungsvoll in die Zukunft sehen, „denn dann werden wir ihn (Gott) sehen, wie er wirklich ist“ (1. Joh 3,2b). In seiner Gegenwart verblassen alle momentanen Nöte und Ungerechtigkeiten.

Das merke ich mir: ______________________

____

____

Als Kind Gottes kann ich mich frei entscheiden, mit Herz und Verstand. Durch den Heiligen Geist darf ich prüfen, loslassen und festhalten – welch Privileg.

Lydia Wüst

Montag 25

WAS ZU VIEL IST – IST ZU VIEL

Apostelgeschichte 26,24-32

Nachdem Paulus voller Überzeugung und Begeisterung allen Anwesenden das Evangelium verkündet hat, geht es Festus zu weit. Der spinnt doch, der Paulus! Auch Jesus wurde das schon unterstellt (Mk 3,21; Joh 10,20). Da, wo Gottes Machtansprüche auf menschliche Vorstellungen treffen, ist eine persönliche Entscheidung gefragt. Bewundernswert, wie ruhig und selbstsicher Paulus hier auftritt. Über zwei Jahre musste er unschuldig im Gefängnis warten (24,27). Trotzdem ist er nicht verbittert. Seine „Verteidigungsrede" (26,1) ist eher ein besorgtes Ringen um das Seelenheil seiner Zuhörer. Er weiß, dass es für den König und die anwesende Prominenz (25,23) trotz all ihres Glamours in Wirklichkeit um Leben und Tod geht. Paulus bittet nicht um seine Freilassung, sondern darum, dass sich die Anwesenden für ein Leben unter Gottes Führung entscheiden. Warst du auch schon in Situationen, in denen du deinen Glauben und dein Christsein „verteidigen" musstest? Beschämt muss ich zugeben, dass es mir in solchen Momenten meist darum ging, die überzeugenden Argumente zu haben, um nicht selbst als die Dumme dazustehen. Paulus zeigt uns, worum es eigentlich gehen sollte: unser Gegenüber für ein Leben mit Jesus zu gewinnen und für ihn zu beten.

Das merke ich mir: ____________________

____

Dienstag 26

EINE SCHIFFFAHRT, DIE IST LUSTIG!?

Apostelgeschichte 27,1-12

Zu Beginn verläuft alles nach Plan. Die Anfangsworte in Vers 1 „unsere" und Vers 2 „wir" zeigen an, dass dieses Mal auch Lukas selbst dabei ist. Ab Vers 4 wird es beschwerlicher. Gegenwind, wenig Fahrt, mühsames Vorwärtskommen ... Es war bekannt, dass eine Schiffsfahrt ab Oktober sehr gefährlich werden kann. Paulus äußert seine Bedenken. Er selbst konnte sich zwar Gottes Schutz sicher sein (23,11), aber er sorgt sich um seine Mitreisenden (27,10). Diese Schiffsreise in Kapitel 27 ist wohl die detaillierteste Beschreibung, die uns aus der Antike überliefert ist. Diese Details bestätigen die Glaubhaftigkeit der Berichte von Lukas. Dieses besondere Kapitel stellt aber auch ein Bild für unser Glaubensleben dar. In Epheser 4,14ff. warnt Paulus davor, dass wir uns nicht „vom Wind aller möglichen Lehren umtreiben lassen" sollen (NGÜ). In 1. Timotheus 4,1ff. beschreibt er, wie solche Irrlehren aussehen können. Spürst du in deinem Glaubensleben auch manchmal „Gegenwind"? Auf welchen Kurs setzt du dein „Lebensschiff"? Wem vertraust du? Legst du mehr Wert auf die Meinungen von „offiziellen" Kirchen- oder Glaubensvertretern und Mehrheitsmeinungen (V.11.12)? Oder vertraust du ganz auf Gottes Wort, wie er es uns in der Bibel gegeben hat (26,25b)?

Das merke ich mir: ____________________

____

ERSTENS KOMMT ES ANDERS ...

Apostelgeschichte 27,13-26

Mittwoch **27**

Wie furchtbar, wenn sich Menschen durch Lebensstürme gezwungen sehen, alles über Bord zu schmeißen und sich kraftlos treiben zu lassen. Sie klammern sich an scheinbare Sicherheiten (27,17) und versuchen alles, um das Gefühl von Kontrolle zu behalten. Dafür werden oftmals wertvolle Glaubenserfahrungen und biblische Grundsätze über Bord geworfen. Was aber bleibt, ist das Erleben von Kontrollverlust und Hoffnungslosigkeit (V.20). Wir müssen einsehen, dass wir unser Leben keinesfalls unter Kontrolle haben. Aber Gott hat es. Mitten in der Nacht (V.23) spricht Gott zu Paulus und schenkt ihm und den Mitreisenden neue Hoffnung. Gott lässt die Seinen nicht im Stich und schließt die ganze Schiffsbesatzung mit ein. Er steht zu seinem Wort. Er erinnert an seine Zusagen (23,11; V.24) und verspricht sein rettendes Eingreifen. Bevor Paulus seine Zuhörer ermutigt, verschweigt er nicht, dass sie schuld an dieser misslichen Lage sind, da sie nicht auf seinen Rat gehört haben. Das tut er nicht mit einem triumphierenden „Ich habe es euch ja gesagt“, sondern mit einem mutmachenden „Gottes Rat ist vertrauenswürdig und trifft ein.“ Wer Gottes Wort vertraut, findet neue Hoffnung und Rettung, auch in den heftigsten Lebensstürmen. Probiere es aus.

Das merke ich mir: ____

____

LAND IN SICHT – RETTE SICH, WER KANN!

Apostelgeschichte 27,27-44

Donnerstag **28**

Nach zwei langen Wochen mitten in der Nacht endlich Hoffnung auf Land. Paulus steht jetzt im Mittelpunkt. Er hat alles im Blick. Er warnt vor Gefahr und macht klar: Wenn nicht alle an Bord bleiben und nach Gottes Rettungsplan handeln, dann werden sie nicht gerettet werden. Der Gefangene wird zum Ermutiger und Vorbild. Vers 34 erinnert an eine Zusage von Jesus in Lukas 12,7a: „Aber bei euch ist sogar jedes Haar auf dem Kopf gezählt! Habt keine Angst! Gott wird dafür sorgen, dass alle gerettet werden.“ Paulus geht voll Vertrauen mit gutem Beispiel voran (V.35). Trotz weiterer Zwischenfälle (V.41f.) erfüllt sich Gottes Zusage. Alle werden gerettet – das Schiff aber zerbricht. Auch unser „Lebensschiff“ wird einmal zerbrechen, unser Körper wird sterben. Aber Jesus hat uns verheißen, dass er uns sicher nach Hause in die Ewigkeit bringen wird. Wir teilen diese Sehnsucht auf den kommenden Tag (V.29). Römer 13,11ff. spricht davon, wie nah dieser Tag unserer Rettung schon ist und welche Auswirkungen das auf unser jetziges Leben haben sollte. Lebst du noch im Dunkeln oder siehst du schon das Licht des neuen Tages aufleuchten? Wie Paulus dürfen wir den Menschen neben uns Mut machen und ihnen Jesu Rettungsangebot weitersagen.

Das merke ich mir: ____

____

Freitag 29

GEFANGEN, ABER NICHT WIRKUNGSLOS!

Apostelgeschichte 28,1-16

Als Inselname finden wir im griechischen Text das Wort „Melite“, was oftmals mit „Malta“ übersetzt wird. Tatsächlich trug der südliche Rumpf der westgriechischen Insel Kefalonia genau diesen Namen. Auch die anderen geographischen Gegebenheiten passen perfekt zu diesem Ort. So gibt es hier (im Gegensatz zur Insel „Malta“) die giftigen Sandvipern. Paulus kann solch ein Schlangenbiss aber nichts anhaben (Lk 10,19). Dieses und weitere Wunder bestätigen die „göttliche Autorität“ des Paulus. Die Inselbewohner werden durch seine Botschaft und viele Heilungen reich gesegnet. Paulus erfährt durch ihre Gaben und die späteren „Begrüßungskomitees“ der römischen Glaubensgeschwister (V.10.14.15), wie Gott ihn versorgt und ermutigt. Paulus genießt als Gefangener viele Freiheiten, was seine Aufenthaltsdauer und spätere Unterkunft angehen. Er erscheint nicht als willenloser Gefangener, sondern eher als selbstbestimmter Missionar. Bemerkenswert, wie Paulus sich in Gottes Plan fügt, ohne an Flucht zu denken. Er bleibt auch als Gefangener immer der Handelnde. Manche Aufgaben und Wegstrecken suchen wir uns vielleicht nicht selbst aus, aber mit Gottes Hilfe dürfen wir sie aktiv zu seiner Ehre gestalten. Gott wird auch uns dabei versorgen und ermutigen.

Das merke ich mir: ______________________________

____

Samstag 30

NICHT FREI, ABER UNGEHINDERT

Apostelgeschichte 28,17-31

Immer noch in Fesseln, wird Paulus keinesfalls passiv. Durch seinen „Hausarrest“ kann er zwar nicht mehr in die Synagoge gehen, doch lädt er fleißig zu sich ein. Er will Juden und Heiden „für Jesus gewinnen“ (V.23). Die Formulierung „volle zwei Jahre“ spielt auf das römische Rechtswesen an. Erschien nach Ablauf dieser Frist kein Kläger vor Gericht, musste der Gefangene eigentlich freigesprochen werden. Vielleicht erlebte dies auch Paulus, wie manche Hinweise vermuten lassen. Eine spätere Gefangenschaft in Rom führt ihn dann schließlich vor den Kaiser Nero, der ihn zum Tode verurteilt. Doch wirkt er in diesen zwei Jahren weiter an der Verbreitung der Guten Nachricht. Wahrscheinlich hat er in dieser Zeit den Brief an die Epheser, Philipper, Kolosser und an Philemon geschrieben. Zusätzlich zu seinen vielen Besuchern hörten auch die Wachsoldaten während ihres „Dienstes“ zwangsweise vom Evangelium. Paulus verkündete ihnen das Reich Gottes und lehrte sie alles über Jesus Christus, den Herrn – mutig und offen und völlig ungehindert. Dies verdeutlicht, dass die Botschaft vom Reich Gottes durch keine Machthaber eingeschränkt werden kann. Auch wir stehen in dieser Linie, Jesu Missionsbefehl (Mt 28,19f.) weiter auszuführen, bis er wiederkommt.

Das merke ich mir: ______________________________

____

Morgengebet

EIN NEUER TAG LIEGT VOR MIR WIE EIN
FAST UNBESCHRIEBENES BLATT PAPIER.
EINIGE TERMINE UND AUFGABEN
STEHEN SCHON DRAUF.

WERDE ICH ALLES SCHAFFEN,
WAS DIESER TAG MIR ABVERLANGEN WIRD?
WIRD ALLES GLATT LAUFEN ODER WERDEN MIR
PROBLEME UND SCHWIERIGKEITEN BEGEGNEN?

ICH WEIß ES NICHT, ABER DU WEIßT ES WOHL!
ICH NEHME DIESEN NEUEN TAG VERTRAUENSVOLL
AUS DEINEN HÄNDEN.

GIB DU MIR DIE KRAFT, DIE ICH BRAUCHE.
MIT DIR AN MEINER SEITE STARTE ICH MUTIG
UND VERTRAUENSVOLL IN ALLES, WAS
VOR MIR LIEGT!

DANKE, DASS ICH AUCH HEUTE MIT DIR
RECHNEN DARF!
GEMEINSAM BEKOMMEN WIR DAS HIN!

Steffi Pfalzer

Abendgebet

HERR, DU HAST UNS GESCHAFFEN,
UND UNSER HERZ IST UNRUHIG,
BIS ES RUHE FINDET IN DIR.
DEIN IST DAS LICHT DES TAGES.
DEIN IST DAS DUNKEL DER NACHT.
DAS LEBEN IST DEIN UND DER TOD.
ICH SELBST BIN DEIN UND BETE DICH AN.
LASS MICH RUHEN IN FRIEDEN,
SEGNE DEN KOMMENDEN TAG
UND LASS MICH ERWACHEN, DICH ZU RÜHMEN.
AMEN

Augustinus

KW 36 bearbeitet von Edit Szilágyi,
Gemeindepädagogin, 54568 Gerolstein
E-Mail: kicsitanko@yahoo.com

ZIELSCHEIBE FÜR DEN SPOTT

Psalm 119,49-56

Spott ist doof. Er zieht runter, macht klein, verunsichert und vernichtet. Ich denke da an das Mädchen, das gerne einen Rock trägt. Es fühlt sich darin hübsch und wohl, erzählt es mir. Doch es wird in der Schule verspottet. Röcke tragen sei gegen den Trend. Ein Junge liebt Animes und erzählt gerne davon. Er wird als „schräg" und als „Nerd" bezeichnet. Beide sind vom Spott gekränkt. Der Schreiber des Psalms wird verspottet (V.51). Jesus wird bei seiner Kreuzigung verspottet. Alle Erwähnten stehen für etwas, was sie ausmacht. Davon Preis zu geben, enthält Risiken. Dem einen gefällt es, dem anderen nicht. Ganz wie ein gepostetes Bild auf den Social-Media-Plattformen. Sollst du dich lieber verstecken, unsichtbar sein, für gar nichts stehen? Nein! Der Psalmist benutzt das Wort „dennoch". Was danach kommt ist entscheidend: Er weicht von Gottes Weisung (weswegen er womöglich verspottet wird) nicht ab. Er lobt und preist Gottes gute Gesetze im ganzen Psalm. Diese Haltung und Lebensform machen ihn allein glücklich. „Dennoch" betet Jesus für die, die ihn am Kreuz verspotten. Er schreibt sie nicht ab, sondern ermöglicht ihnen dadurch ein versöhntes Leben mit Gott, seinem Vater. Beende du deinen Satz: „Ich wurde verspottet, dennoch …"

Das merke ich mir: ______________________

____

____

MONATSSPRUCH SEPTEMBER

GOTT IST UNSRE ZUVERSICHT UND STÄRKE.

Psalm 46,2

Auf manche Prüfungen hätte ich lieber verzichtet. Ich wünschte mir, gleich das Gute zu wissen. Freiheit ist großartig. Gewissheit ist besser.

Edit Szilágyi

WOCHENSPRUCH

Gott widersteht den Hochmütigen, aber den Demütigen gibt er Gnade.

1. Petrus 5,5b

Lied: FJ6! Nr. 23 Sonntag **31**

1 Montag

MEHR ALS EINE GEBURTSTAGSFEIER

4. Mose 6,22-27

„Niemand denkt an meinen Geburtstag", klagt Schlumpfine, der blaue Zwerg im zweiten Teil des Films „The Smurfs 2" und läuft traurig umher. Im Hintergrund sind die Schlümpfe damit beschäftigt, ihr einen wunderbaren Geburtstag zu bereiten. Sie sind treue Freunde und möchten es ihr in aller Pracht zeigen. Ein kleiner böser Troll Gargamels fängt sie in diesem Zustand ein. Ob die Schlümpfe sie retten, obwohl sie ihren Geburtstag vergaßen? Die böse Hexe verführt sie geschickt, schenkt ihr den ersehnten Geburtstagskuchen. Durch Erpressung verrät sie ihr ihre Freunde. Dennoch geben sie die Schlümpfe unter der Leitung von Papaschlumpf nicht auf und retten sie. Als Krönung feiern sie ausgelassen ihren Geburtstag. Sie sind für sie da. Gottes Segen ist im Leben immerwährende Krönung und mehr als eine Geburtstagsfeier in Schlumpfhausen. Es ist ein Versprechen Gottes: „Ich bin da." Auch wenn du denkst, er hätte dich vergessen und du am liebsten weglaufen würdest, geht er dir nach. Der größte Beweis aller Zeiten ist, dass er Jesus geschickt hat, damit du siehst, wie er ist, und was er dir schenkt. Er wendet sich dir in Liebe (V.25) zu, gibt dir seinen Frieden (V.26) und Schutz (V.24) und will dich immer segnen (V.23.27), für immer da sein.

Das merke ich mir: ______________________________

____

2 Dienstag

ZUHAUSE BEI/MIT GOTT

4. Mose 9,15-23

Vor über zwei Jahren verließ Israel Ägypten (10,11). Nach den ersten drei Monaten erreichte es die Wüste Sinai (3. Mose 19). Dort weilt es seitdem. Die Gesetze sind gegeben, das Großprojekt Stiftshütte (Wohnung Gottes) ist beendet, das Volk ist gezählt, das Leben bis ins kleinste Detail organisiert. Der Organisator ist Gott (Jahwe), der sichtbar als Wolke und Feuer mitten unter seinem Volk wohnt. Es ist eine Existenz mit und um Gott. So ist es nachvollziehbar, dass sich die anstehenden Umzüge nicht nach dem eigenen Wunsch, sondern nach Gottes Anwesenheit richten. Ohne seine Anwesenheit nutzen die besten Ordnungen, das schönste Gotteshaus nichts. Zwar läuft das Volk auf ein Ziel zu, nämlich das Gelobte Land, doch mit dem Tempo, das Gott vorgibt. Mit ihm, bei ihm ist der Mensch immer zuhause. Ohne ihn sind wir „erschöpft und hilflos – wie Schafe, die keinen Hirten haben" (Mt 9,36). Heute sind Jesusnachfolger selbst Christi Leib und Tempel seines Heiligen Geistes (1. Kor. 6,19). Ihr Ziel ist das Ewige Leben, das Zuhause bei Gott (dem Vater). Ohne ein Leben mit dem dreieinigen Gott, ohne dass er bei dir zuhause wäre, gibt es auch kein Zuhause bei Ihm.

Das merke ich mir: ______________________________

____

NUR DAS EXKLUSIVE AUSERWÄHLTE VOLK?

4. Mose 10,11-36 — 3 Mittwoch

Alle Kinder im Alter von 6 bis 12 Jahren unserer Kirchengemeinde wurden zum Kinderbibeltag eingeladen. Sie sind ja Mitglieder, wir haben ihre Adressen und können sie somit persönlich anschreiben. Nicht selten werde ich gefragt, ob ein Freund, eine Freundin mitgebracht werden kann, auch wenn er/sie nicht evangelisch sei. „Natürlich", antworte ich, „alle Kinder sind willkommen!" Das Wort Gottes gilt für alle, Essen und Bastelmaterial gibt es ausreichend, auch Platz kann man jedem machen. Wer meint, dass aller Aufwand um den Einzug ins Gelobte Land ausschließlich einem exklusiven Volk gilt, das wie „unsere" Kirchenmitglieder einzeln aufgelistet ist, der irrt sich. Mose lädt seinen Schwager, einen Nichtisraeliten, mit ein. „Wir werden dich versorgen, der Herr hat versprochen Israel Gutes zu tun!" (V.29). Mose braucht ihn zwar aus strategischen Gründen, doch möchte er mit ihm auch das „Gute" teilen. Christen sind auch kein exklusives Volk! Sie brauchen andere und können ihnen zumindest anbieten, an dem Guten, das sie durch Jesus bekommen, Teil zu haben. Hobab (Ri 1,16) ging später bei der Eroberung des Landes auf Moses Bitte ein, zog mit dem Stamm Juda ins gelobte Land und hatte an dem versprochenen „Guten" teil.

Das merke ich mir: ______________________________

____

VON FLIEGENDEN BRATTAUBEN

4. Mose 11,1-23 — 4 Donnerstag

„Sind dir schon mal gebratene Tauben in den Mund geflogen?" Die Frage nahm ich lange Zeit als bare Münze. Wenn Erwachsene solche Fragen stellen, muss es sie geben, die fliegende Brattauben. Nach Jahren begriff ich den Sinn des Spruchs. Nichts gibt es gratis, alles muss erarbeitet werden. Dies gefiel mir nun gar nicht. (In der Schule hätte ich manche Gratisnoten sehr begrüßt!) Dann traf ich auf die biblische Geschichte mit dem Manna. Da haben wir es, die Himmelsspeise! Still beneidete ich alle Teilhaber des Ereignisses. Bis heute gibt mir das Wissen um das Manna die Gewissheit, dass Gottes Versorgungsfantasie unendlich reich ist. Doch sehnen wir uns nicht heute wie damals schon nach etwas anderem als dem, was wir haben? Diese Ur-Unzufriedenheit macht mich äußerst traurig. Alles wird schnell langweilig, öde, ungenügend. Ich verstehe Mose, wenn er keine Lust auf eine unberechenbare, unzufriedene, nimmersatte Menschenmasse hat, die nicht mal Gottes Anwesenheit und Versorgung zufriedenstellen kann. Wäre ich auch eine der Unzufriedenen gewesen? Bin ich es heute? Jesus nennt sich selbst Lebensbrot. Er ist das tägliche Manna (Joh 6,48-51). Es gibt es doch – das Unverdiente. Nicht als fliegende Brattaube. Viel besser!

Das merke ich mir: ______________________________

____

5 Freitag

GÖNNEN STATT EMPÖREN

4. Mose 11,24-35

„Bist du an meiner Stelle empört?" Leiter sein, ist kein einfacher Job. Die Erwartungen sind hoch. Lob gibt es selten, wenn überhaupt, dafür aber Klagen, Beobachtungen, Vorschläge. Alles gut gemeint. Moses Mitarbeiter Josua liegt diesmal mit seinem Vorschlag falsch. Was können wir aus den Versen 28-29 hinsichtlich Beratung einer Leitungsperson heute lernen? 1. Wir sollen Aufgaben, die unseren Erwartungen entsprechen, einer Leitungsperson nicht aufzwingen. 2. Unser Empfinden über eine Sache oder Situation ist nicht zwingend das Empfinden der Leitungsperson und wir sollten es von ihr auch nicht erwarten. 3. Leitungspersonen haben einen größeren Überblick, als wir es haben. Mose war ein besonderer Leiter. Ein Mann Gottes. Als „sanftmütigster Mann auf der Erde" (12,3) wurde er vom Geist geführt, den ihm Jahwe gab (11,17). Mose und unsere Leiter zu vergleichen, wäre ungeschickt. Was wir tun können, ist für sie zu beten, dass sie sanftmütig und von Gottes Geist erfüllt ihren Aufgaben und ihrer Berufung nachkommen können. Ein vom Heiligen Geist erfüllter Leiter gönnt auch anderen den Geist und freut sich, Mitarbeiter und Mitarbeiterinnen zu haben, die im selben Geist wandeln. „Der Herr könnte doch allen seinen Geist geben" (V.29).

Das merke ich mir: ______________________________

____

6 Samstag

VERGEBUNGSBEREIT

4. Mose 12,1-16

Neid erfährt Mose, als seine Geschwister seine Berufung in Frage stellen. Neid kann die seltsamsten Gründe finden, um die eigenen Gedanken zu rechtfertigen. Einen Grund, den Aaron und Mirjam gegen Mose finden, ist seine „ausländische" Frau. Vor einigen Tagen klärten wir, dass Gottes Versprechen nicht nur dem exklusiven Kreis der Israeliten gehört. Gottes Güte soll mit anderen geteilt werden. Ich erinnere mich an ein philosophisches Buch, das mir als junge Christin in die Hand gedrückt wurde. Die Aussage war, dass nur intellektuelle, denkende Menschen eine Daseinsberechtigung in diesem Leben haben. Dieses Gedankengut hat meine Gedankenwelt für Jahre vergiftet. Ich fühlte mich gezwungen, zu diesem exklusiven Kreis (zu der sich meine damaligen christlichen Vorbilder auch zählten) zu gehören. Als exklusiver Mensch entfernte ich mich von dem Teil der Gesellschaft, der meines Erachtens „einfacher" dachte, und es erfüllte mich mit Neid, zu sehen, dass „auch die" gut im Leben klarkommen. Wirklich ein seltsamer Vorwand, Neid nicht einzugestehen. Es war ein langer Weg, mich davon heilen zu lassen. Mose antwortet auf den Angriff mit Vergebung und Fürbitte: „Ach Gott, mach sie wieder gesund!" (V 13). Sei demütig, nicht exklusiv!

Das merke ich mir: ______________________________

____

KW 37 bearbeitet von Steffi Pfalzer,
Programmleitung BORN im SCM Verlag,
34270 Schauenburg
E-Mail: steffi.pfalzer@bornverlag.de

WOCHENSPRUCH
Das geknickte Rohr wird er nicht zerbrechen, und den glimmenden Docht wird er nicht auslöschen.
Jesaja 42,3

Sonntag 7

Lied: FJ6! Nr. 45

GOTTES WORT UM MITTERNACHT

Psalm 119,57-64

Dieser Ausschnitt des längsten Psalms der Bibel erinnert an eine Sammlung aus guten Wünschen und Weisheiten für das Leben. Dabei steht für den Psalmbeter das Wort Gottes eindeutig im Mittelpunkt. An die Weisungen, Vorschriften und Gebote Gottes möchte er sich halten. Dafür ist er sogar bereit, mitten in der Nacht aufzustehen und Gott für seine Worte zu preisen.

Das fasziniert mich! Ich muss ehrlich zugeben: Ich bin noch nie mitten in der Nacht aufgestanden, um Gott für seine Richtlinien und Gesetze zu danken und ihn zu preisen. Wenn ich mitten in der Nacht aufstehe, um zu beten und mit Gott zu reden, dann meistens deshalb, weil es irgendetwas gibt, was mich nicht zur Ruhe kommen lässt, was mir den Schlaf raubt und meine Gedanken kreisen lässt.

Also kurz gesagt: Wenn, dann geht es dabei in erster Linie um mich und nicht um Ehre Gott gegenüber. – Doch was sind mir die Worte Gottes wert? Welchen Stellenwert haben sie in meinem Leben? Wie wichtig sind sie in meinem Alltag?

Es lohnt sich, über diese Fragen einmal nachzudenken und sich damit auseinanderzusetzen, gerne auch mitten in der Nacht!

Das merke ich mir: ______________________

____

____

Das Gute behalten, das Schlechte loslassen dürfen – das ist doch genial!
Steffi Pfalzer

8 Montag

AUS LUST WIRD FRUST

4. Mose 13,1-3.17-33

12 Männer werden losgeschickt und sollen das Land Kanaan auskundschaften. Mose gibt ihnen ganz konkrete Fragen mit auf den Weg (V.18ff). 40 Tage sind sie unterwegs und lassen es sich gut gehen, bevor es mit einem fetten Obstkorb wieder zurück zum Ausgangspunkt geht. So weit, so gut. Das jetzt erwartete Happy End bzw. die rosarote Berichterstattung bleiben jedoch aus. Stolz präsentieren sie ihre Errungenschaften – und dann kommt das dicke Aber. Ja, es gibt tolle Früchte, in dem Land fließen Milch und Honig – ABER die Bewohner des Landes sind zu stark und die Städte zu groß und zu gut befestigt. Keine Chance! Das schaffen wir niemals! – Kennen wir das? Und dann kommt der Jungspund Kaleb und hält dagegen: „Ach was, das bekommen wir hin! Wir schaffen das!" Und dann wieder die anderen: „Du mit deinem jugendlichen Leichtsinn!" Und nun wird alles noch ein bisschen aufgebauscht und ausgeschmückt: „Da leben Menschen, die ihre Bewohner fressen und die unfassbar groß sind!" Mich fasziniert Kaleb, der den Mut hat, den angstgesteuerten Mitkundschaftern zu widersprechen, und der dem Volk hoffnungsvoll eine Perspektive aufzeigt! Zu welcher Fraktion möchtest du heute gehören, zu denen, die jammern oder zu denen, die anderen Mut machen?

Das merke ich mir: ______________________________

____

9 Dienstag

DAS MAß IST VOLL!

4. Mose 14,1-25

Das Volk hört den Schreckensbericht der Kundschafter und fängt an zu jammern und zu klagen: „Früher war alles besser! Wären wir nur in Ägypten geblieben und dort gestorben!" Dass in Ägypten bei Weitem NICHT alles besser war, scheint ihnen kurzfristig entfallen zu sein. Was für eine Gejammere und Geklage! Kann man es dem Volk denn nie recht machen? Kopfschüttelnd sitze ich über dem Bibeltext und habe wenig Verständnis für das Volk Israel! Da sind mir Kaleb und Josua schon lieber. Die weisen nochmal darauf hin, wie gut das Land ist und welche Reichtümer es beinhaltet. Gleichzeitig machen sie dem Volk erneut Mut und richten ihren Fokus auf Gott, der immer noch da ist und ihnen dieses Land versprochen hat! Und was bringt das den beiden ein? Fast eine Steinigung. – Doch dazu kommt es nicht, weil Gott eingreift (V.10)! Und der „hat die Nase voll" von dem Gemeckere und kündigt eine Strafe an: Keiner von den „Motzköpfen" darf rein in das verheißene Land. – Das ist hart! Aber bei mir kommt der Gedanke auf: Das geschieht ihnen recht! – Doch halt: Bin ich nicht manchmal genauso, dass ich feststecke in meinem Jammertal, die Vergangenheit glorifiziere und nicht mehr mit Gottes Möglichkeiten rechne? Ich merke: Dieser Text betrifft auch mich!

Das merke ich mir: ______________________________

____

40 JAHRE FÜR 40 TAGE

4. Mose 14,26-38

Mittwoch 10

Puh, das muss man erstmal verdauen, was Gott hier sagt … So kennen wir ihn doch gar nicht: zornig, strafend, nachtragend, vernichtend, abwendend. Und doch, auch diese Seite gehört zu unserem Gott und wir dürfen das heute einfach mal so stehenlassen, ohne direkt schon auf das Kreuz zu verweisen. Das Volk hat sich von den Gerüchten der Kundschafter beeinflussen lassen. Sie haben sich gegen Gott gewendet und gemeckert und geschimpft. Da war nichts mehr zu spüren von Vertrauen in ihren Gott, nicht mal ein kleines bisschen. Und das nimmt Gott ihnen übel. Das lässt er nicht auf sich sitzen. Zumindest das hätte er erwartet von seinem Volk: ein kleines bisschen Vertrauen in einen großen Gott. So, wie Josua und Kaleb es hatten, dieses unerschütterliche: „Das wird schon! Wir halten uns an Gott, der wird uns schon halten!" Mehr braucht es nicht. Keinen Masterplan. Keinen Überblick. Kein Konzept. – Nur unser Vertrauen, dass Gott schon weiß, was er tut. Dass er den Masterplan hat, den Überblick behält, sein Konzept verfolgt. – So wenig und doch manchmal so viel. So leicht und doch manchmal so schwer. Statt zu meckern und zu motzen, möchte ich heute vertrauen. Dass Gott es gut meint mit mir. Dass er schon weiß, was er tut. Machst du mit?

Das merke ich mir: ______________________________

____

SEHENDEN AUGES INS EIGENE UNGLÜCK

4. Mose 14,39-45

Donnerstag 11

„Die Einsicht kommt zu spät", so ist unser Text in der BasisBibel überschrieben. Ich hadere etwas mit dieser Überschrift. Ja, die Israeliten zeigen hier Einsicht und merken: „Unser Verhalten war falsch. Wir haben uns dem Herrn widersetzt." Und trotzdem machen sie im Prinzip so weiter wie bisher. Sie meinen zu wissen, was jetzt richtig ist: nämlich auf eigene Faust doch noch aufzubrechen in das verheißene Land. Damit sind sie allerdings zu spät dran. Jetzt wäre dies kein Vertrauensschritt mehr, sondern motiviert aus reiner Angst davor, dass Gott wahr macht, was er angekündigt hat. Ist das wirklich Einsicht? Mose sagt ihnen auch noch klar und deutlich: „Macht das nicht. Bleibt hier. Es ist zu spät. Gott wird nicht (mehr) segnen, was ihr da tun wollt!" Doch das Volk geht trotzdem. Sie ignorieren das, was Gott durch Mose sagt, und meinen, es besser zu wissen. Doch Gott lässt sich nicht überreden. Er bleibt hart und konsequent. Und so laufen die Israeliten sehenden Auges in ihr eigenes Unglück. Jedoch: Nicht die Härte und Konsequenz Gottes treiben sie dorthin, sondern ihre eigene Sturheit, ihre Angst, ihr immer noch sehr unzureichendes Vertrauen. – Wie starten wir heute in den Tag: auf eigene Faust oder voller Vertrauen in Gott?

Das merke ich mir: ______________________________

____

Freitag 12

GOTT STELLT SICH ZU SEINEN LEUTEN

4. Mose 17,16-26

Es ist immer wieder das Gleiche. Das Volk Israel fällt in die alten Muster zurück, konkret ins Meckern und Mosern gegenüber Gott und seinen bodenständigen Vertretern. Mit Mose als ihrem Anführer scheinen sie sich abgefunden zu haben, doch warum jetzt auch noch Aaron? War das wirklich Gottes Berufung oder wollte sich der gute Aaron nicht einfach ein bisschen in den Vordergrund drängen? Aber dann wäre er ja auch einfach austauschbar und jeder andere x-beliebige Stammesführer könnte an seine Stelle treten. – Warum ist das Volk Israel denn immer noch so misstrauisch? Müssten sie nicht eigentlich besser aus ihren Fehlern gelernt haben? – Doch wie ist das eigentlich bei mir? Wo mache ich immer wieder die gleichen Fehler oder versuche mich selbst in den Vordergrund zu drängen? Mich fasziniert hier das Symbol des Wunders, was Gott tut: Es blüht etwas auf. Ein toter Stock bringt sogar Früchte hervor. Es scheint noch nicht alles verloren und verdorrt zu sein. Noch gibt es Hoffnung, noch kann etwas Neues wachsen und entstehen. Und Gott stellt sich zu seinen Leuten. Das fasziniert mich ebenfalls. Er lässt Aaron nicht auflaufen, er lässt den Zorn des Volkes nicht auf ihm sitzen, er stellt sich selbst zu ihm! Wie wertvoll und wertschätzend!

Das merke ich mir: ____________________

____

Samstag 13

WER GIBT HIER WEM DIE EHRE?

4. Mose 20,1-13

Es nimmt kein Ende! Schon wieder nur Gemecker und die rosarote rückwärtsgewandte Verklärungsbrille wird erneut hervorgeholt. „Das kann doch nicht wahr sein, habt ihr es immer noch nicht verstanden und verinnerlicht?“, möchte man dem Volk Israel am liebsten zurufen. Doch Vorsicht: Bekommen wir es wirklich besser hin? Verfallen wir nicht auch immer wieder in ein Klagen und Jammern und rechnen nicht mehr mit Gottes Möglichkeiten? Mir halten diese Texte einen Spiegel vor und ich sehe, dass ich mich mit dazustellen könnte zum jammernden Gottesvolk ... Wieder tut Gott hier ein Wunder und führt den Israeliten damit vor Augen: Ich bin da! Ich versorge euch! Vertraut mir! Doch der Schluss dieses Abschnittes lässt Fragen bei mir aufkommen: Was war denn los mit Mose und Aaron? Warum werden die hier so hart bestraft? Sie haben doch nichts falsch gemacht, oder doch? Auf den ersten Blick erstmal nicht. Doch schauen wir mal genauer hin: Mose und Aaron bekommen den Auftrag, das Volk zu versammeln und mit dem Felsen zu reden. Und was machen sie? Sie reden mit dem Volk (V.10) und stellen das Ganze so dar, als würden SIE das Wunder vollbringen und nicht Gott ... Mist! So möchte Gott das nicht haben, deshalb die harte Strafe an der Stelle.

Das merke ich mir: ____________________

____

KW 38 bearbeitet von Gesine Westhäuser,
Dipl. Sparkassenbetriebswirtin, 57078 Siegen
E-Mail: gesine.westhaeuser@t-online.de

WOCHENSPRUCH

Christus spricht: Was ihr getan habt einem von diesen meinen geringsten Brüdern, das habt ihr mir getan.
Matthäus 25,40

EINFACH GUT

Psalm 119,65-72

„Einfach gut". Das war einmal der Marketingspruch für McDonalds. Der Werbesong sprach von einem Platz, wo ich ein Lächeln geschenkt bekomme, und von einer „Art, die ich mag" und die mich sagen lässt „Alles klar für den Tag." Als Kundin sollte ich ein gutes Gefühl haben, mich wohlfühlen und bei Pommes und Burger auftanken. „Einfach gut." Auch im heutigen Psalm geht es darum, wer und was gut ist. Der Psalmbeter betont nahezu in jedem Satz das Gute an Gott. Gott ist gut. Einfach gut. Rundherum gut. Der Unterschied zum Burger: Ein Burger macht nur kurze Zeit satt, unterliegt Geschmackstrends und erzeugt manchmal sogar ein schlechtes Gewissen, weil es gesünderes Essen gibt. Gott hingegen ist in seinem Wesen unveränderlich. Er hält, was er verspricht, und lässt den Psalmbeter erleben, dass es sich lohnt, an Gottes Verheißungen und Weisungen festzuhalten. Selbst in schweren Lebensphasen schöpft der Beter bei Gott Kraft und Zuversicht.
Gott tut Gutes, er bewirkt Gutes und motiviert den Psalmbeter, ein Leben führen zu wollen, das Gott gefällt und anderen guttut. Lass es an einem Beispiel praktisch werden: In welchen Situationen soll Gott dir dazu verhelfen, „gut und vernünftig zu urteilen" (V.66)?

Das merke ich mir: ______________________

____

____

Ich soll mich von dem Nicht-Guten trennen. Dafür benötige ich Weisheit: Was ist gut, was ist schlecht? Wie ordne ich das, was ich höre und sehe, richtig ein?

Gesine Westhäuser

Montag **15**

EINE ZÄSUR IM LEITUNGSDUO

4. Mose 20,22-29

Häufig sind Berge in der Bibel Orte, an denen sich Gott auf besondere Weise zeigt. Menschen erleben eine geheimnisvolle Nähe zu Gott und einen Blick hinter den Vorhang seiner Welt. Heilige Momente sind dies. Und einsame. Herausgehoben aus dem Alltag und abgesondert von Familie und anderen Wegbegleitern. Der heutige Textabschnitt wirkt beklemmend und traurig, denn Gott zieht Aaron zur Verantwortung. Dessen Fehlverhalten aus Kapitel 20,1-13 führt nun zu seinem Dienst- und sogar Lebensende (angekündigt in V.12). Wir wissen nicht, ob Mose und Aaron versucht haben, Gott umzustimmen, ob Aaron um Vergebung gefleht hat oder ob ihn Todesangst und Verzweiflung überfielen. Menschlich gesehen, erscheint Gottes Beschluss aus Vers 12 unbarmherzig und unverhältnismäßig. Unter Berücksichtigung des Amtes, das Aaron innehat, wirkt seine Entscheidung jedoch konsequent: Wem Gott viel anvertraut, von dem fordert er umso mehr (vgl. Lk 12,48b). Wir kennen Rücktritte von Politikern und Fußballtrainern, die aufgrund ihrer herausgehobenen Verantwortung und der damit verbundenen Vorbildrolle ihr Leitungsamt niederlegen. Hier vollzieht Gott selbst diesen Schritt an Aaron. Wo trägst du eine besondere Verantwortung? Wo solltest du Vorbild sein?

Das merke ich mir: ______________________________

____

Dienstag **16**

DAS BÖSE VERLIERT DIE MACHT

4. Mose 21,4-9

Kollektive Unzufriedenheit macht sich im Volk breit. Die jahrelange Tour durch die Wüste verlangt ihm mehr ab als im Voraus ausgemalt. Nicht zum ersten Mal liegen Nerven blank. Mir fällt auf, dass die Israeliten ihre Beschwerden nicht nur an Mose, sondern auch an Gott selbst richten (V.5). Als sie sich jedoch reumütig eine Befreiung von der Schlangenplage wünschen, flehen sie lediglich Mose an, Gott um Abhilfe zu bitten (V.7). Kann es sein, dass es dir und mir leichter fällt, Gott unsere pauschale Unzufriedenheit mit der Gesamtsituation vor die Füße zu werfen, als den Mut zu zeigen, Gott gegenüber eigenes Fehlverhalten zuzugeben und ihn darum zu bitten, die Folgen unseres Handelns rückgängig zu machen? Es folgt Gottes ungewöhnliche Rettungsaktion: Das Vertrauen der Israeliten in Gott ist angeknackst. Ihre Beziehung zu ihm braucht einen Neuanfang. Jede Person, die Heilung erfahren will, muss sich daher zu diesem Feldzeichen aufmachen. Nur in Sichtweite zu diesem Symbol für Gottes Macht kann Hilfe wahrwerden. Die Bronzeschlange als Sinnbild des besiegten Bösen deutet auf den gekreuzigten Jesus hin: Rettung und die Wiederherstellung der Beziehung zu Gott geschehen nur, wenn du Jesus anschaust. Wo hältst du dir Jesus auf Abstand?

Das merke ich mir: ______________________________

____

GOTT IST IMMER DER STÄRKERE

4. Mose 21,21-35

Mittwoch 17

Die Israeliten beabsichtigen nicht, das Land der Amoriter einzunehmen. In weiser Voraussicht geben sie ihr Anliegen bekannt und halten fest, dass die Reise durch das fremde Land so rücksichtsvoll und so geräuschlos wie möglich über die Bühne gehen soll. Ob König Sihon eine reelle Bedrohung für sein Volk und sein Herrschaftsgebiet sieht oder einfach nur zeigen will, wer der Stärkere ist, bleibt Spekulation. Fakt ist, dass sein Heer die Israeliten angreift. König Og, dessen Reich im Norden angrenzt, eröffnet ebenfalls mit seinen Untertanen den Kampf gegen die Israeliten. Auf beiden Schlachtfeldern siegt das Volk Israel durch Gottes Hilfe. Nun müssen die meisten von uns hoffentlich nicht mit Schwertern in Wüsten oder Hochebenen kämpfen. Aber wahrscheinlich kämpfen wir an anderen Fronten: beispielsweise mit Menschen, die an unserem Stuhl sägen oder Lügen über uns verbreiten. Oder mit einem Heer von Erwartungen und Ansprüchen, die wie eine Lawine über uns hereinbrechen. Wenn das so ist, dann lass es dir sagen: Gott nimmt deine Ängste und Sorgen wahr (V.34), auch ohne, dass du sie aussprichst. Er steht dir bei, stärkt dir den Rücken und gibt dir die „Waffen“ an die Hand, die du brauchst, um die Krise zu bewältigen.

Das merke ich mir: ______________________________

____

GEFAHR „SCHLUPFLOCH“

4. Mose 22,1-20

Donnerstag 18

Balak bekommt es mit der Angst zu tun. Die Siege über Nachbarvölker zeigen ihm: Dieses fremde Volk ist nur dann zu schwächen, wenn es von seinem Gott getrennt wird. Ein Fluch muss her. Er erinnert sich an Bileam, rund 750 km weiter im Norden. Scheinbar ein bekannter Experte fürs Segnen und Verfluchen. In welcher Beziehung Bileam zum Gott Israels steht, ist unklar. Jedenfalls spricht Gott mit ihm und Bileam bringt ihn sofort als seinen Herrn ins Spiel (V.8). Unmissverständlich begründet Gott seine Entscheidung (V.12). Oberflächlich betrachtet, gibt sich Bileam gehorsam, denn er verweist mehrmals auf Gottes Anweisung. Genauer betrachtet, erweckt er den Eindruck, als ob er den Auftrag am liebsten annehmen würde, aber Gott es leider nicht erlaubt hat (V.13). Statt die zweite Delegation sofort nach Moab zurückzuschicken, scheint er insgeheim darauf zu spekulieren, dass Gott seinen Entschluss widerruft (V.19). Ob ihm die in Aussicht gestellten Belohnungen vielleicht doch in der Nase jucken? Bileam legt einen seltsamen Verhaltensmix an den Tag: konsequent und doch nicht konsequent. Vordergründig anders als zwischen den Zeilen. Wo stehst du in der Gefahr, Schlupflöcher oder faule Kompromisse zu suchen, obwohl Gottes Wille klar ist?

Das merke ich mir: ______________________________

____

Freitag 19

LANGE LEINE UND DENNOCH AUSGEBREMST

4. Mose 22,21-41

Bileam hat einen freien Willen. Gott lässt ihn daher im gestrigen Textabschnitt doch mit Balaks Männern mitreisen, aber zeigt ihm zugleich klare Grenzen auf (V.20). Im weiteren Verlauf wirkt es so, als wenn Gott ausloten würde, wie glaubwürdig Bileam sein Verhalten reflektiert. Denn auf den ersten Blick erscheint Gottes Umgang mit Bileam inkonsequent: Er wird zornig, als Bileam mit seiner Erlaubnis loszieht (V.22), will ihn dann dreimal deswegen töten und erlaubt später erneut die Weiterreise, obwohl in den Versen zuvor der falsche Weg Thema war (V.32.34). Was denn nun? Fast bekomme ich Mitleid mit Bileam: Wie soll er jetzt noch wissen, was richtig und was falsch ist? Wenn ich mir Bileams Verhalten jedoch genauer anschaue, mache ich eine ähnliche Entdeckung wie gestern: Vordergründig gesteht er seinen Fehler ein und doch schwingt Halbherzigkeit mit: „Wenn ich in deinen Augen..." klingt wie „Gott, wenn du meinst..., wenn es unbedingt sein muss..." Gott kennt Bileams Herzenshaltung. Er lässt ihn an der langen Leine und bremst ihn doch aus, um zu verhindern, dass er den falschen Weg fortsetzt. Von Mal zu Mal ergreift er drastischere Maßnahmen, aber Bileam fehlt die Antenne dafür. Wo bist du als Christ nur mit halbem Herzen dabei?

Das merke ich mir: ______________________________

____

Samstag 20

GOTT SETZT SICH DURCH

4. Mose 23,1-12

Gott schreibt auf krummen Linien gerade: Er kommt zum Zug. Er bricht sich Bahn. Er wendet Bileams falschen Weg ins Gute. Denn er verhindert nicht nur, dass sein Volk verflucht wird, sondern schafft sogar Segen. Wenn Bileam von Beginn an erst gar nicht Richtung Moab gezogen wäre, hätte es zwar ebenfalls keinen Fluch gegeben, einen Segen aber auch nicht. Gott scheint hier auf Nummer sicher gehen zu wollen: Statt Bileam nur mitzuteilen, was er sinngemäß sagen soll, legt er ihm die Worte buchstäblich in den Mund. Gott selbst spricht aus Bileam heraus. Aus dem Mund eines Mannes, der selbst gar nicht dem Volk Israel angehört. An dieser Stelle ist es mit Bileams freiem Willen an der langen Leine vorbei. Zwar vollzieht er gemeinsam mit dem heidnischen König auf denselben Altären Brandopfer, was gewiss nicht in Gottes Sinne ist. Aber letztlich gebraucht Gott ihn nun, um seinem Volk Gutes zu tun. Wie wäre es mit folgendem Vergleich: Wenn ich mich im Auto den Anweisungen des Navis widersetze, versucht das Gerät mehrmals, mich zur Umkehr zu bewegen (vgl. Esel und Engel). Danach schweigt es kurz und setzt dann neu an: „Die Route wird neu berechnet." Folge: verrückte Umwege. Wann hast du so etwas Ähnliches in deinem Christsein erlebt?

Das merke ich mir: ______________________________

____

KW 39 bearbeitet von Ulli Finzel;
Sozialarbeiterin, Religionspädagogin und Coach;
90763 Fürth
E-Mail: finzelulrike1@gmail.com

WOCHENSPRUCH
Lobe den Herrn, meine Seele, und vergiss nicht, was er dir Gutes getan hat.
Psalm 103,2

Lied: FJ6! Nr. 180

NAIVITÄT VS. ZUVERSICHT

Psalm 20

Auf was vertraust du, wenn ein großes Ereignis bevorsteht? Hier in dem Psalm ist sehr wahrscheinlich eine Schlacht gemeint und der Psalmsänger formuliert im Gebet das Vertrauen in Gott, die Opfergaben (gehörte zur Praxis damals unter König David) und den damit anstehenden Sieg. Es ist kein Zweifel sichtbar. Wie sieht das in deinem Leben aus, z. B. vor einer großen Prüfung, einem Wettkampf, ...? Ehrlich gesagt schlagen zwei Herzen in meiner Brust, wenn ich diesen Psalm, wie so viele andere, lese, der vor Zuversicht nur so strotzt. Auf der einen Seite nervt mich die Naivität, die dahintersteckt. Schließlich ziehen die hier in den Krieg. Nicht alle Soldaten werden nach Hause kommen. Was, wenn die anderen genauso fest beten? ...
Auf der anderen Seite würde ich mir diese blinde Zuversicht manchmal wünschen. Das tiefe Vertrauen, das hier deutlich wird, dass Gott alles zum Guten wenden wird, erträume ich mir in Zeiten, in denen große Prüfungen bevorstehen und ich nicht sicher bin, wie es ausgehen wird. Aber bin ich naiv, wenn ich Gott vertraue oder ist es Zuversicht? Was ändert sich dabei in meinem Herzen? Mit welcher Einstellung gehe ich in die nächste Herausforderung?

Das merke ich mir: ______________________

____

____

Das ist DIE Aufforderung, nicht nur blind zu folgen, sondern selbst Entscheidungen zu treffen. Was für ein Geschenk!
Ulli Finzel

Montag 22

ZU WAS BIST DU BEAUFTRAGT?

4. Mose 23,13-30

Das sind Geschichten in der Bibel, die mich wirklich aufregen. Ich lese den Text einmal, zweimal, vielleicht auch ein drittes Mal und was kommt bei mir an? Nicht wirklich viel. Wieder mal viele Anweisungen (geh dahin, tu das ...), Angaben zu Brandopfern (die für uns, nach Jesus, wenig relevant sind) und mal wieder ein Prophet, der meint, etwas zu sagen zu haben. Verschenkte Zeit ist es jedoch nicht, auch diese Teile der Bibel zu lesen und sich anzustrengen, zu verstehen, was für mich/uns dabei „rausspringt". Bileam ist von Gott beauftragt, Segen zu sprechen über das Volk Israel. Balak versucht ihn umzustimmen, aber so recht funktioniert das nicht. Bileam versucht nicht, dem Machthaber alles recht zu machen, Worte hinzubiegen, so dass es Balak gefällt.
Wie ist das in deinem Alltag? Zu was bist du beauftragt? In welchen Momenten hast du das Gefühl, es deinem Gegenüber recht machen zu wollen, aber du kannst einfach nicht? Wie sehr verändert sich mit dem Segen statt des Fluches auch die Perspektive! Die Richtung, die hier eingeschlagen wird, ist Sieg und Hoffnung – mit Gott an der Seite der Israeliten – und dieser Ausblick ist von jedem Gipfel aus der gleiche.

Das merke ich mir: ____________________

____

Dienstag 23

WIDERSPRÜCHLICHKEITEN

4. Mose 24,1-25

Balak wird langsam ungehalten, hatte er doch Bileam als eine Art Hellseher eingesetzt, um gegen das Volk Israel anzugehen. Stattdessen kann Bileam nicht anders, als das Volk mehrfach zu segnen. Ab Vers 10 (4. Schau + Weissagung von ihm) wird es mittlerweile sogar ziemlich endzeitlich: Er sieht Davids Königtum und im Grunde Jesu königliche Herrschaft. Auf der einen Seite ist Bileam super ehrlich, direkt und lässt sich nicht zensieren (er kann auch irgendwie nicht anders). Auf der anderen Seite hat er selbst dann doch keine Einsicht – später versucht er tatsächlich sogar noch die Midianiter aufzustacheln gegen die Israeliten, wird aber schlussendlich ermordet. Was für ein Leben! Aber selbst diesen Werdegang, der irgendwie nichts Halbes und nichts Ganzes ist, nutzt Gott zum Segen für sein Volk.
Auch in meinem Leben gibt es Widersprüchlichkeiten. Manches Mal bin ich auch Menschen begegnet, die mir zwar im ersten Moment wohlgesonnen waren, in einer zweiten oder dritten Begegnung dies jedoch anders handhabten. Wie gehst du mit Widersprüchlichkeiten um? Hilft es dir zu wissen, dass Gott nur Gutes für dich will? Blöd eigentlich, dass man diesen Segen oft nur in der Rückschau erkennen kann.

Das merke ich mir: ____________________

____

NACHHALTIGES MITARBEITERMANAGEMENT

4. Mose 27,12-23

Mittwoch **24**

So und nicht anders würde ich mir wünschen, dass Nachfolger und Nachfolgerinnen in Leitungspositionen in der Gemeinde, aber auch in anderen Organisationen eingesetzt werden würden. 1. Die Verbindung von Gott zu Mose ist da: Gott meldet sich quasi bei ihm und sagt, dass es jetzt dran ist, einen Nachfolger zu bestimmen. 2. Gottes Timing: Es passiert in seinem Zeitrahmen, nicht in dem von Mose (wer weiß, ob er einen neuen Leiter überhaupt schon auf dem Schirm hatte). 3. Gemeinsam leiten: Gott wählt Josua aus und der Plan ist, dass er eben nicht ins kalte Wasser geschmissen wird, sondern dass er gemeinsam mit Mose unterwegs ist. 4. Einsetzung vor den Priestern und der Gemeinde: Alle werden davon unterrichtet. Vielleicht ist der ein oder andere im Volk überrascht, wie schnell es jetzt ging, aber alle sind informiert und Josua wurde u. a. durch Handauflegung in seinen Dienst eingesetzt. Stell dir das jetzt mal in deinem alltäglichen (beruflichen) Kontext vor: Leiter bzw. Leiterin wird nicht, wer zuletzt Nein sagt, sondern – in Gottes Augen gesehen – bestimmt eingesetzt und vor der ganzen Gemeinde/Einrichtung gesegnet wird. Wie anders wäre das Selbstverständnis der Leitung? Oder auch dein eigenes, wenn du leitest?

Das merke ich mir: ______________________________

____

GESUNDES WACHSTUM

Lukas 13,18-21

Donnerstag **25**

Irgendwie bleiben wir im Kontext von Gemeinden, Organisationen, Reich Gottes und deren Entwicklung. Wir leben in einer kapitalistischen Gesellschaft und Wirtschaftswachstum ist, so weit sind wir alle schon durchgestiegen, nicht unendlich möglich. Gerade deshalb finde ich die Bilder aus der Natur, die hier genutzt werden, so großartig. Das minikleine Senfkorn wurde bewusst gepflanzt und ist natürlich gewachsen, sodass es durch seine Größe, Blätter und Früchte, anderen Lebewesen Lebensraum bieten kann. Ich fühle mich sehr erinnert an ein Lobpreislied (Wir rufen deinen Namen von DMMK) mit der Zeile: „und wenn ein Senfkorn genug ist, dann geb ich mich dir ganz hin." Was würde passieren, wenn wir das ernst nehmen? Du und ich, wir sind genug. Mehr als das, Gott hat einen größeren Plan für uns und mit uns, wir sind in seinem Garten gepflanzt. Wo kannst du nicht anders, als zu wachsen? Wie sieht Wachstum für dich aus? Vielleicht die Entwicklung deiner Persönlichkeit? Das Gründen einer Kochgruppe mit anderen jeden Sonntag? Das Zuhören und füreinander Beten im Bus auf dem Weg zur Arbeit? Wer darf sich bei dir ausruhen und Schatten finden, wie die Vögel im Senfkorn-Baum?

Das merke ich mir: ______________________________

____

Freitag 26

WIE ERNST IST ES DIR?

Lukas 13,22-30

Jesus ist unterwegs und lehrt. Das, was hier besprochen wird, ist jedoch nicht Teil eines Vortrages oder einer Predigt, sondern effektiv ein Gespräch, dass sich beim Unterwegssein einfach so mit jemandem ergibt. Es ist keiner der Jünger, sondern einfach einer, der mit Jesus durchs Land zieht. Die Person lässt vielleicht nochmal die letzten 3 oder 4 oder 10 Predigten wirken und stellt, vielleicht auch im Gespräch mit anderen, die ebenfalls unterwegs sind, den Zusammenhang her, der scheinbar ernst ist: Nur wenige werden gerettet. Jesus beantwortet diese Frage hier leider nicht (sonst hätten wir eine eindeutige Antwort auf die Frage nach der Allversöhnung). Stattdessen fordert er auf, dranzubleiben, zu kämpfen, sich durch die enge Tür zu zwängen. Denn, das ist denke ich allen klar, einfach wird es nicht. Für jeden von uns wird es Herausforderungen geben, ethischer und moralischer Art, aber auch auf ganz persönlicher Ebene. Wie sieht es bei dir aus? Haben deine christlichen Werte Einfluss auf dein Leben? Was bedeutet das konkret? Wie ernst ist es dir, dass bis zuletzt durchzuziehen? ... Mit allen Konsequenzen.

Das merke ich mir: ______________________________

____

Samstag 27

WAS MUSST DU WIE ZU ENDE BRINGEN?

Lukas 13,31-35

Das finde ich beeindruckend. Jesus weiß, was auf ihn wartet in Jerusalem, nämlich seine Hinrichtung und sein Tod. Trotzdem bleibt er klar und direkt. Ein wenig schnippisch vielleicht antwortet er den Pharisäern, die ihn ansprechen, dass er heute und morgen noch Kranke heilen und Dämonen austreiben muss, aber übermorgen dann bereit ist, nach Jerusalem zu gehen. Kennst du solche Zwischensituationen auch? Zum Beispiel der letzte Schultag, der letzte Tag bei einer Arbeitsstelle, bei der du vielleicht selbst gekündigt hast oder sogar gekündigt wurdest. Wie schaffst du das dann mit dem „Im-hier-und-jetzt-sein“? Ich bin beeindruckt davon, wie klar Jesus hier noch seinem Auftrag folgt. Das bedeutet für einige Leute wirkliche Erlösung von Krankheit.

Überleg doch mal für dich, welcher Veränderungsprozess ansteht oder welchen du vielleicht hinter dich gebracht hast. Wie hast du die letzten Tage, z. B. in der Arbeit, verbracht? Bist du voll und ganz da und erfüllst die Aufgaben, für die du berufen/eingestellt bist? Oder bist du deprimiert, lustlos und hast gehofft, dass die Zeit bald rumgeht? Wie möchtest du, dass Abschiedsprozesse gestaltet werden (mit Perspektive Ewigkeit)?

Das merke ich mir: ______________________________

____

KW 40 bearbeitet von Samuel Haubner,
Pastor, 85051 Ingolstadt
E-Mail: samuel.haubner@ec-bayern.de

MONATSSPRUCH OKTOBER

JESUS CHRISTUS SPRICHT: DAS REICH GOTTES IST MITTEN UNTER EUCH.

Lukas 17,21

GOTT IST GRÖßER

Psalm 46

Die Korachiter waren eine Gruppe von Sängern im Jerusalemer Tempel. Vielleicht hatten sie ihre Stadt vor Augen, als sie diesen Psalm sangen. Jerusalem hatte immer wieder schwere Zeiten erlebt und war mehrfach angegriffen worden. Doch Gott hatte die Stadt immer wieder beschützt und gezeigt: Er ist größer. Deshalb wird Gott gefeiert. Dabei werden die Probleme nicht relativiert. Höchste Not, eine wankende Welt, tobende Wellen, bebende Berge (V.2-4). Das alles ist real. Doch Gott ist größer. In den Nöten dieser Welt erweist er sich als Halt, Schutz und feste Burg (V.3-4). Das gilt auch für uns: Egal, wie groß unsere Probleme sind. Gott ist da. Er ist bereit, uns zu halten, zu tragen, zu trösten, zu erfrischen (V.5). Er ist größer. Wie schnell übersehen wir das! Deshalb ruft Psalm 46 dazu auf, den Fokus auf Gottes Taten zu richten (V.9-10). Sie sind gewaltig und manchmal sogar erschreckend (V.7 und 9). Wie wäre es, wenn du dir jetzt Zeit nimmst, um Gott anzubeten und ihm für seine mächtigen Werke zu danken? Egal, wie groß deine Probleme sind, Gott ist größer! Er wird allen Kriegen, Nöten, Ängsten und Sorgen ein Ende setzen (V.9). Und er will auch in deinen Nöten deine Zuflucht und deine feste Burg sein. „Darum fürchten wir uns nicht“ (V.1).

Das merke ich mir: ______________________

____

____

Es geht nicht darum, auf das Schlechte zu schauen, sondern das Gute zu bewahren.

Samuel Haubner

WOCHENSPRUCH

Alle eure Sorge werft auf ihn; denn er sorgt f ür euch.

1. Petrus 5,7

Montag 29

DARF ER DAS?

Lukas 14,1-6

Darf man am Sabbat heilen? Für die Pharisäer ist die Antwort klar. Gott hatte doch Gebote gegeben. Und die Pharisäer sind Vorbilder, wenn es um die Einhaltung dieser Gebote geht. Doch dann kommt Jesus und durchbricht ihre Logik. Das geschieht in drei Schritten: 1. Jesus sieht den Mann. Dessen Herz und seine Nieren sind krank. Dadurch lagert sich Flüssigkeit im Körper ein. Ist das die Folge von Sünde? Dieses Denken ist damals weit verbreitet. Der Mann ist also höchstwahrscheinlich Außenseiter. Doch Jesus sieht ihn. Jesus sieht auch uns und die Menschen aus unserem Umfeld. Er nimmt uns wahr. Er sehnt sich danach, uns zu helfen. Darf er das? 2. Jesus berührt den Mann. Er sucht die direkte Verbindung zu ihm. Er nimmt dessen Probleme in die Hand. Jesus will auch uns nahekommen. Er will uns berühren. Er will. Darf er das? 3. Jesus heilt den Mann. Durch die Berührung strömt Gottes Kraft in diesen Menschen. Diese Kraft verändert und macht wieder gesund. Dadurch kann der Mann auch wieder Gemeinschaft mit anderen Menschen haben. Genauso will Jesus auch uns heilen. Darf er das? Nenne Jesus im Gebet deine Verletzungen und Wunden. Oder bete stellvertretend für ein andere Person. Gestatte Jesus, dass er sehen, berühren und heilen darf.

Das merke ich mir: ______________________________

Dienstag 30

WO IST DEIN PLATZ?

Lukas 14,7-14

Die Sitzordnung bei Hochzeiten ist nicht einfach. Wer sitzt wo und neben wem? Schon damals eine schwere Frage. Je älter bzw. angesehener jemand war, desto weiter oben durfte er sitzen. Die Ehrenplätze befanden sich in der Nähe des Gastgebers und waren besonders begehrt. Stell dir vor, du bist Gast einer Hochzeit und sollst selbst entscheiden, wo dein Platz ist. Jesus würde dir raten: „Setz dich nach hinten“ (V.10). Dabei geht es um Großzügigkeit und echte Demut. Wenn du weißt, dass Gott dich liebt, musst du dir keine Sorgen um deine Position machen. Weil Jesus dir Anerkennung, Ehre und Identität gibt, musst du nicht darum kämpfen. Du musst dich nicht in den Vordergrund drängen. Du musst andere nicht durch Worte oder Taten beeindrucken. Du kannst ihnen den Vortritt lassen. Du bist frei, ihnen einen guten Platz, Wertschätzung und Anerkennung zu geben. Weil Gott sich um dich kümmert, kannst du dich um andere kümmern. Du kannst dafür sorgen, dass sogar Außenseiter Wertschätzung und Gottes Liebe erfahren (V.13). Mit dieser Haltung wirst du vielleicht sogar erleben, wie andere dir einen guten Platz geben. Du brauchst dich nicht groß machen, weil Gott dich groß macht und belohnen wird (V.11.14). Ich wünsche dir, dass du das annehmen kannst.

Das merke ich mir: ______________________________

WAS IST WICHTIGER?

Lukas 14,15-24 **1** Mittwoch

Jesus ist der Hausherr und er ist wütend: Die große Party ist bereit. Es fehlen nur noch Menschen, die bereit sind, zu kommen. Die „Ausreden" mögen verständlich sein (V.18-20). Doch eigentlich kann es keinen Grund zur Absage geben. Hier wird nämlich nicht irgendeine Party, sondern DIE Party gefeiert: Gottes neue Welt, sein Reich, der Himmel: Die Zeit und der Ort, wo Gott allein regiert. Für dieses Fest muss alles stehen und liegen bleiben. Die Frage ist also nicht, ob Pflichten vernachlässigt werden sollen. Es geht um viel mehr: Was ist uns wichtiger? Was hat Priorität? Es werden nicht unbedingt die Coolsten oder die Besten dabei sein, sondern diejenigen, die bereit sind, Gottes Reich an die erste Stelle zu setzen. Ansehen und Leistung spielen dabei keine Rolle (V.21). Die Einladung von Jesus will hier und jetzt angenommen werden, egal in welchen Umständen wir gerade sind. Wie sieht es bei dir aus? Bist du wirklich bereit für diese Einladung? Was solltest du dafür zurücklassen? Wie wäre es, wenn du für die richtigen Prioritäten betest? Jesus kennt keine Kompromisse. Und er meint es gut mit uns: „Strebt vor allem anderen nach seinem Reich und nach seiner Gerechtigkeit – dann wird Gott euch auch das alles schenken" (Mt 6,33).

Das merke ich mir: ____________________________________

DER PREIS DER NACHFOLGE

Lukas 14,25-35 **2** Donnerstag

Leben mit Jesus hat einen Preis. Das heißt nicht, dass Beziehungen zur eigenen Familie (V.26) unwichtig sind. Im Gegenteil: Diese Beziehungen sind aus Gottes Sicht so entscheidend, dass er eine Fülle von Anweisungen dazu gibt (z. B. in den Zehn Geboten). Dennoch gilt: Das Leben mit Gott muss wichtiger sein (V.27). Wenn also schon Familie und das eigene Leben in Gottes Augen so wertvoll sind, wie wertvoll ist dann erst die Beziehung zu Jesus!? Wenn wir ihm nachfolgen wollen, dann sollte das Leben mit ihm das Fundament für alles andere sein (V.28-29). Wenn wir ihm nachfolgen wollen, dann sollten wir uns bewusst machen, dass diese Entscheidung unser komplettes Leben verändern und die Prioritäten verschieben wird. Das ist der Preis der Nachfolge. Das Salz ist ein Bild für das Leben mit Gott. Die Worte von Jesus dazu klingen hart (V.33-34). Seine Aussagen lösen vielleicht Ängste, Druck und das Gefühl von Unfreiheit aus. Doch das Gegenteil ist der Fall: Wer aufhört, ewige Freiheit in vergänglichen Beziehungen zu erwarten, der kann sie bei Jesus finden. Echte Freiheit gibt es in der Abhängigkeit von Gott. Aus eigener Kraft können wir den Preis nicht zahlen. Durch Gottes Kraft ist es möglich. Sprich ihm dein Vertrauen immer wieder neu aus.

Das merke ich mir: ____________________________________

SUCHEN, FINDEN, FEIERN

Lukas 15,1-10

Jesus hängt mit gottlosen Menschen ab (V.1). Eigentlich gehören sie nicht zur Gesellschaft (V.2). Doch Jesus zieht sie an. Denn Gottes Herz schlägt für Menschen, die verloren sind. Er setzt alles ein, um sie zu suchen. Das Bild der Schafherde kann dabei als Bild für Gottes Volk verstanden werden. Jesus will, dass ALLE dazu gehören. Doch einige Schafe sind leider verlorengegangen. Das ist fatal, denn Schafe haben einen schlechten Orientierungssinn. Sie finden allein nicht zurück. Genauso finden wir Menschen aus eigener Kraft nicht zurück. Wir brauchen jemanden, der uns sucht und uns dann den Weg zeigt. Dafür ist Jesus gekommen. Er geht verlorenen Menschen so lange nach, bis er sie gefunden hat (V.4.8). Und dann gibt es eine riesige Party (V.6.9). Wie ist das bei uns? Wie viel Kraft investieren wir in die Suche nach „verlorenen Menschen“? Sind wir bereit, ihnen nachzulaufen (V.4)? Sind wir bereit, für sie alles auf den Kopf zu stellen (V.8)? Jesus ist gekommen, um Verlorene zu retten. Wie wäre es, wenn wir uns neu von seiner Leidenschaft anstecken lassen? Verlorene zu finden, löst die größte Freude aus (V.7.10). Lasst uns vollen Einsatz zeigen, damit es noch mehr Freudenfeste gibt. Bete doch direkt für Menschen aus deinem Umfeld.

Das merke ich mir: ______________________________

____

WER WÄRST DU?

Lukas 15,11-32

Wer wärst du in dieser Geschichte? Der jüngere Sohn: Er hat alles, was er braucht. Ein stabiles Zuhause. Einen liebenden Vater. Doch irgendetwas fehlt ihm. Er verlangt die Auszahlung des Erbes (V.12). Mit anderen Worten: „Papa, du bist für mich gestorben.“ Dann verliert er alles (V.14-16). Da wird ihm sein Versagen bewusst. Er erkennt die eigene Schuld. Er geht zurück zu seinem Vater. Der ältere Sohn: Er hat sein Zuhause nie verlassen, arbeitet treu mit, tut alles, was sein Vater verlangt (V.29). Als sein Bruder zurückkommt, wird er wütend. Für ihn gab es nie so ein großes Fest (V.29). Dabei vergisst er, dass er alles hat. Mehr als beim Vater zu sein und dessen Besitz zu teilen, geht nicht (V.31). Der Vater: Er liebt seine Söhne über alles, wartet voller Sehnsucht auf den jüngeren Sohn (V.20). Sein größter Wunsch ist, dass seine Kinder bei ihm sind (V.24). Wer wärst du in dieser Geschichte? Ich persönlich kann mich sowohl mit dem jüngeren als auch mit dem älteren Sohn identifizieren. Aber eigentlich wünsche mir mehr und mehr das Herz des Vaters. Ein Herz voller Liebe und Leidenschaft für die Menschen. Lasst uns beten, dass wir immer wieder von dieser göttlichen Liebe angesteckt und dem Vater immer ähnlicher werden.

Das merke ich mir: ______________________________

____

KW 41 bearbeitet von Simon Schuh,
EC-Bundesgeschäftsführer, Leuschnerstr. 74,
34134 Kassel
E-Mail: simon.schuh@ec.de

ALLES IM GRIFF

Psalm 104

Gott hat alles gemacht und freut sich an seiner Schöpfung. Er ist überall und in allem zu spüren und zu erleben. Klar ist, dass nicht der Mensch Herr der Schöpfung ist und diese schon gar nicht kontrollieren kann. Gott allein regiert. Die ganze Welt ist sein Palast. Wind und Sturm sind seine Diener. Er sorgt für Ordnung. Es tut gut, diesen Psalm auf sich wirken zu lassen. Einfach mal darüber nachsinnen, wie großartig alles gemacht ist. Sich einfach mal mit hineinnehmen lassen, in das Lob Gottes. Gott für seine Kreativität, Größe und Schönheit anbeten. Die Natur, das Schöne genießen. Kannst du das noch? Geh heute mal ganz bewusst raus. Wie wäre es mit einer Lobpreis-Wander-Tour, einem Praise-Hike? Probiere es aus, egal ob alleine, als Paar oder als Jugendkreis.
Heute ist Erntedank. Der Tag, an dem wir Gott besonders für seine Versorgung danken. Ohne Gottes gute Umwelt-Ordnung wächst nichts. Ich bin Gott so dankbar für ausreichende und gesunde Lebensmittel. Ich möchte das gerne dankbar annehmen und meins dazu beitragen, dass alle ausreichend versorgt werden.
Tipp: Unterbrecht den Praise-Hike mit einem großen Bring-Praise-and-Share-Menü. Gott ist so gut! Wem kannst du die Woche über Gutes tun?

Das merke ich mir: ____________________

____

____

WOCHENSPRUCH

Jesus Christus hat dem Tode die Macht genommen und das Leben und ein unvergängliches Wesen ans Licht gebracht durch das Evangelium.
2. Timotheus 1,10b

Ich bin auf Entdeckungstour. Neugierig durch die Welt gehen und Neues entdecken. Coole Sache. Komm einfach mit!
Simon Schuh

Montag **6**

GELD BESTIMMT DIE WELT!

Lukas 16,1-13

Die Geschichte hinterlässt Fragezeichen bei mir. Warum um alles in der Welt wird der unehrliche und dazu auch noch hinterhältige Verwalter von Jesus gelobt? Eigentlich würde ich von Jesus eine flammende Rede gegen diese betrügerischen Machenschaften erwarten. Ein ehrliches Leben zu führen, war definitiv nicht das Ziel des Verwalters. Er hatte jedoch eines verstanden: Geld bestimmt die Welt. Der Verwalter hatte den Mechanismus des Geldes verinnerlicht. Kaufe dir die Menschen und ihre Loyalität, solange du es noch kannst. Schaffe Abhängigkeiten, die sich für dich auszahlen. Jesus warnt uns davor, dem Geld zu verfallen. Geld macht gierig. Geld verändert mein Wertesystem. Das muss ich wissen, um Geld klug einzusetzen. Ausreichend Geld zu haben, ist etwas Schönes. Die Frage, die ich mir immer wieder stellen muss, ist die nach meiner Haltung zum Geld. Ist Geld ein Mittel, um zu versorgen und Gutes zu bewirken? Oder bestimmt mich das Geld und verleitet mich zu einem schlechten Leben?
Persönliche Frage: Wie ist deine Einstellung zu Geld? Wo können deine Finanzen besser eingesetzt werden?

Das merke ich mir: ______________________________

____

Dienstag **7**

DEUTLICHE WORTE

Lukas 16,14-18

Jesus wird deutlich. Er stellt ein für alle Mal klar: Gott kennt das Herz jedes Menschen. Für die Pharisäer war das Ansehen enorm wichtig. Solange das stimmte, war egal, was im Verborgenen passierte. Damals war das wohl gängige Praxis. Eine ausgeprägte Doppelmoral bestimmte das gesellschaftliche und religiöse Leben. Und passte etwas in der öffentlichen Wahrnehmung nicht, wurde das Gesetz so lange diskutiert, bis das gewünschte Ergebnis herauskam. Für Gott jedoch gibt es ein Richtig und ein Falsch. Jesus stellt klar, dass nicht die Pharisäer das Gesetz gemacht haben, sondern Gott. Und was Gott schafft, bleibt bestehen. Für immer!
Es ist leicht, auf die Pharisäer zu schimpfen. Aber wie gelingt es uns, nach Gottes Willen zu leben, sein Gesetz zu befolgen? Für mich hat das viel mit einer persönlichen Haltung zu tun. Bin ich bereit, mir etwas sagen zu lassen? Dürfen andere Menschen mir Ratschläge geben oder mich sogar kritisieren? Um Gottes Willen immer besser kennenzulernen, sind für mich 3 Schritte enorm wichtig: in der Bibel lesen, mit Gott im Gespräch sein (beten) und Gottesdienste besuchen. Ich habe immer wieder die Erfahrung gemacht, dass gerade in einem Gottesdienst Gott besonders redet. Wie ist das bei dir?

Das merke ich mir: ______________________________

____

LEBEN, UM ZU STERBEN

Lukas 16,19-31 **8** Mittwoch

Es ist schon interessant, wie schnell sich die Lage ändern kann. An einem Tag noch lebt der Reiche aus der Geschichte in Saus und Braus. Wenig später findet er sich an einem Ort wieder, der maximal unbequem ist. Krasser können die Gegensätze nicht sein. Genauso geht es dem armen Lazarus. Unfassbares Leid muss er erleben, jeden Tag. Der Tod ist nicht nur die Erlösung, sondern stellt alles Bisherige auf den Kopf. Der Tod ist bei beiden Menschen das Ende und gleichzeitig ein völliger Neuanfang. Klar wird, man kann absolut nichts mitnehmen. Reichtum im Leben bringt rein gar nichts im Sterben. Hinterher zählen andere Maßstäbe. Ich frage mich, auf welcher Seite ich wohl aufwachen würde. Schaue ich mein Leben in einem globalen Kontext an, entdecke ich viel des reichen Mannes in mir. Ich habe Essen im Überfluss, eine nette Bleibe und ein bequemes Bett. Und sollte es mir mal nicht gutgehen, freue mich über die gesetzliche Krankenversicherung und ein ziemlich gutes Gesundheitssystem. Ich nehme zwei Impulse aus dem Text mit: 1. Ich möchte in einer engen Beziehung zu Jesus mein Leben gestalten. Das bewahrt mich davor, ein herzloser Reicher zu werden. 2. Ich möchte mich für eine gerechtere Welt einsetzen. Welche Impulse nimmst du mit?

Das merke ich mir: ____________________

____

VON MÜHLSTEINEN UND SENFKÖRNERN

Lukas 17,1-10 **9** Donnerstag

Jesus ist und bleibt in seiner Betrachtungsweise sehr nüchtern. Menschen werden aus unterschiedlichen Gründen den Weg mit ihm verlassen. Jeder Mensch trifft eigene Entscheidungen und ist dafür selbst verantwortlich. Brenzlig wird es jedoch für diejenigen, die dazu beitragen, dass andere nicht mehr glauben können. Das Bild mit dem Mühlstein ist überdeutlich. Wahrscheinlich wollte Jesus mit dieser Überzeichnung seine Jünger provozieren, um über die Konsequenzen ihres Handelns nachzudenken. Die Jünger waren völlig fixiert auf das Handeln ihres Meisters. Jesus hält ihnen einen Spiegel vor und fordert sie auf, ihr eigenes Verhalten zu reflektieren. Die später folgende Bitte nach der extra Portion Glauben (V.5) ist verständlich. Die Jünger meinen begriffen zu haben, dass sie ohne einen starken Glauben nicht bestehen können. Jesus hingegen weist auf das Senfkorn hin. Wir benötigen keinen großen Glauben. Wir benötigen nur den Glauben an einen großen Gott. Mein Glaube darf winzig sein. Wenn wir uns jedoch damit vertrauensvoll an Jesus wenden, kann scheinbar Unmögliches geschehen.
Gebet: Hier bin ich mit meinem kleinen Glauben. Ich stehe dir zur Verfügung. Hilf mir, ein Mensch zu sein, der es anderen leicht macht zu glauben!

Das merke ich mir: ____________________

____

Freitag 10

JESUS KANN!

Lukas 17,11-19

Das Schicksal der zehn aussätzigen Männer lässt Jesus nicht kalt. Er nimmt die Männer mit in den Heilungsprozess hinein. Er schickt sie noch krank auf den Weg zu den Priestern. Diese übernahmen die Funktion einer Seuchenbehörde mit der Autorität, jemandem ein Gesundheitszertifikat auszustellen. Dieser offizielle Schritt war notwendig, um wieder Teil des religiösen und gesellschaftlichen Lebens zu werden. Jesus wollte die Männer gesund machen, sie gesellschaftlich rehabilitieren. Die Männer glauben Jesus und machen sich auf den Weg. Ohne diesen ersten Glaubensschritt wäre vermutlich nichts passiert. Das Unfassbare geschieht. Auf dem Weg noch werden die Männer gesund. Ein Mann macht kehrt und läuft zu Jesus zurück. Er kann nicht an sich halten und bricht in lauten Lobpreis aus. Jesus, der Sohn Gottes, hat ihn geheilt! Das sollen alle hören. Was um alles in der Welt ist mit den anderen Neun? Äußerlich sind alle zehn gesund geworden. Innerlich hat sich nur einer Gott zugewendet.

Jesus schaut immer den ganzen Menschen an. Er heilt nicht nur halb. Wo gibt es bei dir Punkte, an denen du heil werden willst? Sag es Jesus und geh im Vertrauen auf ihn los!

Das merke ich mir: ______________________________

____

Samstag 11

VORSICHT!

Lukas 17,20-37

Jesus hatte gezeigt, dass er es drauf hat. Unheilbar Kranke wurden urplötzlich gesund und vollmächtige Reden überzeugten viele Menschen. Nun wollten die Pharisäer mit ihrer Frage nach dem Reich Gottes sicher gehen. Denn eines fehlte noch. Wenn Jesus wirklich Gottes Sohn sein sollte, müsste doch der nächste Schritt folgen. Ein neues, sichtbares und starkes Königreich ohne Besatzungsmacht und ohne Unterdrückung. Jesus macht klar: Das Reich Gottes ist schon da. Hier und jetzt! Was für eine Enttäuschung muss das für die Pharisäer gewesen sein. Vermutlich hatten sie als religiöse Elite schon ihre Plätze darin gesehen. Neues Ansehen für sie als die regeltreuen Gesetzeshüter! Und dann das. Das Reich Gottes ist da. Wo denn? Bei dem Samariter, den Jesus gestern vom Aussatz geheilt hat? Unter seinen Jüngern, die eigentlich eine Schande für einen Sohn Gottes sein mussten? Ich höre, wie sie schimpfend davonlaufen. Jesus, du spinnst. Und du willst was mit Gott zu tun haben? Die Pharisäer haben sich damals nicht auf Jesus eingelassen. Er durfte nicht ihr Herz berühren und dadurch war auch ihr Verstand komplett verschlossen. Wie ist das bei dir? Darf Jesus dein Herz berühren? Bist du auch bereit, ihm mit deinem Verstand zu folgen?

Das merke ich mir: ______________________________

____

GEBET IN KRANKHEIT

Vater im Himmel, mir geht es nicht gut.
Wie gerne wäre ich wieder gesund, doch ich kann es nicht machen. Ich fühle mich elend und allein.
Ich weiß, Herr, dass du mich am Leid nicht vorbeiführst, ich halte mich daran fest, dass du versprochen hast, mich hindurchzuführen.

Ich wandle im finsteren Tal und will mich festhalten an dir. An deinem Stecken und Stab. Ich fürchte kein Unglück, denn du bist bei mir.

Ich vertraue dir, mein Vater, auch wenn ich nichts verstehe. Ich überlasse mich ganz dir. Ich lege meine kleine Hand in deine große Hand und bitte um deine Bewahrung und Begleitung.

Heile mich von allen körperlichen Gebrechen. Heile meine Seele und alles, was kaputt ist in mir. Gib mir Geduld, auszuhalten und auszuharren. Ich vertraue dir!

Steffi Pfalzer

BIBLISCHES BUCH

HESEKIEL

Hesekiels Auftrag: Das Gericht Gottes über Israel und andere Nationen anzukündigen und die kommende Erlösung des Volkes Gottes vorherzusagen. Datiert werden kann das Buch auf ca. 571 v. Chr. Verfasser ist Hesekiel, Sohn des Busi, eines zadokitischen Priesters. Hesekiel war ein jüngerer Zeitgenosse Jeremias. Während Jeremia den Juden in Juda predigte, prophezeite Hesekiel den bereits Verschleppten, mit denen er selbst 597 v. Chr. nach der Niederlage Jojachins nach Babylonien gekommen war.

ÜBERSICHT über das Buch

Teil 1: GERICHTSBOTSCHAFTEN (1,1–24,27)

1. Hesekiels Berufung und Auftrag
2. Visionen von Sünde und Gericht
3. Die Strafe kommt gewiss

Teil 2: BOTSCHAFTEN GEGEN FREMDE VÖLKER (25,1–32,32)

Teil 3: BOTSCHAFTEN DER HOFFNUNG (33,1–48,35)

1. Wiederherstellung des Volkes Gottes
2. Wiederherstellung des rechten Gottesdienstes

Hesekiel war ein Mann, der den Gehorsam gegenüber Gott wählte. Obwohl von Beruf Priester (1,3), war er 22 Jahre lang ein „Straßenprediger" für die nach Babylon verschleppten Juden, denen er Gottes Gericht und Erlösung und die Notwendigkeit der Umkehr und des Gehorsams predigte. Er predigte nicht nur, er lebte das, was er predigte. Mehrere Male befahl Gott ihm, seine Botschaft durch bildhaften Anschauungsunterricht zu verdeutlichen. So musste er 1) 390 Tage lang auf einer Seite liegen und durfte während dieser Zeit pro Tag nur 240 g eines besonderen, auf Menschenkot gebackenen Brotfladens essen (4,4-12), 2) sich Haupthaar und Bart abscheren (5,1) und durfte 3) keine Trauer zeigen, als seine Frau starb (24,16-17). Hesekiel gehorchte und predigte treu Gottes Wort.

Das Buch Hesekiel ist eine Aufzeichnung vom Leben und der Botschaft des Propheten. Nach seiner Berufung zum „Wächter für Israel" (Kap. 1–3) beginnt Hesekiel sofort, Gottes Wahrheit zu predigen und die bevorstehende Belagerung und Zerstörung Jerusalems vorherzusagen (Kap. 4–24), die Gottes Gericht über Judas Götzendienst sein wird. Hesekiel ruft das Volk auf, von seinen bösen Wegen umzukehren. Im nächsten Abschnitt (Kap. 25–32) spricht er zu den Nachbarvölkern Judas, denen er ebenfalls Gottes Gericht über ihre Sünden ankündigt. Das Buch schließt mit einer Botschaft der Hoffnung; Hesekiel verkündet Gottes Treue und seinen kommenden Segen für sein Volk (Kap. 33–48).

Zusammengestellt von Steffi Pfalzer

KW 42 bearbeitet von Thomas Sames,
Pastor, 89349 Burtenbach
E-Mail: t.sames@lkg-augsburg.de

VORFREUDE IST DIE SCHÖNSTE FREUDE

Psalm 5

David nimmt uns einmal mehr mit in sein Herz. Er zeigt uns, wofür es schlägt.

1. In den Versen 2-4 spricht er Gott an und unterstreicht, wie wichtig es ihm ist, dass Gott zuhört. Wenn wir beten, hört Gott. Vielleicht er-hört er nicht jedes Gebet. Und vielleicht auch nicht so, wie wir uns das vorstellen. Aber Gott ist lebendig und kein toter Götze, der nicht hören würde. Wenn du redest, hört Gott zu. Hörst du auch zu, wenn Gott redet?

2. David spricht in den Versen 5 bis 8 über die Bedeutung, in Gottes Gegenwart zu leben – im Gegensatz zur „Gottlosigkeit“. Gott gefällt es nicht, wenn Menschen gottlos leben. Wie aber geht ein Gott-würdiges Leben? Lies zum Beispiel nochmal die Verse rund um die Jahreslosung in 1. Thessalonicher 5,12-22 und prüfe „alles“, auch dich selbst und dein Leben.

3. Der König sorgt für Gerechtigkeit: David spricht in den Versen 9 bis 11 mit dem höchsten König über untreue Untertanen. Es ist gut zu wissen, dass Gott gerecht ist und für Gerechtigkeit sorgt. Vertrau ihm!

4. Die Verse 12 und 13 geben Mut und Hoffnung für die, die zu Gottes Ehre leben. So wie David. Und – wie du? Nicht Schadenfreude, sondern Vorfreude ist die schönste Freude. Und sie führt in Lobpreis und Anbetung – schon hier und dann weiter in der Ewigkeit.

Das merke ich mir: ______________________

____

____

WOCHENSPRUCH

Unser Glaube ist der Sieg,
der die Welt überwunden hat.
1. Johannes 5,4b

Absolut alles ausprobieren und prüfen? Aber nur im Zusammenhang mit Vers 22: „Meidet das Böse in jeglicher Form.“ Das ist eine bedenkenswerte Grenze.

Thomas Sames

Montag 13

Beten, ohne nachzulassen

Lukas 18,1-8

Findest du es auch merkwürdig, dass Jesus in diesem Gleichnis Gott mit einem Richter vergleicht, der keine Achtung vor Gott hat und auf Menschen keine Rücksicht nimmt? Ist das ein Bild für den Gott, der sich sonst ganz anders vorstellt? Nicht zuletzt durch Jesus als „Abba", als „lieber Papa"? Das ist aber auch nicht der Kern des Gleichnisses! Jesus beschreibt mit diesem Bild nicht das Wesen Gottes, sondern es geht um die Witwe, die nicht müde wird, immer wieder vor den Richter zu treten und ihr Anliegen vorzutragen. Das macht Lukas durch Vers 1 direkt unmissverständlich klar. Wir erfahren nicht viel zum Hintergrund des Rechtsstreits. Aber aus Sorge um einen Schlag ins Gesicht (V.5) tut der Richter schlussendlich seinen Job und hilft der Witwe. „Umso mehr" (V.7) wird Gott eingreifen und handeln, weil er eben ganz anders ist als gottlos und menschenverachtend. Er liebt uns, trotz Sünde und Schuld. Seine Gerechtigkeit ist eine rettende Gerechtigkeit, keine verurteilende. Er ist der Richter, dem wir vertrauen können und der sich unserer Sache annimmt. Aber lass die Frage aus dem letzten Vers (V.8) noch einmal nachhallen: Wird der Menschensohn, Jesus, Glauben auf der Erde finden, wenn er wiederkommt? Welche Verantwortung für uns!

Das merke ich mir: ______________________________

____

Dienstag 14

Hochmut kommt vor dem Fall

Lukas 18,9-17

Einbildung ist auch eine Bildung – aber keine gute. Der Pharisäer hat sich etwas eingebildet auf seine gelebte Frömmigkeit. Jesus verurteilt übrigens nicht die Frömmigkeit des Pharisäers, sondern seine daraus erwachsene Überzeugung. Mit dieser konnte er Gott auch nicht beeindrucken. Der Zöllner war sich bewusst, dass er die Erlösung und Vergebung Gottes nicht selbst erarbeiten kann. Er ist angewiesen auf Gottes Gnade. So wie Kinder angewiesen sind auf die Fürsorge der Eltern. In aller Einfachheit und mit großem Vertrauen rechnen Kinder damit, dass sie versorgt werden und alles bekommen, was sie zum Leben brauchen. Jesus zeigt uns durch das Gleichnis und die Geschichte mit der Segnung der Kinder, dass Glauben leben nicht besonders kompliziert sein muss. Es geht darum, sich vertrauensvoll in Gottes Arme zu werfen. Neben diesem „Urvertrauen" können wir so viel lernen von Kindern: lieben und verzeihen, staunen, schnell Freundschaften schließen, Wahrheit aussprechen, bedingungslose Liebe, gerne schenken und beschenkt werden, Nähe suchen, neugierig zuhören, um alles bitten und die tiefe Überzeugung, dass mein Papa der stärkste ist. Und noch etliches mehr, was unserer Beziehung zu Gott guttut. Glaube kindlich, weil Gott Papa ist.

Das merke ich mir: ______________________________

____

CHANCE AUF DEN HÖCHSTGEWINN

Lukas 18,18-30

15 Mittwoch

Einer der führenden Männer des jüdischen Rats – das wird man nicht einfach so. Da muss man sich schon für anstrengen, um diesen Posten zu bekommen. Unter anderem das Alte Testament kennen und leben, wie es darin verordnet wird. Unser Mann hier hat es geschafft. Er hat es richtig zu was gebracht. Sicher ist ihm aufgefallen, dass Jesus bei der Auflistung der Gebote gegenüber 2. Mose 20 und 5. Mose 5 manches vertauscht. Nach unserer Zählweise lässt Jesus die ersten 3 Gebote weg – die sich auf die Beziehung zu Gott konzentrieren. Die auch den Kern des Glaubensbekenntnisses der Juden zum Ausdruck bringen, dass Gott allein Herr ist. Dann springt Jesus vom 6. zurück zum 5. und dann zum 7., weiter zum 8. und zurück zum 4. Gebot. Die beiden anderen (9 und 10) zum Thema Begehren lässt er weg – vielleicht weil sie für den reichen Mann keine besondere Herausforderung waren – er konnte sich ja alles leisten. Was ihm gefehlt hat, war zu lieben, wie Gott liebt: mit dieser sich selbst aufopfernden Liebe, die alles gibt, um dem anderen zu dienen. Und das ist nicht leicht. Für Jesus bedeutet es, sein eigenes Leben zu geben. Ewiges Leben gibt es aber nur, wenn ich Jesus nachfolge. Koste es, was es wolle. Was bist du bereit zu geben für die Ewigkeit?

Das merke ich mir: ____

____

WELCHE DER GEIST TREIBT …

Hesekiel 1,1-21

16 Donnerstag

Das klingt doch voll abgespacet, oder? Versuche mal, dieses Bild zu malen, wenigstens in deinem Kopf. Oder google es (Hesekiel 1 und Bild) – da gibt es ein paar Vorschläge zu dem, was Hesekiel hier sieht bzw. von Gott gezeigt bekommt. Das ist der Hintergrund seiner Vision: Gott zeigt Hesekiel etwas, das fürs menschliche Auge so nicht sichtbar wäre – und das Hesekiel dann mit seinen Worten beschreibt. Hesekiel bedeutet auf Deutsch: „Gott macht stark/fest“, etwas, das Hesekiel selbst erlebt und worauf er vertraut hat. Hesekiel ist Priester. Er glaubt und vertraut also Gott auch von Berufswegen her. Manch einer sagt übrigens, dass uns in Hesekiel 1 einer der schwierigsten Texte der Bibel begegnet (z. B. Wuppertaler Studienbibel). Also keine Sorge, wenn du in diesem Text nicht alles deuten und verstehen kannst. Ein wichtiges Augenmerk möchte ich auf die letzten beiden Verse legen: Hier ist die Rede vom Geist, der die Räder erfüllt und bewegt. Gott ist drei in einem: Vater, Sohn und Heiliger Geist. Der Geist Gottes ist Gott in uns – er erfüllt uns und lehrt uns, uns auf Gott auszurichten und mit ihm und für ihn zu leben. Der Geist Gottes hilft uns, in Bewegung zu bleiben, manchmal zu ruhen und schließlich „aufzufahren“ – wie Jesus.

Das merke ich mir: ____

____

Freitag **17**

GOTT UND DER REGENBOGEN

Hesekiel 1,22-28

Hesekiel sieht Gott – und begreift, dass Gott der Allerhöchste ist. Nachdem er seine spannende Vision in Worte fasst, hört er eine Stimme, die noch höher ist als die Gestalten und die Stockwerke seines Bildes (V.25). Auch wenn dieses Bild aus Kapitel 1 rätselhaft bleiben darf und wir nicht jedes Detail verstehen müssen, es kann uns dazu bringen, über Gott zu staunen und ihn anzubeten. Und es darf uns ermutigen: Weil Gott über allem erhoben ist, weil er größer ist als unser Verstand, müssen wir ihn auch nicht erklären und verstehen. Und da taucht er plötzlich auf: der auf dem Thron sitzt und einem Menschen gleicht. Schnell denken wir dabei an das Bild aus Daniel 7,13 – und an Jesus, der Mensch wurde, aufgefahren ist und auf dem Thron sitzt. Es ist gut zu wissen, dass Gott regiert. Der Geist lenkt und treibt an (erinnere dich an gestern), Gott ist größer als das Universum – und der Sohn, der Menschensohn und Gottes Sohn – sitzt auf dem Thron und regiert, für immer. Und dann taucht auch der Regenbogen auf. Ein spannendes Symbol, das heute irgendwie leider etwas abgegriffen ist und umgedeutet scheint. Zur Zeit Hesekiels war klar: Gott hat einen Bund mit uns Menschen geschlossen, immer bei und für uns zu sein.

Das merke ich mir: ______________________________

____

Samstag **18**

ÜBERRASCHEND LECKER

Hesekiel 2,1-3,3

Gott hat wohl eine fette Überschrift über seinem Volk gefunden: widerspenstig. Wäre es nicht so ernst, klingt es schon fast lustig, wie oft Gott das hier betont. Aus diesem Grund ist das Volk (und Hesekiel) ja auch nach Babel gekommen: verbannt aus ihrem Land (Hes 1,1), weil sie widerspenstig sind. Jedenfalls war Hesekiel nach der Ansprache Gottes wahrscheinlich nicht besonders motiviert, den Auftrag umzusetzen und hinzugehen zu diesem Volk, das sehr wahrscheinlich eh nicht zuhören und sich die Worte zu Herzen nehmen würde, weil sie ... du weißt schon, widerspenstig sind. Und doch erhält Hesekiel diesen Auftrag von Gott. Und er bekommt Gottes Worte sprichwörtlich in den Mund gelegt – und stellt fest, wie lecker sie sind. Zugegeben, ist die Vorstellung, eine Schriftrolle zu essen, nicht besonders reizvoll. Aber Hesekiel unterscheidet sich vom Rest des Volkes: Er ist gehorsam, isst – und schmeckt, wie lecker es ist. Gott mutet ihm etwas zu. Er traut ihm etwas zu. Dir auch! Iss das „Wort Gottes" – Jesus (Joh 1) und die Bibel. Bildlich gesprochen! Nimm es in dich auf und gib es weiter an das widerspenstige Volk, unter dem du lebst. Gottes Wort ist lecker und gesund! Das soll jeder erfahren – egal, wie widerspenstig er/sie ist.

Das merke ich mir: ______________________________

____

KW 43 bearbeitet von Jörg Raddatz,
OGV Gemeinschaftspastor, Ostfriesland
E-Mail: j.raddatz@ogv.de

WOCHENSPRUCH
Dies Gebot haben wir von ihm, dass, wer Gott liebt, dass der auch seinen Bruder liebe.
1. Johannes 4,21

Sonntag 19

Lied: FJ6! Nr. 85

FREUDESCHÖPFER

Psalm 1

Psalm 1 und 2 sind das Eingangstor in die Welt der Psalmgebete. Und sie beginnen gleich mal mit einer „Glücklichpreisung" (vgl. Mt 5,3ff. Eröffnung der Bergpredigt Jesu): Wo jemand aus Gottes Wort Weisung bezieht, sind Lebensfrüchte zu erwarten. Wer an Gottes Zusagen und Geboten vorbeilebt, hat die Konsequenzen zu tragen. Vielleicht fordert uns diese „Schwarz-Weiß-Malerei" heraus. Zumal andere Beter damit hadern, dass es den „Gottlosen" so gut geht (s. Ps. 73). Aber das ist typisch für die biblische Weisheitsliteratur: Hier wird mit Kontrasten und Zuspitzungen gearbeitet, um aus vermeintlichen Sicherheiten herauszulocken und „klar Schiff" zu machen. Entweder leben wir aus der Nähe zu Gott und nehmen uns seine guten Weisungen zu Herzen oder wir tun es eben nicht. In der Hinsicht wäre es falsch, sich alle Optionen offen zu halten oder sich mit Halbheiten zufrieden zu geben.
Für mich persönlich ist die Freude (V.2) das entscheidende Stichwort. Denn die stellt sich ein, wenn wir uns aufgeschlossen, „neugierig" und nachdenklich (V.2) auf Entdeckungsreise in der Bibel begeben. Und das laute Meditieren (V.2) kann beim Verinnerlichen helfen. Konkret: Lerne die Verse 1 bis 3 auswendig und rufe sie in der kommenden Woche regelmäßig ab.

Das merke ich mir: ______________________

____

____

Das fordert mich 2x heraus: Wie aufgeschlossen bin ich „allem" gegenüber denn wirklich? Und wie schnell verpuffen meine „guten" Vorsätze!
„Behalten" = Übungssache.
Jörg Raddatz

Montag 20

HÖR MAL!

Hesekiel 3,4-11

Hesekiel soll seinen Landsleuten Gottes Wort ausrichten. Klarer Auftrag, schlechte Aussichten: „Sie werden nicht auf dich hören" (V.7). Das Hören ist in unserem Abschnitt das Schlüsselwort (5x) und für den Boten entscheidend: „Hör genau hin!" (V.10). Es braucht ein doppeltes Hörwunder, wenn Gottes Botschaft überhaupt eine Chance haben soll, zu landen: 1. Der Botschafter muss ganz Ohr sein – natürlich für Gottes Wort (wird in unserem Abschnitt sehr betont), aber auch für die Leute, an die er gewiesen ist. Kommunikation ist keine Einbahnstraße. Wir wissen es vielleicht schon längst aus eigener Erfahrung: Wenn ich als Botschafter Jesu nur eine Botschaft „abliefere" ohne hinhörendes Interesse am Gegenüber, werde ich wenig Resonanz erzielen. 2. Der Empfänger der Botschaft muss entsprechend aufgeschlossen und hörbereit sein. Wenn er von „Herzenshärtigkeit" und „Dickköpfigkeit" (V.7) befallen ist, habe ich – menschlich gesehen – schlechte Chancen. Es braucht ein „Hefata"-Wunder Gottes (vgl. Mk. 7,34). Dem sollte ich nicht durch eine lieblose Performance (vgl. Jona) im Wege stehen. Am Ende darf ich betend und gelassen die Reaktion abwarten. Konkret: Will ich heute 2x ganz Ohr sein? Für Gottes Stimme und für einen Menschen unterwegs.

Das merke ich mir: ______________________________

____

Dienstag 21

DROHBOTSCHAFT STATT FROHBOTSCHAFT?

Hesekiel 3,12-21

Verstörend (V.15) war vielleicht nicht nur die Theophanie (Gotteserscheinung) für Hesekiel. Eindrücklich strahlt in ihr etwas von Gottes Herrlichkeit auf. Gleichzeitig spürt Hesekiel die Hand Gottes schwer auf seinen Schultern. Es wirkt so, als lastet hier schon eine große Verantwortung auf ihm. Nach einer kurzen Erholungspause, in der er sich erstmal sammeln muss, wird er zum Wächter bestimmt. Er soll v. a. „warnen" (5x ab V.17). Für die Reaktion der Leute auf seine Warn-Botschaft ist er nicht verantwortlich. Wohl aber für seinen „Job". Denn tut er ihn nicht, hat das tödliche Konsequenzen für die Menschen, an die er gewiesen ist. Für ihn auch (s. V.21c)? Mich fordert dieser Abschnitt sehr heraus: Ich baue ungern Drohkulissen auf und setze lieber positive Anreize. In der Verkündigung komme ich gerne vom Evangelium („frohe Botschaft") her: Da ist ein Gott, der uns unendlich liebt und seine Liebe deutlich macht. Jesus verkörpert diese Liebe in Person, Wort und Tat. Sie gipfelt im Tod am Kreuz und in der Auferstehung. Zu einem Leben mit ihm lade ich gerne ein. Und ein Leben ohne ihn? Sollte ich deutlicher die Konsequenzen betonen, die ein Leben ohne Jesus mit sich bringt (vgl. Mk 16,15f.)? Konkret: Für wen bete ich heute?

Das merke ich mir: ______________________________

____

GOTT SELBST SORGT FÜR DEN O-TON

Hesekiel 3,22-27

Mittwoch 22

Was für ein ernüchterndes Zukunfts-Szenario: Der Prophet und Wächter in Fesseln durch Leute, zu denen er gesandt ist und verstummt durch eine Art operativen Eingriff Gottes. Mit dem Argument, dass die Israeliten schon immer widerspenstig waren (2x – V.26b und am Ende). Als glaubte Gott selbst nicht so recht an den Erfolg der Mission Hesekiels. Oder bringt er Hesekiel erstmal zum Verstummen, damit gewährleistet wird, dass der nicht schönredet, was schwierig ist? Dass er nicht den Ernst der Lage verharmlost oder etwa die unbequeme Wahrheit abschwächt? Oder zu viel Eigenes bringt, statt dem Auftrag treu zu bleiben? Erst durch Gottes Wort wird der Mund wieder geöffnet und kann – nur so? – O-Ton Gottes aussprechen. Dem geht wieder eine Theophanie voraus, an deren Ende der Prophet – anbetend? – auf den Boden sinkt. Der Geist Gottes richtet ihn auf und – für seinen Auftrag – aus. Mich berührt es, wie sehr sich Gott erstmal um Hesekiel kümmert, ihn vorbereitet, offen und ehrlich mit ihm redet. Als Jesus seine Jünger sendet, nimmt er sie in die Pflicht. Gleichzeitig nimmt er ihnen den Druck, weil der Auftraggeber höchstpersönlich die letzte Verantwortung trägt (vgl. Mk 6, 10f). Konkret: Wo ist heute Reden Silber und Schweigen Gold?

Das merke ich mir: ______________________________

____

GOTTES „SCHLÄGE"?

Hesekiel 7,1-13.27

Donnerstag 23

Düstere Aussichten für Israel: Dieses Mal gibt es kein Entrinnen. Das Maß ist voll – nach langer Geduld. Gottes Gericht schlägt zu. Genauer: Gott schlägt zu (O-Ton Ende V.9). Die Eroberung des Landes durch die Babylonier, die Verschleppung der Jerusalemer Elite ins ferne Exil, die Fremdherrschaft über Jahrzehnte – alles kein Schicksalsschlag, sondern „Gottesschlag". Sein „glühender" Zorn über schwerwiegende Vergehen der Bevölkerung bricht sich darin Bahn. Welche „Vergehen" und „Schandtaten" (4x in V.3-9)? Unrecht, Hochmut, Frevel (V.10), hemmungsloses Leben in Pracht und Reichtum (4x in V.11-14!). In den Versen 19 und 20 wird Habgier als Ursache ausgemacht (vgl. 1. Tim 6,10!). Aber ist das nicht ein überholtes Bild: Gott schlägt zornig zu?! In Römer 1,18ff finden wir ähnliches: Gottes Zorn zeigt sich, indem er die Menschen auf ihrem selbstgewählten Weg „ihrer schändlichen Gesinnung ausliefert" (auffällige Parallele zu Hes 7,9). Hier wird deutlich: Zu Gottes Liebe gehört auch sein Schmerz über unser Misstrauen ihm gegenüber und unsere Eigenmächtigkeit. Im Leben und Sterben von Jesus wird beides sichtbar: So schwer wiegt Sünde („Zielverfehlung") und so sehr liebt uns Gott. Konkret: Ist Habgier ein Thema?

Das merke ich mir: ______________________________

____

Freitag **24**

IST GOTT EIFERSÜCHTIG?

Hesekiel 8,1-11

So klingt es zumindest zweimal in unserem Text: Verse 3+5. Und wieder frage ich mich: Ist das nicht zu menschlich von Gott gedacht? In unserem Abschnitt bezieht sich die Eifersucht auf die Israeliten in Jerusalem, die offensichtlich anderen Göttern den Vorzug geben: Altäre am Stadttor, Graffitis an der Tempelmauer und fragwürdige Opferriten spiegeln das Desinteresse an Gott, dem Herrn, ihrem Befreier aus Ägypten und anderen Notlagen, wider. Gottes Urteil ist eindeutig: „schreckliche Schandtaten" – eine schlimmer als die andere (6x in Hes 8!). Eifersucht – ein negativ besetztes Wort, das aber zwei sehr positive Eigenschaften Gottes in sich trägt: er „sucht" und „eifert" um sein Volk. Es lässt Gott nicht kalt, wenn wir uns selbst oder andere Dinge vergöttern. Es macht Gott traurig und zornig (s. vorherige Texte), wenn wir ihm die kalte Schulter zeigen. Gott ermöglicht dem Propheten mit dieser „Schau" nicht nur einen Einblick in die „Abwege" der Menschen, sondern gleichzeitig in sein „Vater-Herz". Das schlägt hier ähnlich wie in der Geschichte von den beiden (!) Söhnen auf Abwegen aus Jesu Gleichnis (vgl. Lk 15). Konkret: Wo kehre ich von meinen Abwegen zurück in die ausgebreiteten Arme dieses liebenden himmlischen Vaters?

Das merke ich mir: ______________________________

____

Samstag **25**

DER FISCH STINKT VOM KOPF HER

Hesekiel 8,12-18

Viele machen mit beim Götzendienst, bei der Abgötterei: Frauen (V.14), Männer (V.16), Älteste (V.11+12). Gerade letztere tragen eine besonders schwere Schuld, weil sie als Leitende Vorbild und Wegweiser sein sollten. Man könnte ihnen zugutehalten, dass sie es heimlich machen (im hintersten Zimmer V.12) und damit niemanden verführen. Aber letztendlich ist es doppelt schlimm: feige Doppelmoral und mangelnde „Gottesfurcht". So leben, als wäre Gott blind und wüsste nicht, wie es hinter den Kulissen aussieht. Jesus ist den (auch moralisch fragwürdigen) Menschen seiner Zeit sehr weitherzig und großzügig begegnet. Mit den Pharisäern und Schriftgelehrten ging er dagegen hart ins Gericht: Matthäus widmet dem fast ein ganzes Kapitel (Mt 23). Weil man von ihnen als Leitende und Kundige anderes hätte erwarten können. Natürlich möchte keiner von uns in die Nähe dieser religiösen Experten gerückt werden (genauso wenig zu den Ältesten aus Hes 8). Aber je mehr ich mich mit ihnen beschäftige, desto mehr bin ich davon überzeugt, dass gerade wir „Frommen" sie heute als Spiegelbild unserer eigenen Gefährdungen brauchen. Konkret: Wo habe ich meine blinden Flecken (vgl. Mt. 23,16f) und toten Winkel? Wo möchte ich mich von Jesus korrigieren lassen?

Das merke ich mir: ______________________________

____

KW 44 bearbeitet von Thomas Hölzemann,
Klinikseelsorger, 15569 Woltersdorf
E-Mail: thomas.hoelzemann@sana.de

GLÜCKLICH SCHULD RAUSJUBELN

Psalm 32

Eindrücklich beschreibt David, wie es ist, unter eigener Schuld zu leiden. Sie zerfrisst. Sie zermürbt. War es sein Ehebruch, der ihn hier so umtreibt? War es etwas anderes? Es ist gleich. Die niederdrückende, lebensfeindliche Kraft von Schuld ist dieselbe. David ist ehrlich: Er hätte gerne seine Schuld verborgen. Er wollte seinen Weg stur und scheinbar unbeirrt fortsetzen. Besser nicht drüber reden. Doch das konnte er nicht. Er verlor alle Lebenskraft und Lebensfreude. Doch am Ende jubelt er. Nicht nur er: Alle um ihn herum jubeln. Es herrscht Freude. Kurz und knapp wird beschrieben, warum: Er bekannte Gott seine Schuld und der vergab ihm (V.5).

Glücklich zu schätzen, wer dies erlebt. In der Tradition unserer Gottesdienste hat ein Schuldbekenntnis seinen festen Platz. Es kann an verschiedenen Orten im Gottesdienstablauf vorkommen. In manchem Gottesdienst vermisse ich es. Dabei ist die Vergebung Gottes doch der tiefste Grund für gemeinsame Freude und Lobpreis. Das betont David mehrfach in diesem Psalm.

Heute ist Sonntag. Steht der Gottesdienstablauf schon fest? Oder könnten wir heute gemeinsam ganz bewusst mit Psalm 32 oder mit anderen Liedern und Gebeten unsere Schuld glücklich rausjubeln?

Das merke ich mir: ______________________

____

____

MONATSSPRUCH NOVEMBER

GOTT SPRICHT: ICH WILL DAS VERLORENE WIEDER SUCHEN UND DAS VERIRRTE ZURÜCKBRINGEN UND DAS VERWUNDETE VERBINDEN UND DAS SCHWACHE STÄRKEN.

Hesekiel 34,16

Was ist eigentlich wirklich gut? Ich will mich in meinem Prüfen ganz auf Gottes Wort und Gottes Geist verlassen und das dann auch wirklich beibehalten.

Thomas Hölzemann

WOCHENSPRUCH

Heile du mich, Herr, so werde ich heil; hilf du mir, so ist mir geholfen.

Jeremia 17,14

Montag 27

ALLEIN DIE GNADE

Hesekiel 11,14-25

Hesekiel wirkte als Prophet bei seinen verschleppten Landsleuten in Babylon. Ihnen verkündete er Gottes Willen und Reden. Doch die Ereignisse dieser Kapitel erlebte er scheinbar in Jerusalem. Er durchlebte eine Vision, die er später an seine Leute in Babylon weitergab. Dort in Jerusalem schauten sie wohl etwas hochmütig auf die Glaubensgeschwister in Babylon. „Sie sind fern vom Herrn", urteilten sie (V.15). Doch ahnte wohl noch niemand, dass nur kurze Zeit später noch mehr Menschen aus Jerusalem nach Babylon verschleppt werden sollten. Gott verlässt Jerusalem. Diese bittere Erkenntnis stand ihnen dort noch bevor. Die bereits nach Babylon Verschleppten konnten ihre Hoffnung nun allerdings auch nicht mehr in die Unversehrtheit der Heimat setzen. Alles wurde anders. Ein Zurück in alte Scheinsicherheit gab es nicht. Allerdings hörten sie von Hesekiel schon vom Neuanfang Gottes. Gott wird Glauben, Herzen und Denken erneuern. Irgendwann, ganz bald. Wo wiege ich mich heute in scheinbarer Sicherheit? Wo schaue ich vielleicht sogar hochmütig auf andere Menschen herab, die im Glauben gerade andere Herausforderungen erleben? Ist mir klar, worin heute die wirkliche Hoffnung besteht? Allein in der Gnade Gottes, die er in Jesus schenkt.

Das merke ich mir: ____________________

____

Dienstag 28

WORT GOTTES DEUTLICH GEMACHT

Hesekiel 12,1-16

Was haben wohl die Leute gedacht, als Hesekiel, mit Sack und Pack losging, die Mauer zerstörte und blind die Stadt verließ? „Der ist wohl verrückt geworden", ist eine nahliegende Vermutung. Hesekiel setzt Gottes Wort in eine symbolische Handlung um. Wenn die Leute es bislang nicht gehört haben, sollen sie es halt auf diese Weise verstehen: Gott wird die Mauern Jerusalems zerstören und auch weitere Israeliten in die Verbannung nach Babylon führen. Als Bibelleser hilft es mir, den Bericht über den zweiten Sieg der Babylonier über Jerusalem in 2. Könige 25,4-7 durchzulesen. Plötzlich wird klar, was Hesekiel durch seinen seltsamen „Auszug" ankündigt: Jerusalem wird untergehen, das Volk Israel wird zerschlagen werden. Erst dann werden sie endgültig erkennen, was Gott Ihnen wirklich bedeutet. Manchmal brauche ich auch solche Hesekiel-Aktionen. Manchmal muss ich mit der Nase drauf gestoßen werden. Manchmal brauche ich jemanden, der es mir deutlich macht und mich erleben lässt: Gott redet und er meint es ernst. Das gilt übrigens nicht nur für die harten Gerichtsworte Gottes. Auch sein Reden von Liebe, Gnade, Vergebung und Gerechtigkeit braucht immer wieder die praktische Umsetzung in meinem Leben.

Das merke ich mir: ____________________

____

GOTT GLAUBT AN DICH!

Hesekiel 16,1-22

Mittwoch **29**

Wieder spricht Hesekiel Klartext. Wieder bedient er sich dazu eines Bildes: Er vergleicht Jerusalem mit einer Frau, die sich mehr und mehr in Untreue und Hurerei verliert. Gott selbst tritt wie ein liebevoller Ziehvater auf. Ohne seine Fürsorge hätte sie nicht mal die Geburt überlebt. Er allein machte sie in Folge zu dem, was sie war: schön, wohlhabend und ehrbar. Doch hat sie sich nicht auf Gott verlassen. Sie hat sich für noch mehr scheinbaren Glanz, mehr Reichtum und mehr Macht verkauft. In harten und drastischen Worten prangert Hesekiel den Götzendienst und die Politik Jerusalems an. Jerusalem hat die Schönheit, die Ehre und die Macht verkauft, die Gott dem Volk geschenkt hatte. Dafür erntete es letztlich nur Leid und Zerstörung. Auf ihren liebevoll fürsorgenden Gott haben das Volk und die Machthaber nicht mehr geachtet. Wo vergesse ich Gott und das Gute, das er mir gegeben hat? Wo wird mir das vielleicht zu selbstverständlich? Die drastische Rede Hesekiels hinterfragt mich. Ich schrecke auf. Doch darf ich die klaren Worte des heutigen Abschnitts nicht lesen, ohne auf das Ende des Kapitels zu achten (lies V.59-63!) Auch wenn mein Glaube wankt und wackelt: Gott glaubt weiter an mich. Er bleibt seiner Liebe und Fürsorge treu!

Das merke ich mir: ______________________________

____

CHRISTUS – DER WAHRE WEINSTOCK

Hesekiel 17,1-10

Donnerstag **30**

Wieder ein Bild Hesekiels: zwei Adler, ein Zedern-Zweig, ein Weinstock und verschiedene Standorte. Die beiden Adler stehen für zwei Könige bzw. deren Reiche: Babylon und Ägypten. Zwischen diesen beiden Großmächten bewegte sich Jerusalem in der Hoffnung, irgendwie die Wirren der Zeit zu überleben. Mal paktierten sie mit dieser, mal hielten sie es mit jener Großmacht. Ein Fähnchen im Wind. Babylon verschleppte in einer ersten Eroberung die Obersten Jerusalems in die eigene Stadt, den Wipfel der Zeder (= König aus Juda). Der Weinstock, Gottes Volk, streckte sich nach einem anderen Machthaber aus: Ägypten. Diese wankelmütige Politik sollte dem Volk Gottes zum Verhängnis werden. Am Ende ging die Kraft aus. Ich brauche als Christ immer wieder geistliche Nahrung, Impulse und Kraft. Woher kommen diese? Manchmal erlebe ich mich wie dieser Weinstock, der mal hier eine neue geistliche Idee aufnimmt und dann wieder dort von irgendeiner neuen Strömung Impulse erhofft. Im neuen Testament verändert Jesus das Bild vom Weinstock (Joh 15). Hier ist er plötzlich der Weinstock, der fest verwurzelt steht und seine Jünger leben durch ihn. Nicht irgendein neuer geistlicher Trend, nicht eine neue Glaubensrichtung schenken mir Leben, sondern allein Christus.

Das merke ich mir: ______________________________

____

31 Reformationstag | Freitag

REFORMATIONSTAG FEIERN

Hesekiel 17,11-24

Gott erklärt Hesekiel das Gleichnis mit den Adlern und dem Weinstock. Es wird nochmal sehr deutlich, wie sehr Gottes Volk gefangen ist in seiner Macherei und seinem Streben. Es hat den Bund Gottes vergessen, Gottes Zusage, immer für sein Volk zu sorgen. Leben, Politik, Religion wurden nicht mehr bewusst nach den Vorgaben Gottes gestaltet. Die Beziehung zu Gott ist gestört. Am Ende steht trotz aller Härte wieder die deutliche Zusage Gottes: Ich werde selbst einen neuen Trieb pflanzen. Es wird ein neues Gewächs entstehen, wachsen und blühen und vielen eine neue Heimat geben. Die Ähnlichkeit von Vers 23 zum Gleichnis vom Senfkorn (Mt 13,31f) ist nicht zufällig. Heute feiern evangelische Christen die Reformation. Sie erinnern sich an das Wirken Luthers und seiner Mitstreiter. Letztlich trieb diese die Frage um: Wie lebt man Gott gerecht? Die Antwort: Gott macht uns gerecht. Ein Leben mit dem Wort Gottes, durch Gnade, im Glauben und in Christus lässt mich das immer wieder neu entdecken. Natürlich habe ich bei den Auslegungen der letzten vier Tage bewusst durch diese Reformations-Brille geschaut. So kann ich aber heute an diesem Tag ganz bewusst feiern. Ich will mit anderen Christen Gott loben für seine Treue und Gerechtigkeit.

Das merke ich mir: ______________________________

____

1 Allerheiligen | Samstag

GLAUBENSVÄTER UND -MÜTTER

Hesekiel 18,1-3.20-32

Die anderen sind schuld! Ganz offensichtlich kannten auch die Israeliten zur Zeit Hesekiels das „Blame-Game“ (Schuld-Spiel). Dass sie nun so leiden, das haben ja wohl die vorherigen Generationen zu verantworten. Die haben ja angefangen mit dem Ungehorsam. Gott widerspricht. Jede Generation ist vor ihm für ihr eigenes Tun und Lassen verantwortlich. Mit aller Konsequenz: Schuld bleibt Schuld. Vergebung bleibt jedoch genauso Vergebung. Wie wohltuend ist hier Gottes klare Zusage, dass er viel lieber rettet und vergibt, statt die Menschen in ihrem aussichtslosen Blame-Game zu belassen. Die katholischen Christen feiern heute Allerheiligen. Dabei gedenken sie der Heiligen und Märtyrer, also der Menschen, die durch Gottes Gnade und durch ihren Glauben schon in vollkommener, ewiger Gemeinschaft mit Gott leben. Ihr Blick ist ein ganz anderer als bei Hesekiels „Blame-Game“. Hier wird nicht auf die Schuld der Väter (und Mütter) geschaut, sondern auf deren Vorbild im Glauben. Auch als evangelischer Christ kann ich mir diese Perspektive zu Nutze machen: Was habe ich Christen vergangener Generationen zu verdanken? Wo sind sie mir Vorbild? Was kann ich durch ihren Glauben lernen?

Das merke ich mir: ______________________________

____

Lied: FJ6! Nr. 42

KW 45 bearbeitet von Ronald Seidel,
Jugendpastor, 08371 Glauchau
E-Mail: ronaldseidel@ec-sachsen.de

WOCHENSPRUCH
Es ist dir gesagt, Mensch, was gut ist und was der Herr von dir fordert, nämlich Gottes Wort halten und Liebe üben und demütig sein vor deinem Gott.
Micha 6,8

SIE SPIELEN DEIN LIED, DREH LAUT!

Psalm 62

Ein Lied für diesen Sonntag. Schön, dann dreh ich das Radio laut. David ist der Songschreiber, das ist klar, doch für wen ist der Song? Wer oder was ist Jedutun? Der Deutungsspielraum ist groß. Von der Bezeichnung einer Volksgruppe über den Namen des Lieblingsinstrumentes von David bis hin zum Namen einer Einzelperson. Hör das Lied und entscheide selbst. Ich denke, es ist eine Einzelperson mit einer Geschichte, die David kennt und wir nicht. Nach Psalm 39 ist das hier das zweite Lied für diesen Jedutun. Das Lied soll ihm helfen und ihn trösten, ihn wieder aufrichten. Das gelingt, wenn er das Lied zu seinem macht und es singt. David macht das clever, indem er das Lied aus der Ich-Perspektive schreibt. Wer also das Lied singt oder liest, spricht unweigerlich nach: „Nur bei Gott komme ICH zur Ruhe!“ Das ist der Sinn eines Psalms: die Worte zu den eigenen machen und sie auf dein Leben anwenden. Die Hauptaussage im Refrain besteht in dem kleinen Wörtchen „nur“, welches 6-mal vorkommt, im Sinne von „alternativlos“. „NUR“ bei Gott. In den Strophen beschreibt David Alternativen, um Frieden zu finden wie andere Menschen oder Reichtum. Diese werden jedoch entlarvt und bloßgestellt. Bei so starken Liedern drehe ich gern mein Radio laut!

Das merke ich mir: ______________________

____

____

Nicht immer ist dabei das Leckerste gleichzeitig das Gesündeste.
Ronald Seidel

3 Montag

SELBST SCHULD

Hesekiel 22,1-16

Wir müssen diese Woche gemeinsam geduldig sein, da mir die Texte erst am Ende der Woche erlauben, das Evangelium zu Wort kommen zu lassen. Gericht ankündigen und den Finger in die Wunde legen, schmeckt niemandem und die Zahlen der Follower sinken. Jedoch ist das ein Charakterzug der Wahrheit und somit auch von Gott. Zum Glück geht es ja um Israel und nicht um Deutschland, oder? Die Anklageschrift, die Gott durch Hesekiel verlesen lässt, hat mich getroffen. Mach dir nichts vor, eine der 3 Kernthemen hat mit Sicherheit auch Einfluss auf dein Leben. Macht, Sex und Geld. Aus diesen 3 Gebieten formt der Teufel seine Lügen und hat mehr Erfolg, als man denkt. Die Liste ist erdrückend und der Blick in den vorgehaltenen Spiegel tut weh. Als ob du beobachtet wurdest bei einer Sache, die keiner sehen sollte und jetzt geht die Sache viral. Lies die Liste der Verse 3 bis 13 noch einmal. Hat das alles nichts mit dir zu tun? Vers 8 gibt dem Ganzen eine Überschrift: „Alles, was mir heilig ist, wird in den Schmutz gezogen." Gott kann also fassungslos enttäuscht sein und lässt in Vers 3 ausrichten: „selbst schuld" und in Vers 13 und 14 kommt die schonungslose Konsequenz. Lies die Woche bitte bis zum Ende, denn für heute bleibe ich beim Gericht.

Das merke ich mir: ______________________________

____

4 Dienstag

DAS WIRD DIR NICHT SCHMECKEN!

Hesekiel 24,1-14

Ein gutes Gleichnis bewirkt Bilder im Kopf. Siehst du den verkohlten, rostigen Topf? Was bedeutet er? Dieses Gleichnis gilt es prüfend in unser Leben zu übertragen. Der Topf ist ein Gefäß und steht für die Israeliten, die (siehe gestern) eine ganze Menge Schuld/Rost angesammelt haben. Unter dem Topf wird nun ein großes Feuer entzündet, welches für das angekündigte Gericht steht. Feuer soll in erster Linie verzehren, aber auch läutern. Beim Läutern kann man ab einer gewissen Temperatur die unreine Schlacke oben abschöpfen. Hesekiel 22,18-19 beschreibt die Schwere der Schuld damit, dass Israel selbst zur Schlacke geworden ist und nicht mehr zu reinigen ist. Die guten Fleischstücke im Topf sind die soziale Elite des Volkes, die wahllos herausgenommen wird. Das beschreibt die Deportationen während der babylonischen Gefangenschaft (597-539 v. Chr.). Der Inhalt des Topfes ist also eigentlich vielversprechend, aber der Rost macht ihn ungenießbar. Die Soße verkocht, die Knochen verkohlen und die Hitze soll den Rost abbekommen. Gott hat immer wieder versucht zu reinigen, aber sie wollten nicht (V.13). Somit ist der Topf wertlos geworden und wird komplett ins Feuer geworfen. Jede Schuld braucht Sühne. Gott möchte ernst genommen werden.

Das merke ich mir: ______________________________

____

WO SIND DEINE TRÄNEN?

Hesekiel 24,15-27 **5** Mittwoch

Welche Geschichte erzählt der Text? Die Geschichte vom Volk Gottes soll erzählt werden. Also auch, wenn Hesekiels Frau unser Mitgefühl verdient hätte, darum geht es nicht. Die Israeliten sollen an diesem harten Beispiel etwas über ihr Herz lernen. Sie waren stolz auf ihren Tempel als Wahrzeichen und als Möglichkeit, ihre Schuld dorthin zu bringen, indem sie die Opfer dort darbrachten. Aber wenn man ihnen diesen Tempel nehmen würde, dann würden sie keine Trauer tragen, wie man das eigentlich erwarten würde, wenn man etwas verliert, was einem wertvoll ist. Hesekiel sollte nach dem Tod seiner Frau nicht trauern und das stieß dem Volk übel auf. Warum verhältst du dich so unnatürlich? Die Antwort war, dass sich die Israeliten genauso verhalten werden, wenn der Tempel fällt. Es ist zwar schade, dass das Wahrzeichen fällt, aber wirkliche Trauer in Sack und Asche wird wohl ausbleiben. Dieses Bild beschreibt die Beziehung gut, welche das Volk zum Tempel mittlerweile hatte. In der Theorie war ihnen der Tempel wichtig, aber in der Praxis bedeutete er dem Einzelnen nicht viel. Anhand der Beziehung von Hesekiel zu seiner Frau sollte das Volk erkennen, wie es um seine Beziehung zu Gott wirklich stand.

Das merke ich mir: ____________________

____

WAS MACHT EINEN POPSONG AUS?

Hesekiel 33,21-33 **6** Donnerstag

In Hesekiel 24,26 gibt es ein kleines prophetisches Wort, wir würden es heute einen „Spoiler" nennen, in dem man etwas verrät, was bald geschehen wird. Ein Überlebender wird aus Jerusalem gerannt kommen und von der Zerstörung berichten. Hier ist es nun soweit. Teil des Spoilers war auch, dass Hesekiel, der die Sprache verlor, an diesem Tag wieder reden konnte. Er empfing ein weiteres „Wort": „Weil ihr tut, was ich verabscheue, verwandle ich euer Land in eine trostlose, schreckliche Wüste!" (V.29). Gott ist weiterhin fassungslos über die Gleichgültigkeit seines Volkes und packt dies in ein recht modernes Bild. Er vergleicht es mit Menschen, die zu einem Konzert gehen und schönen Liedern lauschen. Die Stimme gefällt und die Melodie ist auch gut, aber sie beherzigen die Texte der Lieder nicht. Erst wenn der Inhalt der Liedtexte wirklich eintrifft, dann erkennen sie, dass es wirklich ein Prophet (V.33) und nicht nur ein Liebesliedsänger war. Frage zum Vergleich: „Putzt du deine Zähne am Tag des Zahnarzttermines gründlicher als an anderen Tagen?" Warum nehmen wir das nicht täglich gleichermaßen ernst? Täglich ernst nehmen, ist die Botschaft, die Gott ausrichten lässt. Der Popsong hat nicht nur eine Melodie, sondern auch einen Text!

Das merke ich mir: ____________________

____

7 Freitag

MÄHHH MÄHHH

Hesekiel 34,1-16

Endlich eine Wendung vom Gericht zum Evangelium. Die häufigsten Worte im Text sind „Schafe" und „Hirte", zähl doch mal nach. Als würde man im Neuen Testament aus den ICH-BIN-Worten von Johannes lesen. „Ich bin der gute Hirte" oder „Ich bin die Tür zu den Schafen." Diese bekannten Worte aus dem NT sind also eigentlich nur die Antwort. Der Beginn des Bildes der verlorenen Schafe steckt hier in Hesekiel 34. So stark zu lesen für jeden, der im AT Ausschau nach dem Messias hält. Die Frage, wann der gute Hirte kommen wird, hat Jesus dann selbst beantwortet. Wir lesen hier also eine Prophetie, die Jesus in Erfüllung gehen lassen hat. „Meine Schafe kennen meine Stimme!" Er versammelt, tröstet, sucht, verbindet und führt. All das, was die damaligen Leiter des Volkes versäumt haben. Während Gott also seine angedrohte Strafe wegen der vielen Vergehen noch nicht mal voll realisiert hat, verkündet er hier nun schon einen Ausweg. Er kann es nicht lassen, uns Menschen Brücken anzubieten, die wieder zu ihm hinführen. Obwohl wir eine nach der anderen versuchen zu zerstören. Wer also in den letzten 2 bis 3 Tagen Bibellese an der Liebe und Hingabe Gottes zu zweifeln begann, dem sei hier geschrieben: „Er bleibt treu, wenn wir untreu sind!" Mäh!

Das merke ich mir: ______________________________

____

8 Samstag

VERSPROCHEN IST VERSPROCHEN!

Hesekiel 34,23-31

Hauptsache einer macht es. So besetzen wir in den Gemeinden auch oft Ämter. Der Text zeigt mir, dass man ein Hirtenamt auch schlecht ausführen kann. Im NT wird dafür der Begriff „Mietling" verwendet. Jemand, der eben nur gemietet wurde, um eine Aufgabe zu erledigen, der die Aufgabe aber nicht zu seiner Herzensaufgabe macht. Leidenschaft und Hingabe hat man bei den „Hirten" des Volkes zu dieser Zeit vergeblich gesucht. Daraus resultierte eine kranke Herde. Zerstreut, hungrig, verletzt und orientierungslos. Sehen wir Parallelen zu heute? Die Herde/Gemeinde ist zerstreut und orientierungslos. Es fehlt an guten Hirten, die Gemeinde leiten. Nachdem der Tadel an die damaligen Leiter beendet ist, folgt jetzt hier eine zuckersüße Ankündigung. „Ich will meiner Herde einen einzigen Hirten geben!" Die Identifikation wird durch die Nachkommenschaft Davids klar gemacht und das Siegel Gottes in Form eines Versprechens wird in Vers 24 gegeben. Nach diesen vielen Versen Gericht in der vergangenen Woche bin ich richtig froh, diesen Hirten erneut ankündigen zu dürfen. Der Text konzentriert sich dann nicht mehr auf das „Ob-er-kommt", sondern wie er als Hirte sein wird. Es wird so gut! Versprochen! Beim Schreiben des letzten Satzes grinse ich zufrieden.

Das merke ich mir: ______________________________

____

KW 46 bearbeitet von Reinhard Steeger,
Direktor Diakonissenmutterhaus Elbingerode,
38875 Elbingerode
E-Mail: reinhard.steeger@neuvandsburg.de

Lied: FJ6! Nr. 222

WOCHENSPRUCH
Siehe, jetzt ist die Zeit der Gnade, siehe, jetzt ist der Tag des Heils!
2. Korinther 6,2b

GRUNDLOS, HALTLOS, FASSUNGSLOS

Psalm 69,1-16

Sonntag – Tag der Auferstehung, der erste Tag der neuen Woche und nach dem, was Christen glauben, der erste Tag der neuen Schöpfung - Jesus ist auferstanden. Ein Tag, der zum Neubeginnen anleiten möchte. Und trotzdem, die Erfahrungen der letzten Woche nehme ich quasi als Hypothek in die neue Woche mit. Die Sorgen und Probleme der neuen Woche kommen dann noch dazu – dann kann es passieren, dass all das über mir zusammenschlägt und mich unter sich begräbt. Und dann? Dann komme ich mit der ganzen Situation zu meinem Herrn (V.2) und bringe sie ihm: die Dinge, die sich über mir auftürmen und die Dinge, in denen ich versinke (V.3).
Psalmen sind Gebet, in das ich all das, was ich nicht in Worte fassen kann, hineinlegen darf – sozusagen ein Formular für die Echtzeit des Glaubens. Ich darf mich in Worten, die mir zur Verfügung gestellt werden, vor Gott wiederfinden. Und dann entdecke ich auf einmal auch die Menschen um mich herum – welche Wirkung hat das, was ich durchkämpfe auf andere (V.7)? Manchen mag es Mut machen, andere sind vielleicht von Gott enttäuscht – aber ich darf sie und meine Sorge um sie zu ihm bringen, vor ihm ausbreiten und darauf vertrauen, dass er sich um mich, die Probleme und die anderen kümmert.

Das merke ich mir: ______________________

____

____

Prüfen, den Dingen auf den Grund gehen, Antworten suchen, Argumente abwägen – Gott sei Dank, ich darf Glauben denkend begreifen und dies betend tun.

Reinhard Steeger

Montag 10

WIRKLICH NEU ANFANGEN

Hesekiel 36,16-32

Manchmal drehen wir uns so um uns selbst, dass wir gar nicht mitbekommen, was wir mit dem, wie wir leben, anrichten. Gott öffnet Hesekiel die Augen, was das, was sein Volk (wir?) tut, anrichtet. Manchmal erschrecken wir, wenn wir entdecken, wie weit wir uns von Gott entfernt haben. Bis zu einem gewissen Punkt denken wir zwar, dass Gott irgendwie weg ist, dass wir selbst gar nicht mehr bei ihm sind, merken wir leider oft zu spät. Aber dass die Art und Weise, wie wir leben, auch Gott beschmutzt und ihn in den Augen der anderen klein und ohnmächtig macht (V.16-20), das merken wir oft vor lauter „um-uns-selbst-drehen" nicht. Die gute Nachricht ist: Gott macht sauber (V.25)! Gott vergibt, heißt immer auch, er wäscht allen Schmutz, das heißt, alles, was wir falsch gemacht haben, weg. Das darf uns heute neu zum Staunen bringen. Mehr noch – Gott will nicht nur die Auswirkungen beseitigen, sondern die Motivation und den Antrieb neu machen (V.26-27). Hesekiel sieht Pfingsten vor sich – Gott schenkt uns seinen Geist, der uns ausfüllt und unser Denken und Wollen erneuert. Dort, wo wir uns an ihn halten und unser Denken von ihm prägen lassen, werden wir neue Wege gehen können – wie das Gottes Geist macht, verrät uns Paulus in Römer 12.

Das merke ich mir: ____________________

____

Dienstag 11

NICHTS IST UNMÖGLICH

Hesekiel 37,1-14

Hesekiel sieht die Situation, wie sie ist und er sieht, wie hoffnungslos alles ist: ein Friedhof der Träume, Wünsche und Hoffnungen. Es ist alles zu spät (V.1). Ob jemand im Jahr 586, also einige Monate nachdem Jerusalem ein Trümmerhaufen wurde, noch geglaubt hat, dass Jerusalem jemals wieder aufgebaut und zu einem kulturellen Zentrum der antiken Welt werden könnte? Vielleicht denken manche heute, wenn sie Jugendkreise, Gemeinden und Kirche – und manchmal auch das eigene Leben – sehen: Da ist alles zu spät! Selbst Hesekiel hat Zweifel, ob sich da jemals etwas ändert (V.3). Aber Gott zeigt diese Situationen nicht, um noch mehr zu deprimieren, sondern um zu zeigen, was er kann (V.6). Gott kann aus einem Totenfeld einen Neuanfang machen, er ist der Meister der hoffnungslosen Situation – damals und heute. Und er beginnt mit Jesus. Er erfindet Ostern und nimmt uns hinein in sein neues Leben (Eph 2,5f).

Spannend sind die Verse 4 bis 7 – Gott spricht nicht selbst, sondern beauftragt den Propheten und bindet sein Handeln an das Wort Hesekiels. Und das passiert bis heute: Wo Gottes Wort in seinem Auftrag in die Situation von Menschen gesagt wird, entsteht neues Leben.

Das merke ich mir: ____________________

____

EINHEIT IST MÖGLICH

Hesekiel 37,15-28

Mittwoch 12

Wenn wir diesen Abschnitt richtig verstehen wollen, müssen wir weit in die Geschichte des Volkes Israel zurückgehen, in die Zeit nach König Salomo. Dort spaltete sich das Volk Israel. Weil jeder nur seinen Vorteil sieht, gibt es ständig Streit und Krieg unter „Brüdern" – eine Tatsache, die bis heute in Gemeinde, Jugendarbeit und Familie Realität ist. Oft genug fragen wir, wie Einheit entstehen kann. Und es gibt viele gute oder zumindest interessante Überlegungen. Hesekiel bekommt von Gott den Weg gezeigt, der wirklich Erfolg verspricht (V.22) – er schafft die Einheit. Eine Einheit, die aus der Heilung der eigenen Zerrissenheit erwächst (V.23) und die durch den Messias, den Retter, den Heiland kommt. Denn „mein Knecht David" (V.24) bezieht sich auf keinen anderen als den, den Gott David in 2. Samuel 7 verheißen hat. In den Versen 26 bis 28 erfahren wir, wie Gott Einheit schafft. Es gibt einen neuen Bund, Gott bietet eine neue Gemeinschaft an. Eine Gemeinschaft, die es ermöglicht, ihm entsprechend das Leben und Zusammenleben zu gestalten (V.24). Das geschieht dort, wo Menschen in der Gegenwart Gottes leben (V.26) und Gottes Gegenwart auf sie abfärbt. Und dieser von Gottes Gegenwart geprägte Umgang wird andere faszinieren (V.28).

Das merke ich mir: ______________________________

____

WIRKLICH GUTE AUSSICHTEN

Hesekiel 40,1-16

Donnerstag 13

25 Jahre (V.1) sind eine lange Zeit, gerade für Menschen, die die Hoffnung verloren haben. Und doch gibt Gott immer wieder Hoffnungszeichen, auch wenn diese oft nicht Schlag auf Schlag kommen, sondern immer mal wieder. 14 Jahre sind vergangen, seitdem Gott Hesekiel seinen Plan mit seinem Volk verheißen hat. 14 Jahre – und nichts geschieht! Das kann Menschen zermürben, sie warten und warten und es tut sich nichts. Da verblassen Verheißungen und werden zu Mythen und Methapern – da ist man schon in der Gefahr, das Ganze nicht ganz so wörtlich zu nehmen. Und dann redet Gott und zeigt einen neuen Anfang (V.2). Gott zeigt Hesekiel nicht ein Modell, dass sie nachbauen können. Er zeigt, was er vorhat. Gott baut eine neue Stadt, die mit einem Tempel identisch zu sein scheint, also ein Wohnort in seiner Gegenwart ist. Gott schafft eine neue Zukunft mit exakten Maßen und in einer beeindruckenden Schönheit und Schlichtheit. Spannend ist die Frage: Zu was bewegt uns Gottes Vorstellung von der Zukunft? Wir müssen sie nicht machen, aber wir können uns von ihr erfüllen lassen und Hoffnung und Antrieb für unser Leben gewinnen. Denn so, wie Gott Zukunft baut, will er unser Leben gestalten, in Schönheit und Schlichtheit – aber mit exakten Maßen.

Das merke ich mir: ______________________________

____

Freitag **14**

WENN GOTT ERFÜLLT

Hesekiel 42,15 – 43,12

Wer die Beschreibung des Tempels vollständig gelesen hat, hat sich sicher gefragt, wozu Gott Hesekiel diesen Bau so detailliert schildert. Würde es nicht reichen, Gott sagt: „Ich baue für euch eine neue Stadt und eine neue Zukunft"? Dann wäre doch alles klar, die Fakten wären auf dem Tisch und alle wüssten Bescheid. In Vers 10 lesen wir, dass Hesekiel das alles beschreiben soll, damit sich die anderen schämen. Sollten wir uns nicht freuen, wenn Gott so etwas in Aussicht stellt? Ja, natürlich – aber eben nicht nur das. Gottes Vorstellung der Zukunft möchte uns hier und heute verändern. Wir sollen nicht nur Gottes Zukunft kennen, sondern schon heute beginnen, unser Leben darauf einzustellen. Gott ist doch auch heute schon da und lädt ein, dass wir in seiner Gegenwart leben, in seinem Reich mitten unter uns. Mit Jesus ist Gott in diese Welt gekommen und er regiert. Sein Reich ist mitten unter uns – oder besser in uns. Wer sich von Gott regieren lässt, wird Gottes Namen nicht entweihen (V.8-9), sondern ihm zur Ehre leben. Paulus beschreibt in Galater 5,22-23, wie ein Leben unter der Herrschaft Gottes aussieht – da liegt etwas Glanz der Gegenwart Gottes auf dem Alltag. Das geschieht dort, wo das Herz zum Thron Gottes (V.7) wird.

Das merke ich mir: ______________________________

____

Samstag **15**

WIE EIN STROM VON OBEN

Hesekiel 47,1-12

Gottes Zukunftsaussichten lassen mich staunen. Ein Fluss, der die Welt heilt und direkt aus dem Heiligtum und vom Altar im Tempel kommt. Ein Bach, der zu einem mächtigen Strom wird und die Folgen der Sünde (1. Mose 19) heilt – zu schön, um wahr zu sein. Es ist Gottes Plan, den er am Ende in die Realität bringt. Eine Aussicht, die zur Zeit Jesu jedes Jahr zelebriert wurde. Zum Laubhüttenfest ging der Hohepriester in einer Prozession zum Teich Siloah und schöpfte Wasser und goss dieses Wasser unter dem Jubel des Volkes am Altar aus. Wasser aus dem Heilsbrunnen. Vielleicht warteten dann einige Menschen, ob nicht aus diesen Tropfen Wasser ein kleiner Bach werden würde, der sich seinen Weg in die Welt bahnen und sie heilen würde. In Johannes 7,37 lesen wir, dass Jesus bei dieser Zeremonie ruft: „Wen da dürstet, der komme zu mir und trinke!" Jesus ist der, von dem das Wasser des Lebens ausgeht und der Leben heil macht. Dort, wo seine Vergebung und seine Gemeinschaft sind, wird das Leben nicht nur heil, sondern da wächst ein Kraut gegen das Böse, da entsteht Frucht, die das Leben reich macht. Hesekiels Bild ist nicht nur Zukunft irgendwann, sondern Wirklichkeit, wenn jemand zu Jesus kommt und sich von ihm füllen lässt – und dann weitergibt.

Das merke ich mir: ______________________________

____

Gebet für schwierige Situationen

Mein Gott, wo bin ich da nur reingeraten!
Es fühlt sich alles so schwer an und das Licht
am Ende des Tunnels ist nicht sichtbar.

Ich fühle mich hilflos, überfordert und gelähmt.
Wo bist du? Ich kann dich nicht sehen …

Und doch weiß ich, dass du da bist.
Direkt neben mir, unter mir, über mir,
ganz nah dran an mir.
Lass mich deine Nähe spüren.
Gib mir ein Zeichen deiner Gegenwart.
Halte mich fest.
Trockne meine Tränen und hilf mir wieder auf.

Ich möchte mutig sein. Weitergehen.
Nicht stehenbleiben. Vertrauen.
Nimm mich an deiner Hand und führe mich
durchs finstere Tal.
Bleib bei mir in aller Ungewissheit,
in aller Bedrängnis.
Ich vertraue dir!

Steffi Pfalzer

BIBLISCHES BUCH

1. UND 2. THESSALONICHER

1. THESSALONICHER

In keinem anderen neutestamentlichen Brief können wir Paulus besser über die Schultern schauen, wie er es anpackte, eine Gemeinde zu gründen. Wir erfahren, auf was er setzte, was sein Selbstverständnis war und welche Würde er den jungen Christen gab. Nach drei erfolgreichen Wochen muss er jedoch die Stadt verlassen. Aus der Ferne sorgt er sich um das Wohlergehen der jungen Christinnen und Christen. Da er selbst Stadtverbot hatte, bat er Silvanus, die Gemeinde zu besuchen. Als dieser mit guten Nachrichten zurückkommt, schreibt das Missionsteam voller Freude den ersten Thessalonicherbrief. „Und darum danken wir Gott immer und immer wieder, dass ihr das Wort der göttlichen Predigt, das ihr von uns empfangen habt, nicht als Menschenwort aufgenommen habt, sondern als das, was es in Wahrheit ist, als Gottes Wort, das in euch wirkt, die ihr glaubt." (1. Thess 2,13)

Form und Aufbau des Briefes

Kap. 1-3: Das Missionsteam blickt zurück
Was Gott bewirkt hat.
Was Gott gewirkt hat.
= Dankbarer Rückblick

Kap. 4+5: Was Gott bewirken will
= Richtungsweisender Ausblick
Für das Lesen des Briefes folgender Impuls: Was möchte ich von Paulus für meine Mitarbeit in Jugendkreis und Gemeinde lernen?

2. THESSALONICHER

Zum Verständnis der sogenannten „Naherwartung Jesu", die in diesem Brief eine starke Rolle spielt, ein Vergleich:

Wenn dein Partner lange wegbleibt, wäre es ein gutes Zeichen, wenn Sehnsucht wächst und du die Tage und Stunden zählst, bis ihr euch wieder habt – so ist es auch mit unserer Jesusbeziehung. Die Liebe zu Jesus zeigt sich darin, dass wir es kaum aushalten können, bis er wiederkommt.

In dieser Naherwartung lebten die ersten Christen. Nun gab es in der Gemeinde Christen, die bereits verstarben. Was ist mit ihnen? An dieser Frage machten sich weitere Zweifel fest, ob denn das alles so stimme mit dem „Bräutigam der Gemeinde".

Das ist der Grund und Anlass, warum Paulus diesen Brief schrieb.

Johannes Wegner
Pfarrer in Wurmberg und Neubärental
E-Mail: Johannes.wegner@elkw.de

Lied: FJ6! Nr. 35

KW 47 bearbeitet von Martin Siehler,
Geistlicher Leiter und Vorsitzender im
Liebenzeller Gemeinschaftsverband,
71665 Vaihingen an der Enz
E-Mail: martin.siehler@lgv.org

ERSCHÜTTERNDE BITTERKEIT

Psalm 69,17-37

Wie schlecht muss es einem Menschen gehen, der voller Bitterkeit seinen Feinden keinen Platz mehr im Buch des Lebens gönnt (V.29)? Wie tragisch, wenn ein zutiefst verletzter Mensch vergeblich auf Trost wartet (V.21). Wer ungerecht behandelt und in seinem Selbstwertgefühl verletzt wird, (V.20-21) rutscht schnell in die Bitterkeit. Der Psalmbeter leidet, weil er sich für die Sache Gottes einsetzt (V.10). Jesus betet am Kreuz ähnlich mit Psalm 22, aber ohne einen einzigen Gedanken an Rache. Stattdessen bittet er für seine Peiniger: „Vater, vergib ihnen!“ (Luk 23,34).

Noch mehr als die Verhöhnung durch Menschen quält den Psalmbeter die Vorstellung, dass Gott sich von ihm zurückziehen könnte (V.18). Deshalb die dringende Bitte: „Antworte mir bald!“ So sehr sich der Beter in das Rachegebet hineinsteigert, er bleibt nicht bei der Bitterkeit stehen. Einen Ausweg aus der Bitterkeit finde ich nur, wenn ich mit meiner Vergangenheit Frieden schließe und alte Vorwürfe loslasse.

Im letzten Abschnitt findet der Beter den Ausweg. Nicht die Bitterkeit, sondern sein Vertrauen in Gott bestimmen ihn ab jetzt. Daraus wird Lobpreis (V.31).

Ich lerne: Nicht festhalten an Verletzungen, Zukunft und Hoffnung eröffnen sich mir durch Dank für Gottes Treue.

Das merke ich mir: ____________________

____

____

WOCHENSPRUCH

Wir müssen alle offenbar werden vor dem Richterstuhl Christi.

2. Korinther 5,10

Wenn ich über Gehörtes nachdenke und es prüfe, verstehe ich tiefer.
Ich kann Inhalte bewerten und herausfinden, was gut und für meine Situation relevant ist.

Martin Siehler

Montag **17**

IHR SEID VORBILDLICH

1. Thessalonicher 1,1-10

Es waren drei Monate vergangen, seit Paulus nach seiner Evangelisation mit Gemeindegründung Thessalonich verlassen musste. Was er von dort hört, freut ihn und seine Mitstreiter so sehr, dass sie unaufhörlich Gott danken. Die Gemeinde lebt, eine Wirkung des Heiligen Geistes (V.5). Entscheidend für die Thessalonicher war, dass sie sich von den Götzen abwendeten. Es gab keinen Tempelbesuch mehr bei Zeus oder der Aphrodite. Auch dem Kaiser wurde nicht mehr geopfert. Stattdessen kam es zur Hinwendung zu Gott (V.9). In der Antike war es nicht üblich, dass für einen neuen Glauben der alte abgelegt werden musste. Zu Jesus kann aber nur kommen, wer sich von allen anderen Göttern abwendet. Ohne Jesus, das wurde ihnen klar, hätten sie keine Hoffnung. Denn am Ende der Zeit wird nichts Bestand haben, was nicht zu Gott gehört. Alles Böse wird unter Gottes Zorn verlorengehen (V.10). Weiter begeistert Paulus die Liebe, die Freude und die Leidenschaft für das Evangelium, trotz eigener Nöte (V.6). Nun kann er sie als „geliebte Brüder und Schwestern" in der Familie Gottes begrüßen, diese Ehre war bis dahin dem Volk Israel vorbehalten. Als Gott dienende und auf Jesus wartende Christen waren sie ein sehr wirksames Zeugnis in der damaligen Welt (V.8).

Das merke ich mir: ______________________________

____

Dienstag **18**

WIR WOLLEN GOTT GEFALLEN

1. Thessalonicher 2,1-12

Die Striemen der Schläge von Philippi sind noch nicht verheilt, als Paulus in Thessalonich ankommt. Dort wird er gut aufgenommen und gerne gehört. Für Paulus ist Verkündigung ein Privileg. Er tut es nicht für den Beifall der Menschen, da ist er eher Schläge gewohnt. Die Vorwürfe, er würde Menschen täuschen, entkräftet er mit der Feststellung, dass er sich gewissenhaft verhalte (V.10). Ich lerne daraus: Falsche Vorwürfe muss ich nicht stehen lassen. Paulus betont seine eigentliche Motivation: Er will Gott gefallen (V.4). Sein Anliegen: Weder üble Nachrede von anderen noch ungeschicktes Verhalten von ihm sollen die Wirkung der Verkündigung beeinträchtigen. Damals wie heute gilt: Den Aufrichtigen lässt es Gott gelingen. In allem Gott zu gefallen, bedeutete für Paulus, dass er von der Gemeinde kein Geld für seinen Dienst annimmt. Er arbeitet selbst für seinen Lebensunterhalt – Gemeindegründung im Ehrenamt sozusagen. Bis heute gebraucht Gott Ehrenamtliche, um Kindern und Erwachsenen das Evangelium zu sagen. Dabei kommt es auf die Motivation an. Anerkennung von Menschen ist schön, tragfähig ist aber das Wissen, im Auftrag Gottes zu dienen. Paulus versorgt die Gemeinde wie eine Amme (V.7) und ermutigt sie wie ein Vater (V.11). Vorbildlich.

Das merke ich mir: ______________________________

____

WIR WOLLEN EUCH WIEDERSEHEN

1. Thessalonicher 2,13-20

19 Buß- und Bettag | Mittwoch

Wer liebt, leidet, wenn er von seiner Liebe getrennt wird. Paulus liebt die Gemeinde in Thessalonich, deshalb schmerzt es ihn, sie nicht besuchen zu können. Er sieht Satan am Werk, der ihn hindert, die Gemeinde weiter zu betreuen. Als er hört, wie sie seine Verkündigung als Gottes Wort im Herzen behalten, ist er begeistert. Es wird wahr, was Jesus seinen Jüngern sagte: Wer euch hört, der hört mich (Lk 10,16). Die Erfahrung, dass Gott sich um seine Leute kümmert, macht ihn dankbar. Manche Jugendkreisleiter bangen, wenn junge Leute zum Studium in eine andere Stadt ziehen. Werden sie Anschluss finden und wird sich ihr Glaube in fremder Umgebung bewähren? Paulus ist begeistert, weil die Gemeinde trotz Verfolgung an Gottes Wort festhält. Dabei hilft er zu verstehen, dass Glaube an Jesus Leiden bedeuten kann. Die Propheten, Jesus und die erste Gemeinde wurden davon nicht verschont. Auch heute werden Christen mehr verfolgt als Anhänger anderer Religionen. Lasst uns heute am Buß- und Bettag für bedrängte Christen beten. Die Verfolger werden nicht gewinnen, sie müssen sich im Gericht vor Gott verantworten. Über die Gemeinde freut sich Paulus. Wenn er von „Ruhmesglanz" spricht, geht um es die Freude, dass Gottes Gnade nicht vergeblich war.

Das merke ich mir: ______________________________

____

WIR LEBEN AUF

1. Thessalonicher 3,1-13

20 Donnerstag

Ich sehe den Schmerz in seinen Augen, als mir ein kranker Freund erzählt, dass er nicht mehr in die Gemeinde gehen kann. Auch Paulus sehnt sich sehr nach der Gemeinde. Weil er es nicht aushält, schickt er Timotheus nach Thessalonich. Timotheus stand nicht auf der Verfolgungsliste. Nicht nur die Leiter, sondern jede Mitarbeiterin und jeder Mitarbeiter können trösten und stärken. Wie nötig dieser Besuch war, wird angesichts der Widerstände deutlich. Der Versucher (V.5) will vom Glauben an Jesus abbringen. Dann wäre der Einsatz umsonst gewesen. Die Bedrängnisse sollen zu Geduld, Bewährung und Hoffnung führen (Röm 5,3f.). Umso mehr freut sich Paulus, als er drei gute Nachrichten hört (V.6). Der Glaube ist stabil, die Liebe wächst und die gute Erinnerung an Paulus bleibt. Damit ist es den Gegnern nicht gelungen, einen Keil zwischen die Gemeinde und Paulus zu treiben. Die guten Nachrichten lassen Paulus aufleben. Trotzdem betet er inständig (V.10), dass Gott die Hindernisse für einen Besuch wegnimmt. Denn in der kurzen Zeit der Gemeindegründung konnte er nicht alles vermitteln, was zu einem Leben mit Jesus gehört. Die jungen Christen sollen sich auf die Ankunft von Jesus vorbereiten (V.13), das ist heute genauso wichtig wie damals.

Das merke ich mir: ______________________________

____

Freitag 21

WIR LEBEN HEILIG

1. Thessalonicher 4,1-12

Paulus will, dass wir im Sinne Gottes leben. Er spricht vier heikle Bereiche an: Sexualität, Geschäftsgebaren, Bruderliebe und Arbeitsethik. Heilig ist, wer zu Gott gehört. Heilig ist auch mein Körper als Tempel des Heiligen Geistes (1. Kor 6,19). Meine Sexualität ist ein kostbares Gut. Begierde, die auf eheliche Treue keine Rücksicht nimmt, passt nicht zu einem heiligen Leben. Sexuelle Gier verletzt die Würde des anderen. Paulus warnt davor, zu handeln wie die Heiden (V.5). „Was Spaß macht, ist erlaubt", nach dieser Maxime leben heute viele Zeitgenossen. Werte wie Zurückhaltung und Treue haben es da schwer. Pornografische Angebote machen ein Leben in Reinheit noch schwerer. Paulus will, dass wir mit uns und dem anderen Geschlecht achtsam umgehen (V.4). Im geschäftlichen Miteinander passt es nicht, andere übers Ohr zu hauen. Dem puren Gewinnstreben wird Einhalt geboten. Wichtiger als Gewinn sind liebevolle Beziehungen zu Gemeindegliedern. Darin sollen die Thessalonicher wachsen. Die Begeisterung für den Glauben war groß, aber auch die Gefahr, die Arbeit zu vernachlässigen. Damit wurden sie zur Belastung für alle, die sie mitversorgen mussten. Paulus macht klar, wer nicht arbeiten will, soll auch nicht essen (2. Thess 3,10).

Das merke ich mir: ______________________________

____

Samstag 22

WIR HABEN HOFFNUNG

1. Thessalonicher 4,13-18

Wenn bei Beerdigungen gesagt wird, „uns bleibt die Erinnerung", ist mir das zu wenig. Das sagen Leute, für die der Tod das Ende ist. Paulus ermutigt die Thessalonicher, nicht so zu trauern wie die, die keine Hoffnung haben (V.13). Die Erinnerung blickt nach hinten, die Hoffnung nach vorne (vgl. 1. Petr 1,3). Die Thessalonicher wollten wissen, was mit den Menschen passiert, die schon vor der Wiederkunft von Jesus gestorben sind. Sie haben keinen Nachteil, betont Paulus. Eindrücklich, wie er den Jüngsten Tag beschreibt. Die Trompete Gottes wird zu hören sein (vgl. Mt 24,31). Bei der Himmelfahrt wurde Jesus von der Wolke verborgen (Apg 1,9), jetzt tritt er aus der Wolke der göttlichen Welt wieder heraus. Wer in Christus gestorben ist, der wird auch im Tod in Christus bleiben und bei seiner Wiederkunft mit Christus auferstehen. Alle, die zu Christus gehören und an diesem Tag auf der Erde sind, werden zeitgleich zu Jesus kommen. Die Einheit mit Christus kann durch den Tod nicht zerstört werden, das ist christliche Hoffnung. Unser Leben ist der „Anfang des zukünftigen Lebens" (Martin Luther). Morgen ist Ewigkeitssonntag, als Christen teilen wir die Hoffnung, dass wir „immer beim Herrn bleiben" (V.17) werden.

Das merke ich mir: ______________________________

____

KW 48 bearbeitet von Pfarrer Matthias Trick,
73765 Neuhausen auf den Fildern
E-Mail: matthias.trick@elkw.de

DER EWIGE KÖNIG UND PRIESTER

Psalm 110

Was für ein Psalm! Weder wird hier Gott angesprochen noch wird über Gott gesprochen. Sondern es geht um einen „Herrn“ (V.1), anscheinend ein König (V.2: „Zepter“, „herrschen“) und zugleich ein Priester (V.4). Psalm 110 ist ein Königspsalm. Vielleicht wurde er bei der Einsetzung eines neuen Königs gesungen.
Psalm 110 ist aber vor allem der Psalm, den die Christen von Anfang an als Hinweis auf den König Jesus verstanden haben, ja mussten. Jesus selbst hat im Streitgespräch mit den Pharisäern (Mt 22,44) dieses Verständnis angedeutet: Er ist Davids Sohn, also ein Nachkomme von König David – und er ist Gottes Sohn und damit sozusagen höher als David, der ihn in Vers 1 „mein Herr“ nennt. Diesen Herrn, der sich selbst erniedrigt hat (vgl. Phil 2,6-8), den hat Gott zum Herrn und König der Welt gemacht (V.2; vgl. Phil 2,9-11), der über die Welt richten (V.6) und herrschen (V.7) wird. Und er hat ihn zum Priester gemacht, also zum Vermittler zwischen Gott und den Menschen.
„Priester nach der Ordnung Melchisedeks“ (V.4; vgl. Gen 14,18-20) bedeutet, dass er – anders als die Priester, die von Aaron abstammen (vgl. Ex 29,29) – durch sein Leiden und Sterben von Gott unmittelbar als Priester für die Ewigkeit eingesetzt wurde (vgl. Hebr 5-7).

Das merke ich mir: ______________________

____

____

WOCHENSPRUCH
Lasst eure Lenden umgürtet sein und eure Lichter brennen.
Lukas 12,35

Das beste Motto für Glaubensentscheidungen – und fürs Leben überhaupt.
Matthias Trick

Montag 24

EINEN KLAREN KOPF BEHALTEN ...

1. Thessalonicher 5,1-11

... ist gar nicht einfach. Man kann in Angst und Panik geraten bei den Problemen, Krisen und Kriegen in der Welt (vgl. Mt 24,6). Man kann sich aber auch in falscher Sicherheit wiegen (V.3). Das wird ein Kennzeichen insbesondere der antichristlichen Weltherrschaft sein (vgl. die „lügenhaften Zeichen und Wunder" 2. Thess 2,9). Frieden und Sicherheit ohne Gott sind eben kein wirklicher Frieden (vgl. Jer 6,14), sondern die Ruhe vor dem Sturm. Nur rechnet niemand mit dem Sturm – außer den „Kindern des Lichtes" (V.5), außer den Christen. Nur die, die wir zu Jesus gehören, wir rechnen damit. Oder? Jedenfalls sollen wir damit rechnen. Das ist mit „nüchtern sein" (V.6) gemeint. Dazu fordert uns dieser Abschnitt auf. Dass wir uns nicht einlullen lassen, wenn und weil und wo alles gerade schön und gut ist. Nein, sondern dass wir einen klaren Kopf bewahren, nüchtern und vorbereitet sind darauf, dass Jesus wiederkommt. Wie kann man darauf vorbereitet sein? Symbolisch mit Matthäus 25,1-13, indem wir genügend Ersatzbatterien für unsere Taschenlampen haben. Hier konkret, indem wir geistlich gerüstet sind mit Glauben, der allen Angriffen widersteht, Liebe, die allem Hass die Güte entgegensetzt, und Hoffnung, dass Jesus uns das ewige Leben gibt.

Das merke ich mir: ______________________________

____

Dienstag 25

GEISTLICHES LEBEN

1. Thessalonicher 5,12-28

Was auf den ersten Blick wie ein Sammelsurium von Anweisungen aussieht, hat genau betrachtet ein Thema: wie Christen vom Heiligen Geist (V.19) geleitet leben. Zunächst im Miteinander in der Gemeinde. Stichworte: Leitung und seelsorgerliche „Ermahnung" (V.12). Beides braucht es in einer Gemeinde. Und die diese Aufgaben haben, die haben dafür Achtung (V.12) und Liebe (V.13) verdient (nicht Gemecker und Gleichgültigkeit). Verse 14-15 zeigen, wo und wie Christen einander unterstützen sollen. Laut Johannes 14,26 ist es Aufgabe des Heiligen Geistes, zu lehren und zu erinnern, was Jesus gesagt hat. Genau das gehört auch zu einem geistlichen Gemeindeleben: Dass wir uns – vom Heiligen Geist geleitet – mit tröstenden, helfenden und klaren Worten umeinander kümmern. Zum geistlichen Leben gehört dann auch die Ausrichtung auf Gott: Dass sich die Freude über seine Liebe und Vergebung nicht unterdrücken lässt (V.16). Dass wir immer mit Jesus im Gespräch sind (V.17). Dass wir dankbar wissen: Er ist in jeder Lage bei uns (vgl. Apg 16,25). Dass wir offen sind für den Heiligen Geist und mit seinem Wirken rechnen (V.19-21). Dass wir uns fernhalten von bösen Gedanken und Taten (V.22) und Gottes Friede unser Herz und unser Leben prägt (V.23).

Das merke ich mir: ______________________________

____

ES GEHT ZUR SACHE

2. Thessalonicher 1,1-12

Mittwoch 26

Mit langen Vorreden halten sich Paulus, Silvanus (wahrscheinlich der lateinische Name von Silas; vgl. Apg 15,22) und Timotheus nicht auf. Werner de Boor nennt die drei treffend eine „missionarische Mannschaft". Sie waren von Derbe an zusammen unterwegs (vgl. Apg 15,40-16,3). Mit einem kurzen Gruß wünschen sie Gottes Gnade (seine liebevolle Zuwendung) und seinen Frieden. Sie zeigen, dass sie mit den Christen in Thessalonich und alle zusammen mit Jesus verbunden sind. Und dann kommen sie zur Sache: Die „Verfolgung" (V.4) der Christen – und ihre Standhaftigkeit im Glauben. Es geht darum, dass sie trotz Verfolgung bei Jesus bleiben. Dass das ein Grund zur Dankbarkeit ist, weil so der Glaube wächst und stärker wird (V.3). Dass es eine Ehre ist, für Jesus zu leiden (V.5). Ganz ähnlich haben es die Apostel in Apostelgeschichte 5,41 empfunden. Dürfen wir das so verstehen, dass der Glaube an Jesus und die Verfolgung notwendig zusammengehören? Dass unser Glaube die Verfolgung geradezu anzieht? Dass die Verfolgung von uns Christen nicht zufällig passiert? Jesu Aufruf „Folge mir nach!" führt zum Glauben an ihn oder zu seiner völligen Ablehnung. So jedenfalls hat er es selbst in Johannes 15,18ff angekündigt. Also: Hier geht's zur Sache.

Das merke ich mir: ______________________________

____

BITTE RUHE BEWAHREN!

2. Thessalonicher 2,1-12

Donnerstag 27

Jesus wird wiederkommen (V.1; vgl. Apg 1,11; Lk 21,27). Das erwarten, das hoffen wir. Es ist gut, wenn diese Hoffnung in uns lebt. Ohne sie ist unser Glaube tot. Andererseits kann man es auch übertreiben. Das tut, wer behauptet, „der Tag des Herrn" (V.2) stehe unmittelbar bevor. Ja, er wird kommen. Nur wann, das weiß niemand (vgl. 1. Thess 5,2; Mt 24,42-44; 2 Petr 3,10; Offb 3,3), nicht mal Jesus selbst (Mt 24,36). Und wer es zu wissen behauptet, schlägt falschen Alarm. Deshalb hier die große „Bitte" (V.1): Lasst „euch nicht erschrecken" (V.2; vgl. Mt 24,6)! Lasst euch nicht mitreißen, nicht beeindrucken davon! Vor Jesu Wiederkommen wird nicht der große Enthusiasmus stehen, die große Bekehrungswelle, sondern die große Abwendung von Gott (V.3). Wie und was da genau abläuft mit dem antichristlichen Weltherrscher (V. 3-4), wer oder was ihn aktuell aufhält, seine ganze Macht zu zeigen (V.6), wann ihn Jesus endgültig besiegt – das alles bleibt hier und in der Bibel überhaupt offen und uneindeutig. Niemand weiß, wann Jesus wiederkommt. Klar, er wird kommen. Nur „bitte" (V.1), lassen wir uns nicht in Panik versetzen, sondern bleiben wir nüchtern und standhaft und gelassen im Glauben wie die zehn Brautjungfern (Mt 25,1ff.). Bitte!

Das merke ich mir: ______________________________

____

Freitag 28

HALTET DURCH!

2. Thessalonicher 2,13-17

Nach Verfolgung (2. Thess 1,3-12) und Verführung (2. Thess 2,1-12) greift Vers 13 wortwörtlich 2. Thessalonicher 1,3 wieder auf: die Dankbarkeit. In allen Schwierigkeiten und Unwägbarkeiten, die da sind, empfinden Paulus, Slivanus und Timotheus zuallererst eine riesige Dankbarkeit für die Christen in Thessalonich. Geradezu überschwänglich ist die Verbundenheit mit den „vom Herrn geliebten Brüder und Schwestern“ (V.13) in Thesalonich. Ihr Glaube ist Grund zur Dankbarkeit und Freude. Sie wissen: Dass jemand treu glaubt, ist allein das Werk von Jesus. Er erwählt zum Glauben. Er schenkt den Glauben durch den Heiligen Geist. Er beauftragt Menschen, die seine gute Nachricht verkünden. Alles verdanken wir Jesus. Auch, dass wir beim Glauben bleiben können. Und deshalb gibt es für uns Christen nur eine Aufgabe: „Steht fest und haltet euch an die Überlieferungen, die ihr bekommen habt“ (V.15). Darauf kommt es an, dass wir im Glauben und in der Nachfolge Jesu durchhalten, dann, wenn Schwierigkeiten drohen, Not, Verfolgung. Und übrigens auch dann, wenn es uns gut geht und alles läuft. Und zum Durchhalten gibt‘s nur einen Weg: uns an die Worte der Bibel zu halten. Durch sie führt und tröstet uns Jesus.

Das merke ich mir: ______________________________

____

Samstag 29

BETEN UND ARBEITEN

2. Thessalonicher 3,1-18

Betest du für andere? Paulus, Silvanus und Timotheus sind betend mit den Thessalonichern verbunden (1. Thess 1,2; 2. Thess 1,2;2,13). Die Verse 4-5 dürften nicht nur ein Wunsch sein, sondern Inhalt ihrer Fürbitte für die Gemeinde. Genauso rufen sie die Gemeinde auf zur Fürbitte für ihren Dienst als Missionare (V.1) und um Gottes Hilfe (V.2), die sie bei den Anfeindungen, denen sie ausgesetzt sind, brauchen. Es ist wichtig, dass wir als Christen füreinander beten und miteinander und mit Jesus in Verbindung sind. Wir bilden eine große geistliche Gemeinschaft, auch wenn wir an der einen oder anderen Stelle allein unseren Glauben leben müssen. Beides gehört zusammen: unser Glaube und unser Leben. Zwei Merkmale für ein christliches Leben werden hier genannt: Es soll „ordentlich“ (V.6) sein, und es soll der „Überlieferung“ (V.6) entsprechen. Auf letzteres wurde schon in 2,15 hingewiesen. Überlieferung bedeutet im engeren Sinn das, was die Apostel von Jesus erzählt haben, insbesondere, dass er für uns gestorben und auferstanden ist. Im weiteren Sinn dürfen wir es auf die Bibel beziehen. Ordentlich lebt, wer auch als Christ (weiter) treu seiner Arbeit nachgeht. Vergiss aber vor lauter Arbeit heute die Fürbitte für andere nicht!

Das merke ich mir: ______________________________

____

BIBLISCHES BUCH

SACHARJA

Der Name bedeutet: „Gott (Jahwe) hat sich erinnert." Dieser Name passt gut zu seinem Auftrag, denn Sacharja wirkte kurz nach der Rückkehr aus dem babylonischen Exil. Damals wurde der Tempel in Jerusalem wieder aufgebaut und es begann ein neuer Abschnitt in Gottes Geschichte mit seinem Volk. Sacharja 1,1.7 und 7,1 datieren Worte des Propheten in die Jahre 520-518 v. Chr. Die Angaben beziehen sich auf die Regierungszeit des Perserkönigs Darius (522-486 v. Chr.), zu dessen Reich auch Jerusalem gehörte. Über die Person oder die Lebensverhältnisse des Propheten erfahren wir so gut wie nichts. Der Name seines Großvaters Iddo (1,1) verweist auf eine Familie von Priestern (Neh 12,4.16). Esra 5,1 und 6,14 nennen außerdem Sacharja gemeinsam mit dem Propheten Haggai. Der Prophet sieht in acht nächtlichen Visionen Gottes unmittelbar bevorstehendes Wirken (Kap 1–6). Er wird zugunsten Jerusalems und Judas eingreifen, die feindlichen Mächte demütigen und eine neue Ordnung für die Zeit nach dem Exil etablieren. In dieser Ordnung sind der Hohepriester (Josua) und der Fürst (Serubbabel) besonders wichtig. Die Visionen über Josua und Serubbabel stehen deshalb in der Mitte dieses Zyklus (4. und 5. Vision). Kennzeichnend für die Visionen Sacharjas ist außerdem das Gespräch mit dem Engel, der ihm jeweils das Geschaute erläutert (Dan 8–12; Amos 7–9). Kapitel 7–8 sind Worte des Propheten, in denen meist das Heil im Mittelpunkt steht. Wie bei den vorexilischen Propheten ist es gebunden an das Tun des Guten (7,8-10; 8,16-17). Kapitel 9–11 und 12–14 werden durch eine neue Überschrift („Last" oder „Ausspruch" in 9,1; 12,1) als eigene Abschnitte erkennbar. Inhaltlich zeigt sich das zum Beispiel darin, dass keine der in Kapitel 1–8 genannten Personen in Kapitel 9–14 noch einmal erwähnt wird. Diese Kapitel lassen sich zeitlich schwer einordnen. Die Erwähnung der Griechen (9,13) verweist eher auf eine spätere Zeit. Sachlich greifen Kapitel 9–14 manche Fragestellungen aus Kapitel 1-8 auf und entfalten sie in endzeitlichen Perspektiven. Anstelle des Fürsten und Hohenpriesters kündigt 9,9-10 einen armen und ohnmächtigen Messias an, der gerade so sein Reich des Friedens aufrichten wird. In einigen Ankündigungen wird außerdem eine wunderbare Verwandlung der Natur und der Situation in Jerusalem vorausgesetzt (z. B. 14,6-8). Kapitel 12 geht von einer nochmaligen Eroberung Jerusalems aus, erst dann wird Gottes endgültige Hilfe für den Rest seines Volkes kommen. Am Ende werden schließlich auch die anderen Völker in friedlicher Absicht nach Jerusalem ziehen.

Dr. Christoph Rösel
Generalsekretär der Bibelgesellschaft, Stuttgart
E-Mail: roesel@dbg.de

BIBLISCHES BUCH

MALEACHI

„Es ist ganz vergeblich, dass wir Gott die Treue halten. Was haben wir davon, dass wir seine Gebote genau befolgen und uns in Demut vor ihm, dem Herrscher der Welt, beugen? Wir preisen die Menschen glücklich, die sich frech und stolz gegen den Herrn erheben" (Mal 3,14.15)!

Diese Sätze geben Einblick in die Einstellung des Volkes in der Zeit, in der Maleachi (ca. 450 v. Chr) lebte. Der Glaube an Gott war vom Zweifel zerfressen. Dementsprechend lieblos wurden die Gottesdienste abgehandelt (1,6-14), das Miteinander vom sozialen Unrecht zerfressen, Eheversprechen galten nichts (2,10-16) und die Priester, denen Gottes Weisung anvertraut war, redeten den Leuten nach dem Mund (2,1-9).

Wie reagiert Gott? Ihn lässt dies nicht unberührt und er redet, indem er seinen Boten Maleachi (mein Bote), beauftragt. Er kritisiert scharf und spricht vom Zorn Gottes und seinem Gericht (Kap. 3).

Das ganze Buch durchzieht ein Motiv: Gott kümmert es, was die Menschen tun. Wenn Gott zu solchen Emotionen wie „Zorn" fähig ist, dann setzt das voraus, dass Gott ein unerhörtes Interesse hat; sein Zorn ist Ausdruck seiner Liebe. Deshalb schickt Gott Prophet um Prophet und als letzten im alten Bund Maleachi.

Abgesehen von der Überschrift (Mal 1,1) und dem Nachwort (Mal 3,22.23 f.) lassen sich sechs Worte erkennen:

Mal. 1,2-5:
Gottes Liebe zu seinem Volk

Mal. 1,6-2,9:
Die herzlose Anbetung des Volkes

Mal. 2,10-16:
Gottes Widerwillen gegen Treulosigkeit (mit Ehescheidungsproblematik)

Mal. 2,17-3,5:
Gott wird als Gott des Rechts erscheinen (eine Zusage angesichts des Ausbleibens des Heils)

Mal. 3,6-12:
Gottes Segen bei unverkürzter Gottesverehrung

Mal. 3,13-21:
Gerechtigkeit für alle (darin enthalten: die Frevler werden gewiss bestraft werden)

Johannes Wegner
Pfarrer in Wurmberg und Neubärental
E-Mail: Johannes.wegner@elkw.de

KW 49 bearbeitet von Uli Limpf,
Stadtmissionar, 75180 Pforzheim
E-Mail: uli.limpf@pforzheimer-stadtmission.de

ÄLTESTES ADVENTSLIED ALLER ZEITEN

Psalm 24

Mit der Urzeit beginnend und bis zur Wiederkunft Jesu reichend, spannt Psalm 24 den Bogen der Erwartung des Kommens Gottes in diese Welt. In drei Abschnitten wird das Kommen Gottes in diese Welt beschrieben. Verse 1 und 2 beschreiben, wie Gott bei der Schöpfung in die von ihm geschaffene Welt, sein Eigentum, kam. In den Versen 3 bis 6 erklärt David, wie man dem kommenden Gott begegnen kann. Im AT war das nur mit einem reinen Herzen möglich. Wie froh und dankbar können wir sein, dass wir das nach dem NT nicht mehr selbst leisten müssen. Jesus reinigt uns von aller unserer Ungerechtigkeit (vgl. 1. Joh 1,9).
In einem dritten Gedankengang wird beschrieben, wie man sich auf das Kommen Jesu vorbereiten kann (V.7-10). „Machet die Tore weit und die Türen in der Welt hoch“ (V.7). Zur Zeit Davids waren die Tore Jerusalems damit gemeint. Heute geht es um die Türen und Tore unseres Lebens. Jesus steht vor der Tür unseres Lebens und er klopft an (Off 3,20). Advent heißt, unser Leben für ihn zu öffnen und ihn einzulassen. Die Adventszeit mit Jesus zu feiern, heißt, dass er erneut unser Herz einnehmen darf. Lasst uns diese Adventszeit nicht ohne Jesus, sondern bewusst mit ihm gestalten.

Das merke ich mir: ______________________

____

____

MONATSSPRUCH DEZEMBER

GOTT SPRICHT: EUCH ABER, DIE IHR MEINEN NAMEN FÜRCHTET, SOLL AUFGEHEN DIE SONNE DER GERECHTIGKEIT UND HEIL UNTER IHREN FLÜGELN.

Maleachi 3,20

Die Jahreslosung impliziert: Nicht alles, was in Gemeinden gesagt wird, ist gut. Uns bleibt die Aufgabe zu prüfen. Daher brauchen wir die Bibel.

Uli Limpf

WOCHENSPRUCH

Siehe, dein König kommt zu dir, ein Gerechter und ein Helfer.

Sacharja 9,9

1 Montag

AUF EIN NEUES

Sacharja 1,1-6

Sacharja tritt als Prophet in Israel um das Jahr 520 auf. Nach siebzigjähriger Gefangenschaft in Babel ist ein Rest Israels zurückgekehrt. Mühsam und oft mutlos beginnen die Menschen mit dem Wiederaufbau Jerusalems und des Tempels. In diese Situation hinein sagt Sacharja Gottes Wort. Sacharja stammt aus einer Priesterfamilie – sein Name ist ein Versprechen. Er bedeutet „Gott gedenkt". Sacharjas Vater heißt Berechja. Das bedeutet: „Gott segnet". Beide Namen sind Gottes Programm. Gott hat sein Volk Israel nie aus den Augen verloren, das gilt bis heute: Gott wird auch dich nie aus seinen Augen verlieren. Dennoch macht Vers 2 deutlich, dass Gott über die Wege und Pläne Israels zornig ist. Jahrzehntelang hatte er sie durch die Propheten zur Umkehr gerufen (z. B. Jer 25,3ff). Gottes Zorn brachte für Israel Gegenwind. Als der babylonische König Nebukadnezar Jerusalem besiegte, war das kein Sieg der Götter Babels. Es war Gottes Handeln. Dennoch lässt Gott sein Volk nicht los. Die vorherige Generation ist gestorben. Gottes Ruf zur Umkehr bleibt bestehen. Er fängt neu an. Das gilt für ganze Generationen, das gilt auch für den heutigen Tag. Heute darf ich neu mit ihm beginnen. Heute gelten mir seine Gnade und Barmherzigkeit neu (Klgl 3,22-23).

Das merke ich mir: ______________________________

____

2 Dienstag

EIN BLICK HINTER DIE KULISSEN

Sacharja 1,7-17

Bei klarem Bewusstsein – er kann den Tag genau sagen – wirft Sacharja einen Blick in Gottes Welt. Er sieht einen Reiter auf einem roten Pferd. Dieser Reiter wird in Vers 11 als „Engel des Herrn" bezeichnet. Im AT ist damit meist Jesus gemeint. Die Pferde, die folgen, symbolisieren Engelheere. Sie stehen bereit, um für Israel zu kämpfen (vgl. Mt 26,53). Der Reiter hält zwischen den Myrten, einem duftenden weißen Strauch, der ein Sinnbild für Israel ist. Die Engelheere sind über die Erde gezogen. Ihr Bericht ist ernüchternd: „Alle Lande liegen ruhig und still". Das hört sich positiv an, bedeutet aber in Wirklichkeit, dass kein Land bereit war, Israel zu helfen. Die Völker hatten das notleidende Israel im Stich gelassen. Dabei gilt bis heute: Wer Israels Freund ist, wird von Gott gesegnet (Ps 122,6). Israel ist auch heute noch Gottes Volk. Allein seine Existenz ist Erweis dafür, dass der Gott Israels regiert. Daher die wütenden Angriffe der Völker durch alle Zeiten. Ist Israel weg, dann ist auch sein Gott belanglos. Weil niemand Israel hilft, wird Gott selbst sich wieder um Israel kümmern (V.14). Die Verse 16-17 sind eine siebenfache Treuezusage Gottes. Gott wird sich Jerusalem zuwenden und seinem Volk mit Barmherzigkeit begegnen.

Das merke ich mir: ______________________________

____

EIN WORT – MEHR ALS TAUSEND BILDER

Sacharja 2,1-9 — 3 Mittwoch

In zwei Visionen lässt Gott Sacharja sehen, was er vorhat. Doch obwohl Sacharja sieht, versteht er nicht, was diese Bilder bedeuten. Um zu verstehen, braucht er das erklärende Wort des Engels. Sehen allein ist noch nicht eindeutig (vgl. Joh 20,29). Erst das Wort bringt wirkliche Klarheit. Für uns bedeutet das, dass die Bibel unverzichtbar ist. Sacharja sieht vier Hörner. Gemeint sind die Weltmächte Babel, Persien, Griechenland und Rom. Sie wollen Israel zerstören. Schmiede arbeiten mit Feuer. Die vier Schmiede verdeutlichen daher das Gericht Gottes an diesen Weltmächten. Und wir lernen daraus: Die zerstörerischen Mächte sind begrenzt. Gottes Macht ist größer als das, was uns kaputtmacht. Im zweiten Bild sieht Sacharja einen Mann mit einer Messschnur. Auch hier ist, wie in Sacharja 1,8, Jesus gemeint. Die Messschnur ist ein Bild für den Wiederaufbau Jerusalems. Mit Jerusalem ist die konkrete Stadt gemeint, die in Gottes Geschichte eine tragende Rolle spielt (vgl. Psalm 48; Off 21,1ff). Jerusalem ist aber auch ein Sinnbild für die Gemeinde Jesu. Sie ist grenzenlos und Jesus ist wie eine feurige Mauer um sie herum. Wenn Jesus so auf seine Gemeinde achthat, dann will auch ich darauf achten, dass es meiner Gemeinde gut geht.

Das merke ich mir: ______________________________

____

GOTTES AUGAPFEL

Sacharja 2,10-17 — 4 Donnerstag

Mit dem Appell, aus dem „Land des Nordens“ zu fliehen, ruft Sacharja die babylonischen Juden zur Heimkehr nach Israel auf. Nur ca. 50.000 sind bislang zurückgekehrt. Sie sollen fliehen, denn der Untergang Babylons zeichnet sich schon ab. Das heißt jedoch, dass sie keinerlei Besitz mitnehmen können. Die Flucht aus Babel bedeutet die Aufgabe aller Wurzeln. Petrus bezeichnet in 1. Petrus 2,11 Christen als Fremdlinge. Leute, die in dieser Welt nicht Wurzeln schlagen sollen, sondern unterwegs zum Himmel sind. Darüber hinaus beschreibt dieser Abschnitt aber auch Gottes zukünftige Heilsgeschichte mit seinem Volk Israel. Babel ist die biblische Bezeichnung der letzten großen Weltreiche unter dem Antichristen, dem letzten Feind Israels. Seit 1948 kehren viele Juden aus den Ländern des Nordens nach Israel zurück. Auch heute erlebt Israel Feindschaft. In allem gilt: Israel ist Gottes Augapfel (vgl. 5. Mo 32,10). Wie ein Augenlied das Auge schützt, so wird Gott Israel schützen. Und es wird die Zeit kommen, in der Israel Jesus als seinen Erlöser erkennen wird (V.14). Diese Zeit, die die Bibel das tausendjährige Reich nennt, wird eine Freudenzeit sein (V.15, Jes 2,1-5). Wir leben im Advent. Das heißt: Jesus kam und er wird wiederkommen.

Das merke ich mir: ______________________________

____

Freitag **5**

NICHT NUR SAUBER, SONDERN REIN

Sacharja 3,1-10

Sacharja 3 beschreibt das vierte Nachtgesicht Sacharjas. Diese Vision ist eine faszinierende Vorausschau des Neuen Testaments. Jesucha, der Hohepriester, ist nach der Rückkehr aus Babel das geistliche Oberhaupt Israels. Sein Name bedeutet: „Gott ist Heil.“ Jesucha wird von Satan verklagt. Satan traut sich nie, Gott selbst anzugreifen. Er will ihn treffen, indem er die angreift, die Gott liebt. Mit seiner Anklage hat er Recht, denn Satan hat ein Anrecht auf jeden, der in Sünde lebt. Allein durch den Engel des Herrn, durch Jesus, werden wir vor dem Satan gerettet, denn Jesus kann uns unsere Sünde vergeben (vgl. Mk 2,5-7). Wie ein aus dem Feuer genommenes Brandscheit rettet uns Jesus aus dem Gericht. Er zieht uns neue, saubere Kleider an. Im Gleichnis vom verlorenen Sohn verkündigt Jesus später diesen Kleiderwechsel (Lk 15,11ff). Allein aufgrund seiner Gnade werden wir gerettet. In diesem Abschnitt richtet Sacharja den Blick auf den Spross (V.8), auf Jesus (vgl. Jes 11,1-2). Er ist das eigentliche Kernthema seiner Visionen. Er treibt aus dem fast erstorbenen Ölbaum Israel aus. Mich bewegt in diesem Abschnitt diese durchgehende Linie vom AT zum NT. Gottes Plan uns zu retten, ist stimmig und er ist genial.

Das merke ich mir: ______________________________

____

Samstag **6**

WENN DIE EIGENE KRAFT NICHT REICHT

Sacharja 4,1-14

Vor der Knesseth, dem Parlament Israels, steht ein großer siebenarmiger Leuchter. Er ist ein Geschenk der britischen Regierung zur Staatsgründung Israels im Jahr 1948. Auf ihm sind diese Worte aus Sacharja 4,6 eingraviert: „Es soll nicht durch Heer und Kraft, sondern durch meinen Geist geschehen, spricht der Herr Zebaoth.“ Ein siebenarmiger Leuchter stand schon in der Stiftshütte und später im Tempel Salomos. Er brannte Tag und Nacht und symbolisierte damit die Aufgabe Israels, das Licht Gottes zu den Völkern zu tragen (vgl. Mt 5,14). Der siebenarmige Leuchter brannte mit Öl, biblisch gesehen ein Zeichen für den Heiligen Geist. Im AT wurden Könige und Priester mit Öl gesalbt, d. h. mit dem Heiligen Geist ausgerüstet. Sacharjas Vision soll den Juden unter ihrem Statthalter Serubbabel Mut machen. Der Wiederaufbau des Tempels war für Serubbabel wie ein großer, nicht zu bewältigender Berg (V.7). Gott verspricht durch Sacharja: Nicht durch eure eigene Kraft, aber durch Gottes Kraft wird es euch gelingen, und zwar noch zu Serubbabels Lebzeiten (V.9). Sacharja 4,6 ist ein biblisches Grundwort. Mit der Kraft des Heiligen Geistes können wir Dinge bewältigen, die uns allein zu schwer sind. Das gilt auch heute.

Das merke ich mir: ______________________________

____

KW 50 bearbeitet von Tillmann Schlotterbeck,
Pastor, 34270 Schauenburg
E-Mail: tillmann.schlotterbeck@eghn.de

WOCHENSPRUCH

Seht auf und erhebt eure Häupter, weil sich eure Erlösung naht.

Lukas 21,28

LOB FÜR DIE HILFE GOTTES

1. Samuel 2,1-10

Dieser besondere Psalm hat eine spannende Vorgeschichte: Elkana hatte zwei Frauen. Peninna bekam Kinder, Hanna nicht. Hanna litt sehr unter der Kinderlosigkeit und den Schmähungen Peninnas. Im Tempel betete sie und versprach Gott, dass sie ihm ihren Sohn zum Dienst zur Verfügung stellen würde, wenn er sie erhören würde. Ein paar Monate später kam Samuel zur Welt.

Mit diesem Lied bringt Hanna nun ihren Dank zum Ausdruck. Wir können hier drei Schwerpunkte erkennen. Den größten Umfang nimmt das Lob Gottes ein. Hanna rühmt die Hilfe Gottes. Indem sie ihn als Felsen bezeichnet, nimmt sie auf Gottes Zuverlässigkeit und Beständigkeit Bezug. Sie erkennt, dass für Gott nichts unmöglich ist.

Der zweite Schwerpunkt ist ihre Situation. Sie beschreibt, wie sie die Hilfe Gottes erfahren hat, wie er sie „aus dem Dreck" zog. Sie war arm und Gott machte sie wieder reich.

Im dritten Schwerpunkt rücken die Leute in den Blick, die sich gegen Gott stellen. Ihnen wird kein gutes Zeugnis ausgestellt.

Nimm dir heute mal etwas Zeit, um dir zu vergegenwärtigen, was Gott dir bedeutet. Du musst ja nicht gleich einen Psalm schreiben, aber notiere dir mal, wo Gott dir in dem nun zu Ende gehenden Jahr geholfen hat. Ich bin mir sicher, du wirst einiges entdecken.

Das merke ich mir: ______________________

____

____

Erkenne das Gute und nimm es für dein ganzes Leben mit!

Tillmann Schlotterbeck

8 Montag

DIE AUFDECKUNG DER SCHULD

Sacharja 5,1-11

Nachdem in der letzten Vision die Gesalbten Gottes aufgetreten sind, geht es hier einen Schritt weiter. Die sechste und die siebte Vision Sacharjas bringen die Schuld und Boshaftigkeit des Menschen ans Licht. Zunächst sieht der Prophet eine fliegende Schriftrolle, die in die Häuser der Sünder kommt und dort erst einmal bleibt. In Vers 4 wird Bezug auf das 2. und das 7. Gebot genommen: „Du sollst den Namen des Herrn, deines Gottes nicht missbrauchen“ und: „Du sollst nicht stehlen.“ Als nächstes bekommt Sacharja die Vision von der Frau in der Tonne. Die Frau steht für die Sünde des Volkes und die Tonne ist eigentlich ein Getreidemaß. Es zeigt sich deutlich, dass Gott stärker als die Sünde der Menschen ist. Die Boshaftigkeit wird in die Tonne gestoßen, die fest verschlossen wird. Und dann wird sie ins Land Schinar gebracht, das ist Babylon. In Römer 3,20 schreibt Paulus, dass wir durch das Gesetz die Erkenntnis bekommen, dass wir Vergebung brauchen. Und die Vergebung von Gott wird hier schon angedeutet, kommt in den folgenden Versen aber noch deutlicher zu Wort. Die Adventszeit wurde auch immer als eine Zeit der Buße und Umkehr verstanden. Wo gibt es in deinem Leben etwas, wofür du Gott um Vergebung bitten solltest?

Das merke ich mir: ______________________________

____

9 Dienstag

DIE SONNE GEHT AUF

Sacharja 6,1-8

In der achten Vision Sacharjas tauchen wieder die Pferde auf, nun aber ganz anders als vorher. Hier werden sie ausdrücklich als starke Pferde bezeichnet und ziehen Streitwagen. Diese Gespanne werden vom Wind in alle Himmelsrichtungen geschickt, ausdrücklich genannt wird hier, was im Norden passiert: Der Geist Gottes kommt dorthin und Gott richtet dort seine Macht auf. Der Norden wird in der Bibel oft mit Babylon in Verbindung gebracht, auch wenn das Land im Osten lag. Aber wenn die Feinde auf dem Landweg kamen, dann immer von Norden her. In der vorherigen Vision wird beschrieben, wie die Sünde und Boshaftigkeit des Menschen genau dorthin gebracht wurden, nach Babylon. Dort regiert nach dieser Vision dann aber der Geist Gottes. Wenn man vom Osten als dem Land der aufgehenden Sonne ausgeht, dann ist der Süden mit dem Mittag und der Westen mit dem Abend gleichzusetzen. Der Norden steht dann für Mitternacht, dann wenn es am dunkelsten ist. Doch genau dort geht nun die Sonne, das Licht der Herrschaft Gottes auf. Keine Schuld ist so schwer, keine Boshaftigkeit so dunkel, als dass Gott nicht stärker wäre. Wir dürfen wissen, dass Vergebung über Schuld und Liebe über Gericht triumphiert. Am Ende regiert Gott, dann geht die Sonne auf.

Das merke ich mir: ______________________________

____

WER WIRD GEKRÖNT?

Sacharja 6,9-15

10 Mittwoch

Nun kamen Leute aus der babylonischen Gefangenschaft, die Gaben für den Aufbau des Tempels dabei hatten. Aber Gott hatte damit einen anderen Plan: Sacharja sollte diese Geschenke nehmen und daraus eine Krone machen. Eigentlich müsste man annehmen, dass Serubbabel, Statthalter und Nachfahre Davids, gekrönt würde. Auch das wollte Gott anders haben. Die Krone sollte an Jeschua, den Hohenpriester, überreicht werden. Doch dieser sollte sie nicht auf Dauer besitzen, denn es gab die Anweisung, sie im Tempel aufzubewahren. Dieser Abschnitt weist ganz deutlich auf das Kommen Jesu hin. Das ist im Namen des Priesters zu erkennen. Aber noch deutlicher im Zusatz: „Spross". Nicht nur Sacharja benutzte dieses Wort als eine Verheißung auf den kommenden Messias, was auch Paulus (Röm 15,12) so gedeutet hatte. Somit ist es nur verständlich, dass die Krone nicht auf einem menschlichen Kopf, sondern im Tempel verbleiben soll. Denn Sacharja wusste, dass der Messias dereinst den Tempel vollenden wird. Auch wenn das dann ein ganz anderer Tempel war, ein Tempel ohne Steine. In zwei Wochen feiern wir das Kommen dieses Sprosses in diese Welt. Hier baut Jesus sein Reich, ein Reich des Friedens. Und wir dürfen mitbauen.

Das merke ich mir: ______________________________

____

PASSEN TAT UND MOTIV ZUSAMMEN?

Sacharja 7,1-14

11 Donnerstag

Hier kommen Männer mit einer spannenden Frage nach Jerusalem: „Haben wir jetzt nicht langsam mal genug gefastet?" Nach der Zerstörung des Tempels und Jerusalems gab es im Jahresverlauf verschiedene Bußtage. Aber das Fasten und Klagen wurde den Menschen damals anstrengend. Schließlich lebten sie jetzt ja in einer Zeit, in der viele Vertriebene wieder zurückkamen und zudem wurden Stadtmauer und Tempel wieder aufgebaut. Da könnte das Fasten und Klagen doch wirklich mal vorbei sein! Aber Gott sieht das anders: Er kennt ihre Taten und weiß, dass sie 70 Jahre lang an unterschiedlichen Tagen gefastet haben. Aber er kennt auch ihr Motiv und weiß, dass es ihnen dabei nicht immer nur um Gott ging. Sie hatten versucht, der Tradition Genüge zu tun und bei Gott gut dazustehen. Doch damals galt und heute gilt: Wir sollen nicht versuchen, Gott zu beeinflussen, sondern wir sollen uns von ihm beeinflussen lassen. Und da wird Sacharja sehr deutlich. Er richtet von Gott aus, dass sie wieder das machen sollen, was Gott schon vor langer Zeit aufgetragen hatte. Sie sollen barmherzig und nachsichtig sein, sich um bedürftige Menschen kümmern, nichts Böses planen und gerecht richten.

Das merke ich mir: ______________________________

____

Freitag 12

FÜR GOTT IST ALLES MÖGLICH

Sacharja 8,1-13

Die Situation der Bewohner Jerusalems war schwer. Sie hatten noch immer unter den Folgen der Zerstörung zu leiden. Zwar kamen Vertriebene zurück und Tempel, Stadtmauer und Stadt wurden wieder aufgebaut, aber dennoch war die Stadt vom alten Glanz noch weit entfernt. In diese Situation hinein zeichnet Gott ein neues Bild. Die Plätze Jerusalems werden wieder gefüllt sein. Mit Menschen, die nicht viel zu früh im Krieg oder durch Krankheit gestorben sind. Die Stadt wird belebt sein von Kindern, die dem Volk Zukunft und Überleben sichern. Gott verheißt, dass die Zeit durch Sicherheit und Frieden statt Angst und Krieg gekennzeichnet sein wird. Die Äcker werden fruchtbar sein und die Menschen werden genug zu essen und zu trinken haben. Entscheidend ist hier der Vers 6: Ja, es mag sein, dass die Verheißung für die Leute damals wie ein Wunder geklungen haben mag. Schließlich waren Leid und Zerstörung noch allgegenwärtig. Aber Gott kann Wunder vollbringen. Es gibt nichts, was für ihn zu schwer oder unmöglich wäre. Deshalb sollten sie vertrauensvoll auf den Herrn aller Herren hoffen. Was traust du Gott zu? Glaubst du auch dann an ein Wunder, wenn um dich herum alles trostlos und zukunftslos erscheint? Du darfst wissen: Für Gott ist alles möglich.

Das merke ich mir: ______________________________

____

Samstag 13

EINE HERRLICHE AUSSICHT

Sacharja 8,14-23

Das neue Bild, das Gott zeichnet, und das im Text gestern schon angeklungen ist, wird hier noch einmal erweitert. Für Gott ist alles möglich, auch das Wunder der Rettung. Und dieses Wunder soll nicht nur auf die Juden beschränkt sein, sondern für alle Menschen gelten. Der Prophet verheißt eine Erweckung. Menschen wollen Gott begegnen und sie suchen Leute, die ihnen den Retter zeigen. Dass sich zehn Männer am Mantelzipfel eines Juden festhalten, zeigt, wie sie sich eine Beziehung zu Gott wünschen. Doch mit der Aussicht auf eine gute Zukunft ist schon damals auch ein Auftrag für die Gegenwart verbunden: einander wahrhaftig und ehrlich zu begegnen, nichts Böses im Schilde zu führen, sondern den Frieden zu bringen, die Fastenzeiten fröhlich einzuhalten und grundsätzlich nichts zu tun, was gegen den Willen Gottes ist. Auch heute wünschen wir uns, dass Menschen zum Glauben kommen. Wie schön wäre es, wenn sie scharenweise einen Platz in unseren Gemeinden finden würden. Dafür können und sollten wir immer wieder beten. Doch daneben sind auch wir aufgefordert, gut miteinander umzugehen. In Johannes 13,35 sagt Jesus, dass wir als seine Jünger zu erkennen sind, wenn wir einander lieben. Das sollte unser Anspruch an uns sein.

Das merke ich mir: ______________________________

____

KW 51 bearbeitet von Arne Tielbürger;
Content Strategist, Lausanne Movement;
DA10 0EQ Swanscombe
E-Mail: arne.tielbuerger@gmx.de

WOCHENSPRUCH
Bereitet dem Herrn den Weg, denn siehe, der Herr kommt gewaltig.
Jesaja 40,3.10

GOTT IST MEINE RETTUNG
Lukas 1,46-55

Das weltberühmte Magnificat ist nach wie vor eines der erstaunlichsten Lobgedichte in der Bibel – Marias Zeugnis einer tiefen und intimen Gottesbeziehung. Erstaunlich ist nicht nur, dass Maria gerade mal das Teenageralter erreicht hat, sondern noch viel mehr, dass sie etwas Unfassbares zu wissen vermag. Auch wenn ihr ganzes Leben in einem einzigen Moment auf den Kopf gestellt wurde, glaubt sie fest an die Treue Gottes, ihres Retters. Sogar bevor Jesus geboren wurde, glaubt sie fest an die Verheißung, dass dieses Kind der versprochene Messias ist. Dieses Wissen befähigt sie, Gott in prophetischer Art und Weise zu loben (V.49-55). Der Prophet Jesaja kündigte Gericht und Exil an. Aber mehr noch, er sprach von der Hoffnung, dass es zum Ende kommen wird und Gott sein Volk trösten und befreien wird. Ein neuer König, ein Nachfolger Davids wird kommen und sein Volk zurückführen. Wenn dieser Friedensherrscher kommt, wird Israel singen: „Ja, Gott ist meine Rettung" (Jes 12,2). Maria glaubte an das Evangelium – lange bevor das erste Weihnachten und Ostern geschah. Sie glaubte an Gottes Treue und Barmherzigkeit. Und dies befähigte sie, Gott in der wundervollsten Art anzubeten. Was ist Grund deines Lobpreises?

Das merke ich mir: ______________________

____

____

Diese Aufforderung beinhaltet auch, zu prüfen, was wir für gut und erhaltenswürdig erachten. Unser moralischer Kompass muss sich immer nach Gottes Wort richten.

Arne Tielbürger

15 Montag

EIN GERECHTER UND EIN RETTER IST ER

Sacharja 9,9-12

Das Adventslied „Tochter Zion“ ist ein oft einsamer Botschafter der christlich-jüdischen Hoffnung in einer konsumorientierten Welt. Leider haben auch viele Christen das Evangelium des Messias vergessen und glauben, dass Advent die Zeit des Wartens auf „Baby Jesus“ ist. So wie das Volk Israel durch den Propheten Sacharja getröstet wurde, so gilt auch uns heute die Botschaft, dass der versprochene Messias kommen wird und mit ihm das Reich Gottes. Sacharja 9,9-12 ist einer der Gründe, warum Christen seit 2000 Jahren beten: „Maranatha, unser Herr, komm!“ (1. Kor 16,22). Advent, Tochter Zion, Sacharja erinnern uns an das Versprechen Jesu, dass er wiederkommen wird und mit ihm das Reich Gottes auf Erden; dass die Toten auferstehen werden und mit Gott auf der erneuerten Erde leben werden (Offb 21-22). In Vers 11 richtet Gott sich an Israel und in Jesus richtet er sich an dich: Kehr zurück zu deiner ersten Liebe (Offb 2,3-5) voller Hoffnung, freue dich sehr und brich in Jubel aus! Jesus sieht alles Leid, die Kriege, die Ungerechtigkeit, den Streit, er sieht deine Tränen. Und im Dunklen der Welt erwacht die Hoffnung, dass er wiederkommt. Siehe, dein König kommt zu dir, ein Gerechter und ein Retter ist er.

Das merke ich mir: ______________________________

____

16 Dienstag

HOW DEEP THE FATHER'S LOVE FOR US

Sacharja 12,9 – 13,1

Mit Recht feiern Christen Pfingsten als ein Freudenfest und erkennen den Heiligen Geist als einen, der Liebe, Freude und Frieden, Geduld, Güte und Großzügigkeit, Treue, Freundlichkeit und Selbstbeherrschung (Gal 5,22-23) bringt. Aber Sacharja 12, eine der ersten Pfingstprophetien, weist auf eine weitere Eigenschaft des Heiligen Geistes hin, die manchmal übersehen wird. Sacharja sagt, dass der Geist Gottes uns an den Gekreuzigten erinnern wird. An den, der an unserer statt für unsere Sünden starb. In dem berühmten englischen Choral „How deep the Father‘s love“ heißt es passend: „Sieh den Mann dort an dem Kreuz, meine Sünde liegt auf seinen Schultern. Beschämt höre ich meine höhnische Stimme unter den Spöttern. Es war meine Sünde, die ihn dort festhielt, bis es vollbracht war.“ Erlaube dem Heiligen Geist, dich heute an den Gekreuzigten zu erinnern. Deine Sündenerkenntnis und Trauer sind nicht negativ; nicht um dich klein zu machen. Es sind heilende Tränen. Er, der für dich starb und dich von der Sünde und allem Unreinen abwäscht, will dich erneuern und dir immer wieder neu begegnen. Erinnere dich, wie die oben angefangene Strophe endet: „Sein Sterbensatem hat mir Leben gegeben. Ich bin gewiss, es ist vollbracht!“

Das merke ich mir: ______________________________

____

MARANATHA – KOMM, HERR JESUS!

Sacharja 14,1-11

Mittwoch **17**

Wie so häufig in der Bibel ist auch diese Prophetie Sacharjas nicht leicht und vor allem nicht ein-deutig zu verstehen. Es ist anzunehmen, dass Israel (und vielleicht auch Sacharja selbst) im Laufe der Zeit an diesen Text zurückgedacht hat und Mut in der Hoffnung gefunden hat, dass Gott nun endlich selbst eingreifen und dem Leiden Israels ein Ende machen wird (V.3). Doch auch nach dem babylonischen Exil war das Versprechen noch nicht erfüllt.

Als Christen sind wir überzeugt, dass Gott in Jesus gekommen ist. Gleichzeitig wissen und erleben wir, dass die Verheißung aus Sacharja 14,11 noch aussteht. Wie schon in Sacharja 9 erwähnt, ist mit Jesus ein neues Zeitalter angebrochen, aber die Verheißung ist, dass er wiederkommen wird. Im Advent erinnern wir uns an diese Hoffnung. Unser Herr wird kommen und vollkommenen Frieden bringen.

In Offenbarung 21 bis 22 sind eindeutige Parallelen zu der heutigen Tageslese zu erkennen. Wir haben vier Wochen Zeit, uns auf Jesu Wiederkommen zu besinnen und „vorzubereiten." Würde sich dein Leben ändern, wenn du in der Erwartung leben würdest, dass Jesus wiederkommt?

Das merke ich mir: ______________________________

____

LIEBE IST ...

Maleachi 1,1-5

Donnerstag **18**

Um den Text in Maleachi (und andere in der Bibel) richtig zu interpretieren, ist es wichtig zu verstehen, dass Begriffe wie Liebe und Hass in der Antike eine andere Bedeutung hatten. Während wir mit diesen Worten vor allem starke Emotionen verbinden, drücken sie im alttestamentlichen Kontext (nicht nur, aber hauptsächlich) den Kontrast von extremen Handlungen aus. Auch heute zweifeln wir an der Liebe anderer gerade dann, wenn wir nicht genügend Zuneigung von ihnen bekommen. Also, wenn die passende Handlung zu den Worten fehlt. Auch wenn Israel viel Leid erlebt, Gott wendet sich immer wieder liebevoll seinem Volk, den Nachkommen Jakobs, zu. Ihre Brüder, die Nachkommen Esaus, hingegen verstößt er. Israel verspricht er eine ewige Zukunft, die Eboniter aber werden für immer vernichtet. In Vers 5 klingt die gleiche Hoffnung an, die Paulus viele hundert Jahre später in Philipper 2,10 ausdrückt. Der Text ermutigt uns, stille zu halten und darüber nachzudenken, auf welche vielfältige Art und Weise Gott uns seine Liebe beweist. Schreibe doch mal eine Liste, wie Gott sich dir liebevoll zugewendet hat, und was er alles für dich getan hat. Eines ist sicher, er sagt auch zu dir: „Ich liebe dich" (Joh 3,16; Röm 5,5; 1. Joh 1,3).

Das merke ich mir: ______________________________

____

Freitag 19

GOTT IST LOBPREIS WICHTIG

Maleachi 1,6-14

Durch die ganze Bibel hindurch zeigt Gott sich als barmherziger und gnädiger Gott. Aber in gleicher Weise macht er immer wieder deutlich, dass mit dem Thema Lobpreis und Anbetung nicht zu spaßen ist. Immer wieder kündigt Gott sein Gericht über Israel an, weil das Volk ihn durch seine halbherzigen, egoistischen Opfergaben verachtet. Gott hat an solcher Anbetung keinen Gefallen. Aber nicht nur im Alten Testament ist das so, Paulus warnt die Korinther in seinem ersten Brief z. B. unmissverständlich vor den Folgen, wenn jemand das Abendmahl in unwürdiger Weise empfängt. Auch für uns heute gilt: Würden wir uns selbst richtig prüfen, dann müsste der Herr nicht über uns richten (1. Kor 11,31).
Der amerikanische Theologe A. W. Tozer warnte schon vor über 60 Jahren, dass manche den Fehler machen würden und christliche Musik als wahren Lobpreis sehen, weil Musik den Geist hebe. Viele treffen die Entscheidung, ob oder zu welcher Gemeinde sie gehen, allein auf Grund der Qualität der Musik. Für sie ist das Gefühl wichtiger als die Botschaft. Die Pandemie hat gezeigt, dass manche gar unfähig sind, Gott ohne den Einfluss von Musik anzubeten. Was würde Maleachi zu deinem Lobpreis sagen?

Das merke ich mir: ____________________

____

Samstag 20

EINE KÖNIGLICHE PRIESTERSCHAFT

Maleachi 2,1-9

Wie viele andere Propheten hatte Maleachi die schwere Aufgabe, nicht nur Israel zur Rechenschaft zu rufen, sondern auch die Priester, also die absolute geistliche Autorität. Gott hatte seinen Segen widerrufen, weil die Israeliten den Bund mit ihm gebrochen haben. Wie? Sie haben seine Worte nicht zu Herzen genommen. Die Feste wurden vernachlässigt und durch den falschen Rat der Priester ist das ganze Volk vom rechten Weg abgekommen. Sie hatten mehr (Ehr-)Furcht vor Menschen als vor Gott und letztendlich sind sie zum Gespött der Gesellschaft geworden. Es ist einfach, Maleachis Botschaft abzutun und zu sagen: „Das gilt nur den Priestern Israels. Vielleicht gilt es heute Pastoren und Gemeindeleitern, aber nicht mir." So einfach kommen wir aber nicht davon. Petrus schreibt: „Aber ihr seid das erwählte Volk: eine königliche Priesterschaft" (1. Petr. 2,9). Auch Paulus sagt, dass wir Botschafter an Christi statt sind (2. Kor 5,20). Alle Christen sind in der Rolle der Priester und haben die Aufgabe, Gottes Worte zu Herzen zu nehmen und zu befolgen. Wir sind berufen, Botschafter Gottes zu sein und unsere Freunde und Familien auf Gottes Willen hinzuweisen. Ehrst du den Bund Gottes und verehrst seinen Namen?

Das merke ich mir: ____________________

____

GEBET,

WENN HERAUSFORDERNDE TEILNEHMENDE IN DER GRUPPE ERWARTET WERDEN:

Vater, ich danke dir, dass ich heute … bei mir in der Jungschar / im Teen- bzw. Jugendkreis haben darf. Es ist mir eine Ehre, deine Liebe weitergeben zu dürfen, ganz besonders, weil … oft viel Ablehnung erfährt. … ist dein geliebtes Kind, du hast ganz besondere Gaben und Fähigkeiten in … gelegt und dir bei jeder einzelnen etwas Geniales gedacht.

Ich freue mich heute schon darauf, wenn ich die Früchte von … sehen darf, die … für dich und dein Reich bringen wird. Danke, dass du mir die Möglichkeit gibst, … beim Entdecken dieser Gaben zu unterstützen und zu fördern.

Danke, dass ich dabei kreativ sein darf und mich nicht an enge Grenzen halten brauche, denn DU stellst mich und … auf weiten Raum. Bitte lass mich heute für … leuchten, ich möchte einen positiven Unterschied machen und lass mich auch von … etwas von dir lernen.
Amen

Maria Breßler

BIBLISCHES BUCH

JOHANNESEVANGELIUM

Setting

Das Johannesevangelium ist anders als die ersten drei Evangelien. Während Matthäus, Markus und Lukas so ähnlich schreiben, dass man gemeinsame Quellen bzw. Bekanntschaften vermutet, liefert Johannes ein völlig eigenständiges Werk.

Auf den Punkt gebracht

• Besonders auffällig ist das bei den Reden – vor allem in denen, die sich um die sogenannten „Ich-bin-Worte" (6,35; 8,12; 10,9.11; 11,25; 14,6; 15,1) drehen. Hier äußert sich Jesus oft so geheimnisvoll, dass man auch nach mehrmaligem Lesen überzeugt ist, die tiefere Bedeutung des Gesagten noch nicht ganz verstanden zu haben.

• Andererseits zeichnet kein anderes Evangelium so eindrücklich die zwischenmenschlichen Verhältnisse. Während die Streitgespräche in den ersten drei Evangelien in der Regel kurz sind und mit einem knappen Wort Jesu beendet werden, können sie sich im vierten über mehrere Kapitel erstrecken.

• Beim Lesen bekommt man zudem ein klares Bild der handelnden Personen. Betrachtet man etwa Johannes' Bericht von der Heilung des Blindgeborenen (9,1-41) mit all seinem Hin und Her, den Fragen der Jünger, dem Staunen der Nachbarn, dem Nachhaken der Pharisäer, den verängstigten Eltern und inmitten all dem Trubel um den geheilten Ex-Blinden, der langsam die Geduld verliert (9,24-34), so hat man fast den Eindruck, persönlich dabei zu sein. Das zeigt, dass Johannes einen eigenen Weg gegangen ist:
Während die ersten drei Evangelisten das Wirken Jesu umfassend schildern wollten, wählte der vierte aus der Fülle der Ereignisse einige wenige aus, die besonders charakteristisch für Jesus waren, und erzählte sie in aller Ausführlichkeit.

• Jesus offenbart sich im Johannesevangelium als der Sohn, der eins ist mit dem Vater (10,30) und im Heiligen Geist als Tröster bei uns ist (14,16-18). In keinem anderen Evangelium wird Jesu priesterlicher Dienst so ausführlich gewürdigt wie in Johannes 17,1-26, wo von seinem Gebet berichtet wird – einem Dienst in der Fürbitte für die Gemeinde, der nach Hebräer 7,25 bis in alle Ewigkeit fortbestehen wird.
Und in keinem anderen Evangelium wird so eindrücklich auf die Konsequenzen hingewiesen, die der Leser zu ziehen hat (20,31).

Dr. theol. Thomas Weißenborn
Dozent am Marburger Bibelseminar, Marburg
E-Mail: thomas.weissenborn@m-b-s.org

KW 52 bearbeitet von Björn Steinhilber,
Leiter EC-Freizeitdorf Flensunger Hof,
35325 Mücke
E-Mail: b.steinhilber@flensungerhof.de

JESUS IST DIE ERLÖSUNG!

Lukas 1,68-79

Nach Elisabeths (V.25) und Marias Lobpreis (V.46-55) folgt hier der dritte Lobpreis oder auch eine Art Psalm, das sogenannte Benedictus von Zacharias: Der treue und verlässliche Gott rettet, weil er es fest versprochen hat! Auf sein Wort ist 100 % Verlass! Gott wendet sich zunächst seinem Volk zu, bezahlt aber das nötige Lösegeld für alle Menschen, das wir niemals selbst aufbringen könnten!

Mit dem im Hebräischen oft verwendeten Wort Horn (wörtlich „das Haltgebende") werden die Kraft und die Macht Jesu wie folgt beschrieben: Mit ihm verteidige ich im Kampf meine Stellung, denn er gibt den nötigen Halt! Jesus ist unser Retter, deshalb möchte ich ihm aus seiner Kraft, die er mir schenkt, furchtlos und in Heiligkeit dienen! Er hat alle Feinde besiegt, und der letzte Feind ist der Tod (1. Kor 15,26). Im zweiten Teil wird Johannes der Täufer angekündigt, wie wir es diese Woche auch in Maleachi 3 lesen. Er soll seinem Volk praktisch beibringen, was Heil und Rettung bedeuten, u. a. durch das Abwaschen der Sünde im Taufwasser. Der Text zeigt auch, dass die Menschen damals nicht nur einen mächtigen Retter erwartet haben, sondern auch einen Messias, der leiden muss.

Freust du dich, heute mit dem durch den Tag zu gehen, der sagt „Ich bin das Leben"?

Das merke ich mir: ______________________

____

____

WOCHENSPRUCH

Freuet euch in dem Herrn allewege, und abermals sage ich: Freuet euch! Der Herr ist nahe!
Philipper 4,4.5b

Das Ideale ist das in jeder Hinsicht Gute! Das ist das, was Gott will und schenkt! Das gilt es immer wieder aufs Neue zu entdecken und dann festzuhalten!

Björne Steinhilber

Montag 22

JESUS IST DER BRÄUTIGAM!

Maleachi 2,10-16

Was in diesen Versen deutlich auffällt, ist das Wort Treulosigkeit. 43-mal kommt es im ganzen AT vor, 5-mal davon allein in diesem Text! Gott verurteilt hier geistliche Hurerei, Ehen mit ungläubigen Partnern, Ehebruch und Scheidung. Maleachi richtet sich bei diesem Thema an Juden, die ihren Partner fortgeschickt haben, um zu ihrem persönlichen, finanziellen Vorteil eine reiche heidnische Person zu heiraten. Es geht hier nicht um das Thema Scheidung im Allgemeinen, sondern um die Entlassung der Frauen aufgrund wirtschaftlicher Interessen. Die religiöse Auffassung meines Partners hat immer auch Auswirkungen auf meine persönliche Beziehung zu Gott. Daher fordert Gott auch im NT auf: „Zieht nicht an einem Strang mit Leuten, die nicht an Christus glauben“ (2. Kor 6,14). Die Folgen keiner gemeinsamen Glaubensbasis enden auf kurz oder lang in einer Sackgasse. Natürlich müssen auch Gläubige um ihre Ehe und Beziehung kämpfen, denn Satan versucht immer auseinander zu bringen und zu zerstören. Gott hat uns die Ehe und Sexualität als Quelle der Freude gegeben. Lebe deine Beziehung verantwortungsvoll und treu und du wirst merken, wie kostbar dieses Geschenk Gottes an dich ist!

Das merke ich mir: ______________________________

____

Dienstag 23

JESUS IST DER GOLDSCHMIED!

Maleachi 2,17 – 3,12

Wir denken oft nur kurzsichtig, aber Gottes Perspektive ist größer! Ich kann und darf alle Sorgen und Ängste, die es in meinem Leben gibt, Gott herausschreien! Und das in dem Wissen, dass er ein Gott ist, der mich hört und sieht! In allem Unverständnis für Fragen, die mir das Leben stellt, möchte ich den Gesprächsfaden mit Gott nicht zerschneiden. Gott schickt seinen Boten voraus! Diese Person ist kein irdischer Prophet noch ein himmlischer Engel. Es ist kein Geringerer als Gott selbst! Der Weg muss aufgeräumt werden, bevor Jesus kommt. Sein Volk muss rein und sauber sein, um ihn zu empfangen. Dieses Reinigen tut Gott wie ein Goldschmid. Dieser muss sitzen und beim Läutern (Reinigen) des Goldes ganz genau hinschauen, sonst geht das Gold kaputt, wenn er es zu lange im Feuer lässt! Das Wichtigste dabei ist: Erst, wenn der Goldschmied im Gold sein eigenes Spiegelbild erkennen kann, erst dann ist der Reinigungsprozess beendet und die Qualität des Goldes ist am besten! Wow! Du bist made in heaven! Und wir werden als Christen weiterhin andauernd, kontinuierlich, die ganze Zeit vom IHM verwandelt, so lange, bis wir bei ihm sind (2. Kor 3,18)! Wann hast du sein Läutern zuletzt bemerkt? Darf er dich ihm ähnlich umgestalten?

Das merke ich mir: ______________________________

____

JESUS – DIE SONNE DER GERECHTIGKEIT

Maleachi 3,13-24

Heiligabend | Mittwoch **24**

Die letzten Verheißungen im AT, bevor Gott fast 400 Jahre schweigt, haben es in sich: Jesus wird als die Sonne der Gerechtigkeit beschrieben (V.20). Wenn er kommt, dann wird er „Heil unter seinen Flügeln haben". Das hebräische Wort für „Flügel" bedeutet auch „Quaste". Daraus ergab sich für die Juden die Vorstellung, dass der Messias Heilung an seinen Quasten haben wird, wenn er da ist (4. Mose 15,37ff). Jeder Israelit sollte an den 4 Zipfeln seines Obergewandes Quasten tragen als bildliche Erinnerung an die Worte Gottes! Darauf setzte z. B. die Frau aus Markus 5,27f ihr Vertrauen und berührte deshalb den Saum seines Gewandes. Jedes Mal, wenn das bei Jesus geschah, wurden die Menschen augenblicklich gesund. Nicht nur körperlich, sondern vor allem geistlich! Jesus rettet, denn er ist die Sonne der Gerechtigkeit! Jesus ist der von Gott versprochene Retter, der helfen und heilen kann. Sei gesund, das gilt auch dir heute. Nehme ich Gott beim Wort und damit ernst? Der letzte Ausblick (V.22-24) gehört noch dem wiederkommenden Elia, womit vermutlich Johannes der Täufer beschrieben wird (wie in Lk 1,16f). Wie bereitest du dich auf das Kommen Jesu vor? Was denkst du: Wie sieht das Zusammenleben der Generationen nach Gottes Willen aus?

Das merke ich mir: ______________________________

____

JESUS IST DER HÖCHSTE KÖNIG!

Psalm 2

1. Weihnachtstag | Donnerstag **25**

Psalm 1 stellt uns vor die Entscheidung, welchen Weg wir einschlagen in Bezug auf Gottes Wort und sein Gesetz. Höre ich darauf oder nicht? Psalm 2 spricht von den zwei Wegen, ob wir uns für oder gegen Gottes Sohn entscheiden. Dieser Königspsalm des Messias ist gegliedert in 4 Abschnitte mit je 3 Versen: Die Völker toben, der Herr lacht über sie, Erlösung durch Jesus wird kommen und schließlich folgt die Einladung und Warnung an alle, sich Jesus zu unterwerfen. Er hat alle Macht und steht über jeder Autorität (Phil 2,9-11). Gott setzt Regierungen in dieser Welt ein. Diese sollen ihr Amt und ihre Verantwortung im Sinne Gottes ausüben. Weil sie es nicht (mehr) tun, zeigt Gott ihnen ganz klar, wer wirklich im Regiment sitzt: mein Sohn! Diese Vorhersage auf den Messias wird uns seit dem Sündenfall in Aussicht gestellt (1. Mose 3,15). Jesu erster Auftrag war die Klärung der Schuldfrage. Sein zweites Wiederkommen bedeutet das Ende der Tyrannei und der Ungerechtigkeit. Wer sich auf seine Seite stellt, ist unter seiner Schirmherrschaft, weiß sich vollkommen glücklich und sicher!
Petrus bekennt Jesus als Herrn über alles, indem er diesen Psalm zitiert (Apg 4,24-26). Wie kannst du heute Jesus die Ehre erweisen, die ihm zusteht?

Das merke ich mir: ______________________________

____

26 2. Weihnachtstag | Freitag

JESUS IST DIE RETTUNG!

Lukas 2,29-32

Simeon, geführt vom Heiligen Geist, schnappt sich das Jesusbaby und spricht den rechnerisch siebten psalmartigen Lobpreis in Lukas 1-2 (auch „Nunc dimittis“ genannt, die Anfangsworte von V.29 auf Latein): „Meine Augen haben deinen Heiland gesehen!“ Gott hat seine persönliche Verheißung an Simeon wörtlich erfüllt. Was wir gestern in Psalm 2 gelesen haben, ist nun Realität geworden! Simeon weiß dadurch aber auch, dass er nun bald sterben wird. Aber es ist Gott, der sein Leben vollendet und zu seinem Ziel geführt hat. Ein Licht zur Erleuchtung oder Enthüllung der Heiden, sagt Simeon. Schon im AT können wir lesen, dass Gott schon immer auch einen Heilsplan für alle Menschen im Blick hatte (z. B. Jona 3,5). Gott will, dass alle gerettet werden (1. Tim 2,4)! Und dass Jesu Rettungstat am Kreuz allen Menschen gilt, lesen wir u. a. im Missionsbefehl oder in Johannes 3,16. Jesus ist aber auch ein Licht zur Herrlichkeit seines Volkes Israel! Jeder Mensch braucht Jesus auf seiner Seite, um gerettet zu werden! Ausnahmslos! Wem kannst du zwischen den Jahren zum Licht werden und auf Jesus hinweisen? Gerade jetzt in dieser Jahreszeit sind viele Leute fürs Evangelium offen. Trau dich, liebevoll zu einem Leben mit Jesus einzuladen!

Das merke ich mir: ______________________________

____

27 Samstag

JESUS IST GOTT!

Johannes 1,1-5

Während die anderen Evangelien mit einem historischen Einstieg ihr Evangelium eröffnen, z. B. wie und wo Gott als Baby zur Welt kam, legt Johannes mit voller Wucht theologische Grundlagen: Jesus ist Gott! Punkt! Jesus wird hier ganz klar als das Wort beschrieben, durch das alles erschaffen wurde, was ist. Er selbst hat keinen zeitlichen Anfang und wurde selbst nicht erschaffen. Augustin schrieb dazu trefflich: „Wie kann das Wort Gottes geschaffen sein, da ja Gott durch das Wort alles geschaffen hat? Wenn auch das Wort Gottes selbst geschaffen ist, durch welches andere Wort ist es geschaffen?“ Die Bibel stellt klar: Das Wort ist Gott (V.3)! Also: Jesus IST Gott! Und: Er ist das Licht! Nur durch ihn kann jemand ein neuer Mensch werden! Jesus kommt in meine Dunkelheit, denn ohne Licht gibt es nur Finsternis und Tod! Nachdem Jesus alles erschaffen hat, ging die Beziehung zwischen Gott und uns in die Brüche. Nun bringt Gott selbst Licht ins Dunkel und bietet uns durch seinen Sohn einen Neuanfang an: „Niemand kommt zum Vater, denn durch Jesus“ (Joh 14,6). Die Finsternis versucht ihn aufzuhalten, aber Jesus hat die Werke des Teufels zerstört (1. Joh 3,8). Wandle heute in seinem Licht und scheine dort hell, wo er dich hinstellt!

Das merke ich mir: ______________________________

____

KW 53 bearbeitet von Achim Oertel,
Assistent des Generalsekretärs, 34134 Kassel
E-Mail: achim.oertel@ec.de

WOCHENSPRUCH
Das Wort ward Fleisch und wohnte unter uns und wir sahen seine Herrlichkeit.
Johannes 1,14a

WICHTIGER ZEUGE GESUCHT

Johannes 1,6-8

Die ersten 18 Verse des Johannesevangeliums (der sogenannte Johannes-Prolog) drehen sich nur um Jesus. In poetischer Sprache ist hier vom Geheimnis der ewigen Existenz Jesu, seiner Menschwerdung und der Erlösung durch Jesus die Rede. Jesus ist ganz im Fokus. Um ihn geht es in dem Evangelium. Er ist das Zentrum unseres Glaubens.
Doch mitten in diesen tiefen theologischen Gedanken scheint es mit den drei Versen unseres heutigen Textes einen Bruch zu geben. Plötzlich gibt es einen Szenenwechsel und Johannes der Täufer steht im Fokus. Interessant: Bei den meisten Predigttexten über Johannes 1 werden diese drei Verse ausgeklammert, als wären sie nicht so wichtig, als gehörten sie nicht dazu. Aber Gott war es offenbar wichtig, dass Johannes diese Verse mitten in die Ausführungen über Jesus Christus hineinnimmt. Denn Gott handelt nicht über unsere Köpfe hinweg.
Johannes der Täufer war von Gott gesandt. Er sollte die Menschen auf Jesus Christus hinweisen. Das war sein Auftrag. Du und ich, wir sind von Gott gesandt. Wir sind auch Zeugen für Jesus. Das heißt: Wir sind nicht das Licht. Aber wir sollen zeugen von dem Licht. Das ist unser Auftrag. Und dieser Auftrag ist nicht unwichtig, er ist in das große Heilshandeln Gottes mit eingebunden.

Das merke ich mir: ____________________

____

____

Wenn ich immer das Gute behalte, sammle ich im Laufe meines Lebens einen unglaublichen Schatz an.
Achim Oertel

29 Montag

TÜREN AUF

Johannes 1,9-13

Was hier beschrieben wird, ist unerhört, oder? Da kommt Jesus in die Welt, die ihm gehört und die Menschen nehmen ihn nicht auf. Sie beachten ihn nicht einmal. Sie lassen ihn einfach stehen – draußen vor der Tür. Empörung will sich bei mir breitmachen. Doch ich ahne, dass ich vorsichtig sein sollte. Als Christ gehöre ich doch ganz meinem Herrn (vgl. Röm 14,8). Ich bin sein Eigentum. Natürlich habe ich Jesus in mein Leben gelassen, aber lasse ich ihn auch in alle Bereiche meines Lebens hineinschauen, hineinreden, davon Besitz ergreifen? Gibt es da nicht auch manche Bereiche, bei denen mir das schwerfällt und ich lieber die Tür verschließen würde? Lasse ich Jesus nicht auch manchmal vor der Tür stehen, indem ich nicht an mich heranlasse, was ich in der Bibel lese, und was er mir zu sagen hat? Jesus nicht zu nah an mich heranlassen. Das kann ich als Christ doch auch. Das geschieht manchmal schneller, als mir lieb ist.
Darum möchte ich aufpassen und wachsam sein, meine Tür weit aufreißen und aufmerksam auf Jesus hören und alle Facetten meines Lebens mit ihm in Verbindung bringen. Er ist es, der neues Leben schenkt und mich aufblühen lässt.

Das merke ich mir: ______________________________

____

30 Dienstag

REICH BESCHENKT

Johannes 1,14-18

Vor knapp einer Woche haben wir Weihnachten gefeiert. Und das haben sich viele Menschen vermutlich wieder einiges kosten lassen. Im Jahr 2022 hat jeder Deutsche statistisch über 520 € für Weihnachtsgeschenke ausgegeben. Damit lagen wir Deutschen im europäischen Vergleich ziemlich weit vorne. In unserem heutigen Bibeltext geht es zwar nicht um Weihnachtsgeschenke, aber wir lesen davon, dass wir reich beschenkt sind. Und wer lässt sich nicht gerne beschenken? Johannes malt uns Gott vor Augen, der von seinem Reichtum abgibt. Wie großzügig ist das denn bitte!? Aus dem Reichtum Gottes sind wir beschenkt. Und womit? Mit überreicher Gnade! Und damit das Ganze nicht nur Theorie bleibt, ist in Jesus Christus die Gnade Gottes sogar zu uns gekommen und für uns sichtbar und erlebbar geworden. Wenn ich an Gnade denke, denke ich zuerst an Vergebung von Schuld und daran, dass Gott sündige Menschen durch Jesus gerecht spricht. Gnade geht aber noch weiter. Die Gnade Gottes möchte uns in unserem Leben, Denken, Sein und in unserem ganzen Wesen verändern. Es ist ein großes Geschenk, wenn wir durch die Gnade Gottes verändert werden und wenn im Laufe unseres Lebens immer mehr von Jesus an uns und durch uns erkennbar wird.

Das merke ich mir: ______________________________

____

LERNEN, AUF GOTT ZU HÖREN

Psalm 29

In diesem Psalm wird das Reden Gottes sehr gewaltig beschrieben. Die Stimme Gottes dröhnt und sie übertönt selbst das stürmische Meer. Unglaublich! Wenn Gott redet, kann man ihn einfach nicht überhören. Doch ist das immer so? Erleben wir nicht viel öfter, dass Gott ganz leise und sanft zu uns spricht? Es gibt nicht nur ein Entweder-oder. Gott spricht mal laut und mal leise zu uns. Daher ist wichtig, in den großen und gewaltigen Dingen, aber auch in den kleinen und manchmal unscheinbaren Dingen das Reden Gottes wahrzunehmen. Es will gelernt und geübt sein, auf Gott zu hören. Und wenn Gott spricht, bleibt das nicht folgenlos. Der Psalm beschreibt das sehr bildhaft: Die Wüste beginnt zu beben, große und mächtige Zedernbäume zerbrechen und wirbeln umher – es bleibt nichts, wie es vorher war. Es gibt Situationen in unserem Leben, die vielleicht ähnlich lebensfeindlich wie eine Wüste vor uns liegen. Situationen, die ähnlich unverrückbar wie ein 500 Jahre alter mächtiger Zedernbaum vor uns stehen. Wir stehen hilflos davor. Aber wir werden mit diesem Psalm daran erinnert, dass Gott größer ist, und dass er Situationen, vor denen ich hilflos stehe, verändern kann. Nimm diesen Gedanken als Ermutigung mit in das neue Jahr.

Das merke ich mir: ______________________________

____

Gebet zum Jahresende

Wieder geht ein Jahr zu Ende. Wahnsinn, wie schnell das ging! In meinen Gedanken lasse ich all die Tage und Wochen des zurückliegenden Jahres noch einmal vorüberziehen. Bilder entstehen in meinem Kopf. Worte, die gesprochen wurden, kommen mir erneut in den Sinn. Ich erinnere mich an die Menschen, denen ich begegnet bin. Ich habe viel Schönes erlebt in diesem Jahr, Grund dir zu danken, mein Gott! Mit dir gemeinsam durfte ich auch Hindernisse überwinden und Herausforderungen bestehen.
Ich wurde enttäuscht und habe auch andere enttäuscht.
Manches habe ich nicht verstanden und musste es doch so annehmen.
Wie oft habe ich deine Gegenwart gespürt – und dann wieder blieb sie mir verborgen. Und doch warst du bei mir und hast mich begleitet!
Vergib mir, wo ich dir, anderen Menschen oder mir selbst etwas schuldig geblieben bin.
Ich lege sie zurück in deine Hand, die Tage des vergangenen Jahres. Bringe du zu Ende, was noch offen ist, segne, wo es nötig ist und lass mich dankbar zurückschauen auf alles, was war.

Steffi Pfalzer

Segensgebet

Ich wünsche dir Augen,
die anderen direkt ins Herz schauen können und die nicht müde werden, das wahrzunehmen, was andere von dir brauchen.

Ich wünsche dir Ohren,
die offen sind für die leisen Zwischentöne des Alltags, die bereit sind, auch die Nöte der Menschen um dich herum zu hören.

Ich wünsche dir einen Mund,
der sich traut, auch Dinge aus- und anzusprechen, die schwierig sind, und der Menschen eine Stimme gibt, die selbst nicht mehr reden können.

Ich wünsche dir Hände,
die nicht krampfhaft festhalten, sondern bereit sind, auch loszulassen, und die jederzeit offen sind für Umarmungen und liebevolle Gesten.

Ich wünsche dir Füße,
die nicht müde werden, auch dort, wo der Weg schwierig ist, und die mutig weitergehen, auch durch Täler und über Hindernisse.

Ich wünsche dir ein Rückgrat,
was aufrecht bleibt und auch Widerständen trotzen kann, und was nicht zusammenbricht unter den Lasten des Alltags.

Und ich wünsche dir ein Herz,
was nicht aufhört zu lieben, und wo viele Menschen darin Platz haben. Ein Herz, was sich geliebt weiß vom Schöpfer aller Dinge!

Steffi Pfalzer

Autor	Woche
Bast, Thomas	2
Breßler, Maria	26
Edler, Annkatrin	3
Engelhardt, Matthias	4
Finzel, Ulrike	39
Göttler, Klaus	18
Güth, Lukas	30
Haubner, Samuel	40
Höcht, Christoph	6
Hoffmann, Daniel	7
Holfeld, Christian	8
Hölzemann, Thomas	44
Hönemann, Christian	9
Johannsen, Lars	10
Kamm, Thomas	19
Kasper, Andrea	28
Kerschbaum, Matthias	31
Kröck, Thomas	11
Kühn, Daniel	5
Kühne, Annalena	1
Kuttler, Cornelius	12
Limpf, Uli	49
Mang, Ulrich	24
Müller, Andy	17
Müller, Ingo	21
Münch, Stephan	22
Oertel, Achim	53

Autor	Woche
Petersen, Christian	23
Pfalzer, Steffi	37
Raddatz, Jörg	43
Ramsperger, Stefanie	13
Referententeam des Dt. EC-Verbandes	32
Reitzner, Jan	25
Sames, Thomas	42
Scherwing, Pierre	20
Schlotterbeck, Tillmann	50
Schmierer, Andreas	29
Schuh, Simon	41
Schüttendiebel, Karin	27
Seeger, Thomas	33
Seidel, Ronald	45
Siehler, Martin	47
Steeger, Reinhard	46
Steinhilber, Björn	52
Szilagyi, Edit	36
Tielbürger, Arne	51
Trick, Matthias	48
Ullrich, Ruben	14
van Westen, Sandra	15
Voß, Gerd	16
Westhäuser, Frauke	34
Westhäuser, Gesine	38
Wüst, Lydia	35

Einführungen in die biblischen Bücher

Bearbeitete Bibelstellen

Buch	Bibelstelle	Datum	Buch	Bibelstelle	Datum
3. Mose	1,1-19	10.03.		27	01.06.
	8,1-13	11.03.		28	22.06.
	9,1-24	12.03.		29	31.12.
	16,1-22	13.03.		30	18.05.
	18,1-6.19-24	14.03.		32	26.10.
	19,1-18	15.03.		34	23.03.
	19,31-37	17.03.		45	11.05.
	25,1-12	18.03.		46	28.09.
	25,35-43	19.03.		47	29.05.
				62	02.11.
4. Mose	6,22-27	01.09.		63	17.08.
	9,15-23	02.09.		67	25.05.
	10,11 – 12,16	03.09. – 06.09.		69,1-16	09.11.
	13,1-3.17-33	08.09.		69,17-37	16.11.
	14,1-45	09.09. – 11.09.		72	05.01.
	17,16-26	12.09.		84	30.03.
	20,1-13	13.09.		103	06.07.
	20,22 – 21,9	15.09. – 16.09.		104	05.10.
	21,21 – 23,12	17.09. – 20.09.		110	23.11.
	23,13 – 24,25	22.09. – 23.09.		116	27.04.
	27,12-23	24.09.		118,1-14	08.06.
Psalm	1	19.10.		118,15-29	09.06.
	2	25.12.		119,49-56	31.08.
	3	19.01.		119,57-64	07.09.
	4	12.01.		119,65-72	14.09.
	5	12.10.	Hesekiel	1,1 – 3,3	16.10. – 18.10.
	6	02.03.		3,4-27	20.10. – 22.10.
	7	13.07.		7,1-13.27	23.10
	9	26.01.		8,1-18	24.10 – 25.10.
	10	09.03.		11,14 – 12,16	27.10 – 28.10.
	11	03.08.		16,1-22	29.10.
	12	29.06.		17,1-24	30.10. – 31.10.
	13	15.06.		18,1-3.20-32	01.11.
	14	10.08.		22,1-16	03.11.
	15	23.02.		24,1-27	04.11. – 05.11.
	16	02.02.		33,21 – 34,16	06.11. – 07.11.
	17	24.08.		34,23-31	08.11.
	18,1-20	09.02.		36,16-32	10.11.
	18,21-51	16.02.		37,1-28	11.11. – 12.11.
	19	01.01.		40,1-16	13.11.
	20	21.09.		42,15 – 43,12	14.11.
	21	27.07.		47,1-12	15.11.
	22,1-22	06.04.	Joël	1,1 – 4,21	12.05. – 17.05.
	22,23-32	13.04.	Sacharja	1,1 – 4,14	01.12. – 06.12.
	23	04.05.		5,1 – 8,23	08.12. – 13.12.
	24	30.11.		9,9-12	15.12.
	25	16.03.		12,9 – 13,1	16.12.
	26	20.07.		14,1-11	17.12.